LE

CARDINAL MAURY

PROPRIETÉ.

Charles Douniol

Paris — Imprimerie de W. REMQUET et cie, rue Garancière, 5.

LE

CARDINAL MAURY

SA VIE, SES OEUVRES

PAR

M. POUJOULAT

DEUXIEME ÉDITION, REVUE ET CORRIGÉE

PARIS

CHARLES DOUNIOL, LIBRAIRE-ÉDITEUR,

Rue de Tournon, n° 29

1859

PRÉFACE

DE LA PREMIÈRE ÉDITION.

La pensée a des sujets de prédilection pour lesquels bien souvent le temps lui manque, et parfois
il lui arrive d'être saisie par des sujets dont elle
s'était jusque-là peu occupée. Il y a un an, on me
demanda une notice sur le cardinal Maury pour
une collection biographique qui se publie à Marseille [1] ; je venais d'achever quelque chose qui
m'avait longtemps absorbé, et mon heure était

[1] *Le Plutarque provençal.*

libre; le nom de Maury me frappa, me remit en mémoire cinquante ans de vie curieuse, d'abord brillamment et puis grandement remplie, et, à la fin, diminuée dans l'estime des hommes : le XVIIIe siècle, la Révolution et l'Empire se présentèrent à mon esprit. Je relus les écrits de Maury, qui ont passé dans toutes les mains; j'en recherchai d'autres beaucoup moins connus, d'autres enfin qui ne le sont pas du tout. Je me mis en possession, par des investigations persévérantes, des vastes et illustres travaux de Maury à la constituante; j'étudiai son séjour en Italie, où la révolution ne le laissa pas jouir en paix de sa gloire, les préludes et le lendemain de sa défection politique, son administration du diocèse de Paris avec des pouvoirs contestés, son retour à Rome, où le contre-coup des Cent-Jours lui ravit la liberté, et les dernières années de sa vie. J'écoutai attentivement les hommes les mieux renseignés qui l'avaient connu, et je ne fis pas un appel inutile à l'héritier possesseur de ses papiers.

C'est avec cette préparation d'esprit que j'ai
cherché ensuite les divers jugements portés sur
Maury dans les notices ou appréciations publiées
depuis sa mort. J'y ai rencontré abondance d'ac-
cusations fausses mêlées à des faits incontestables, l'expression vive de reproches mérités de la
part des royalistes et des catholiques, des pages
de critique littéraire plus ou moins équitables;
je n'y ai pas trouvé tout ce qu'on doit attendre
de l'histoire. Les partis font une poussière qui les
empêche de bien découvrir la vérité; mais on
doit être juste, même à l'égard de ceux qui ont
failli; et d'ailleurs, si vous ou moi nous ne le
sommes pas, d'autres viendront après nous, qui
régleront mieux les comptes des morts, car la postérité ne se gêne pas pour casser les arrêts de la
passion et de la fantaisie. En mettant en lumière
les grands côtés littéraires et oratoires de l'abbé
Maury, plus qu'on ne l'a fait jusqu'à présent, je
me suis senti à l'aise pour accomplir mon principal dessein dans ce travail : c'est de montrer ce

qu'on perd en considération en se précipitant dans le servilisme, ce que deviennent les renommées lorsqu'elles sortent de leur voie, ce que devient la gloire lorsqu'elle tourne le dos au devoir.

Les leçons qui s'échappaient de mon sujet apparaissaient plus expressives par les contrastes. L'étude réfléchie des discours de l'abbé Maury et de Mirabeau ne m'a pas conduit à assigner au tribun le premier rang oratoire, au défenseur de la royauté et de l'Église le second rang ; plus j'ai admiré la beauté intrépide de cette parole monarchique et catholique, plus elle m'a semblé affaiblie quand elle s'est transformée en instrument adulateur. Ce prêtre éloquent, qui avait été Ambroise devant la révolution et ne le fut pas devant Théodose, nous offre le spectacle d'un grand caractère succombant aux pieds d'un maître : ambassadeur à Rome de ces augustes proscrits, dont les regards demeuraient attachés sur la France, le cardinal Maury ne tombe que de plus haut dans ses prosternations imprévues. Et quand les événements le

pressent au point qu'il faille déplaire au pape ou
déplaire à l'empereur, il est déjà si enfoncé dans
l'argile du servilisme, qu'il ne peut pas s'y arracher pour diriger son pied vers le droit chemin.
O aveuglement d'une ambition qui ne veut pas lâ-
cher prise ! le cardinal Maury est sur le siége de
Paris ; un bref du 5 novembre 1810 l'invite à quitter ce siége, et l'archevêque nommé, lié au pontife
de Rome par des nœuds si forts, si sacrés, s'enve-
loppe de subterfuges pour échapper à l'obéissance !
C'est le même homme qui jadis en toute occasion avait si vigoureusement défendu les droits de
la papauté ! Il s'abrite derrière de pitoyables prétextes, et tremble de porter ombrage à César.
L'âme perd sa lumière en perdant son indépendance ; elle s'abuse sur ce qui est la grandeur, la
dignité ; elle ne marche plus dans son élan et à
l'air vif et pur de la vérité ; mais elle s'affaisse et
ne connaît plus l'énergie : heureux si les dieux
auxquels elle sacrifie sont modérés dans leurs exi-
gences souveraines ! Sait-elle jusqu'où elle pour-

rait être entraînée sur la pente rapide des com-
plaisances?

Les hommes de génie ou de talent sont autant
d'instruments choisis pour servir à la manifestation du vrai et à l'accomplissement du bien sur la
terre. Il en est qui tournent contre Dieu les dons
divins, et c'est la résistance de ceux-ci à l'œuvre
providentielle qui fait la lutte en ce monde : astres
vagabonds, puissent-ils rentrer tous dans la route
qu'ils auraient dû toujours parcourir au profit de
l'universelle harmonie! Quant aux écrivains restés dans les lignes générales de l'ordre moral, il
faut respecter tout ce qu'ils ont fait de bon, même
quand ils ont eu le malheur de ne pas toujours se
respecter eux-mêmes; le bon laissé par eux vient
de Dieu, qui le leur inspira; les tristes côtés de
leur vie ou leurs erreurs, s'il s'en rencontre, sont
sortis de leur propre fonds qui n'est que misère.
Gloire à ceux qui ont traversé le monde en mar-
quant leur passage à la fois par de beaux ouvrages
et par l'unité d'une belle vie! les siècles leur re-

connaîtront toujours plus d'autorité. Pour ce qui
est des autres, en mesurant notre attention à l'importance des talents, des œuvres, des services rendus, ne dédaignons pas les avertissements et les
enseignements utiles ; recueillons chaque rayon
qui puisse profiter aux notions de l'art et au culte
du beau, aux principes de conservation sociale,
aux intérêts permanents de notre pays, et surtout
aux vérités religieuses dont le triomphe reste inséparable de la paix des esprits, du bon gouvernement des nations et de nos immortelles destinées.

Dans ce travail, auquel d'abord je devais donner
peu d'étendue, et qui a pris sous ma plume les
proportions d'un livre, on trouvera, mêlées à un
récit aussi complet que possible, de remarquables
citations ou d'exactes analyses, neuves pour la plupart des lecteurs. Les discours de l'abbé Maury, les
seuls qui se fassent lire à soixante ans de distance
et dans la froide poussière d'une parole tombée sur
le papier, n'ont pas été recueillis en grand nombre par les divers historiens de la révolution fran-

çaise et par les compilateurs de monuments de l'é-
loquence nationale; nous possédons peu de chose
de ce grand talent oratoire, qui occupa tant de fois
et avec tant d'éclat la tribune, et, durant deux ans
de lutte, ne laissa passer aucune question sérieuse
sans y prendre part; Maury, improvisateur d'une
étonnante puissance, espérait, comme on le verra,
de futurs loisirs pour retrouver, avec ses notes et
sa prodigieuse mémoire, les nombreux discours
dont il n'était resté qu'un souvenir; il a eu le
temps de faire cet heureux effort pour quelques-
unes de ses harangues; mais combien d'autres
ont péri sans retour! Dans mes analyses ou dans
la reproduction de morceaux oratoires, je me suis
attaché à ce qui garde parmi nous un vif et durable
intérêt, un à-propos que les révolutions se char-
gent de rafraîchir sans cesse.

Maury n'a jamais varié dans son hostilité contre
la révolution, et les faits et les conséquences ont
donné tristement raison à la plupart de ses vues
politiques. Il a toujours défendu la monarchie;

lorsqu'en 1804 il capitula sans stipulation possible pour son honneur, ce fut à une sorte de monarchie qu'il se rendit; mais celle-ci était nouvelle et l'ancienne n'était pas morte. Maury a toujours défendu l'Église catholique ; il a eu le tort grave de demeurer administrateur capitulaire du diocèse de Paris, sans être dégagé des liens qui l'unissaient à l'église de Montefiascone, de conserver un siége, pour lequel le pape, prisonnier de Napoléon, refusait l'institution canonique ; il a manqué au souverain pontife et à ses propres serments de cardinal ; cependant il est essentiel de reconnaître que cet homme, parfois si inconsidéré et si étrange dans sa conversation, ne prononça jamais une parole, n'écrivit jamais une ligne contraire à la religion. On doit mettre les fautes de sa vie sur le compte de son imagination de feu ; mais cette âme aux impressions si vives, logée dans un corps d'une vigueur grossière, n'abandonna en aucun temps les croyances chrétiennes : ceux qui ont le mieux connu Maury l'affirment fortement. Ceci ne s'accorde pas avec tant de quolibets accusateurs contre un homme qui, s'étant brouillé avec tous les partis, n'a plus été défendu par aucun ; mais pourquoi vouloir qu'une renommée, déjà sous le coup de l'expiation, soit chargée de griefs immérités ? Tandis que le cardinal Maury osait garder une administration diocésaine contre le gré du pape, il attaquait l'irréligion à outrance dans des mandements supérieurement écrits ; nous avons cité de beaux fragments de ces mandements de carême, devenus extrêmement rares, et que peu de gens assurément ont lus depuis quarante ans.

En suivant le cardinal Maury, de **1809** à **1814**, je me suis particulièrement trouvé en face des affaires religieuses de l'empire, et je me suis souvenu du mot de madame de Staël : *Napoléon veut avoir un clergé comme il a des chambellans.* Mais sa terrible omnipotence ne va pas jusqu'à faire manœuvrer des évêques selon ses vues et ses desseins. Il obtient des essais de raccommodement, arrache des concessions, parce que le malheur des temps inspire des pensées de prudence; mais un point d'arrêt se présente toujours, un point qu'on ne dépasse pas, et le génie du maître s'étonne et s'irrite. Dans sa marche sans frein l'empereur commit la faute de se heurter contre le pape, cette force morale qui doit durer plus que toutes les éternités des empires humains; il avait aperçu là-bas, en un lieu où les Césars avaient passé, un vieillard, portant la tiare, qui le gênait dans ses plans de domination, et il avait voulu supprimer cette royauté sans défense; l'auguste captif, par un légitime emploi de ses armes spirituelles, les seules qui fussent en son pouvoir, refusait des bulles aux évêques nommés par l'empereur, et l'empereur cherchait de tous côtés une théologie qui l'autorisât à se passer du pape; mais on ne fabrique pas une théologie comme on fabrique une constitution; il y avait toujours d'infranchissables bornes, même pour les consciences les moins intraitables.

Rien n'est plus curieux dans l'histoire que les tourments de Napoléon, vaguement jaloux de la puissance spirituelle, trouvant le monde visible trop étroit pour son imagination envahissante, rêvant je ne sais quel pontificat impossible parmi nous, et, à défaut de la réalisation d'un tel songe, se jetant sur les questions de papauté et de discipline afin de les traiter à sa guise, d'en presser la solution à son goût, aux convenances de sa politique. Les commissions ecclésiastiques, surtout celle de 1811, où Napoléon fit une apparition si solennelle, la fameuse adresse du chapitre de Notre-Dame demandée par l'empereur et rédigée par le cardinal Maury, le concile national où le ministre de Napoléon se présenta tout à coup avec un discours si extraordinaire que je donne textuellement et qui paraît ici en entier pour la première fois, resteront comme les souvenirs les plus étranges d'un dominateur impatient de toutes limites. Des notes manuscrites, témoignages fidèles de ce temps, m'ont parfois révélé des choses bien singulières. Un ardent et vaste génie, fourvoyé dans de malheureux débats et aux prises avec l'incom-

pétence, quel spectacle ! il ne s'arrêta dans ses ten-
tatives contre le pouvoir spirituel qu'à la veille des
grandes catastrophes, devant les immenses menaces de la coalition, et quand le dernier acte d'un
drame unique allait se jouer au milieu de l'ébran-
lement des nations et avec l'univers pour témoin !

L'estimable et consciencieux historien [1] de
Pie VII racontait que ce pape d'immortelle mémoire lui dit un jour : « Nous savons que vous
« vous occupez d'une histoire de notre pontificat ;
« vous ménagerez le cardinal Maury ; il a fait des
« fautes ; mais qui donc n'en a pas fait ? Et nous
« aussi, hélas ! nous en avons fait ! » Cette re-
commandation que l'historien n'oublia point, annonçait un grand cœur et un grand saint. C'était
la magnanimité du pardon descendu sur le cardinal Maury, c'était une haute déclaration des terribles difficultés qui avaient environné l'Église, et
en présence desquelles tout le monde n'avait pas

---

[1] M. le chevalier Artaud de Montor.

gardé sa fermeté; et lui-même, lui Pie VII, dont
le monde admira l'énergie apostolique, ne craignait pas de s'accuser dans une humilité profonde,
comme pour mieux couvrir les défaillances d'autrui. Cette parole de Pie VII, je l'ai recueillie avec
respect et attendrissement; elle n'a pas pu, elle
n'a pas dû modifier mes sentiments, me porter à
excuser de graves faiblesses et à priver l'histoire
de ses droits et de sa moralité; mais, si je n'avais
pas eu l'intention bien arrêtée de me montrer juste
de tout point dans ce livre, le mot de Pie VII me
l'aurait ordonné.

Quand donc comprendra-t-on que la fermeté
fidèle des opinions et la dignité de la vie font partie des richesses morales d'une nation? Sera-t-il
toujours inutile de redire que la plus magnifique
exploitation de la matière et les plus savantes
merveilles de l'industrie ne constituent pas seules
la grandeur d'un pays; mais que tout homme, tant
soit peu en lumière, qui garde bien son honneur,
accroît ce même fonds d'honneur national sans le-

quel la patrie cesserait d'être belle? Les sociétés
éprouvent un dommage considérable lorsque la
contagion de la platitude menace d'étendre au loin
ses ravages, Tous les historiens et les moralistes
conviendront aisément qu'il y aurait pour un peuple quelque chose de pire que des batailles perdues
et la ruine des institutions : ce serait l'abaissement
des caractères. Il importerait surtout de rester
armé de sa force morale quand le présent est difficile, l'avenir incertain, quand les desseins de Dieu
sur notre temps sont encore un mystère.

POUJOULAT.

Écouen, juin 1855.

LE

CARDINAL MAURY.

———o◉o———

CHAPITRE PREMIER.

Valréas. — Enfance de Maury, ses premières études ; il les achève au séminaire d'Avignon. — Il se rend à Paris ; sa rencontre avec Treilhard et Portal. — Les premiers temps de Maury à Paris, ses ressources, ses relations. — L'éloge du Dauphin. — Le jeune abbé concourt pour.l'éloge de Charles V et les avantages de la Paix, proposés par l'Académie française. — L'éloge de Charles V par Maury.

A deux lieues au midi de Grignan, une petite cité se déploie au penchant d'un mamelon : c'est Valréas. Le mamelon se détache au milieu d'une plaine qui s'étend du pied de la montagne de la *Lance* jusqu'aux bords du Rhône. Valréas touche à quatre routes, dont l'une conduit à Avignon, l'autre à Montélimart, la troisième à Noyons, la quatrième à Dieulefit, en passant par la vallée de Blacons. Une petite rivière, appelée *Couronne*, desséchée e

en hiver à un quart de lieue de la ville. Des murs
ferment la modeste cité ; de beaux platanes l'environnent. Sa population, tout agricole, dont on cîte
l'honnêteté religieuse et la vive intelligence, n'a
éprouvé depuis le dernier siècle ni accroissement
ni diminution : elle se compose de quatre mille habitants. Valréas toutefois n'est plus ce qu'il était
avant la révolution ; il a perdu son petit séminaire,
qui dépendait du séminaire de Sainte-Garde à Avignon ; il a perdu aussi la plupart des grandes mai-
sons qui lui donnaient de l'importance et de l'éclat,
et dont on vantait le ton exquis et les mœurs élé-
gantes. Là vivait la famille de Simiane, qui compta
des souverains parmi ses ancêtres. La fameuse Pau-
line de Grignan, petite-fille de madame de Sévigné,
filleule du cardinal de Retz et de la princesse d'Har-
court, cette *aimable créature* dont l'esprit *dérobait
tout* et aurait *brûlé le monde* [1], habita souvent Valréas depuis son mariage avec Louis de Simiane. Ce
coin de la Provence réunissait les familles de Rousset,
de Pontaujard, d'Agoust, de Blacons, d'Inguinbert,
d'Autane, d'Hónnières, de Grandpré, de Prévost et
d'autres qui mettaient leur gloire à porter l'épée. En
1820, on rencontrait encore à Valréas quatorze cheva-
liers de Saint-Louis. Avant la révolution il n'y avait
pas dans l'heureux comtat Venaissin un lieu où se

---

[1] Lettre de madame de Sévigné, 16 octobre 1689.

conservassent mieux qu'à Valréas les beaux exemples et les bonnes traditions.

Ce fut là, au milieu de ces mœurs simples et fortes, dans ce pays de foi et de respect, que naquit Maury (Jean-Sifrein) le 26 juin 1746. Le défenseur futur des titres de noblesse contre les Montmorency et les Noailles était fils d'un cordonnier : les grands talents n'ont rien à perdre à l'obscurité d'une origine. L'échoppe qui fut le berceau de Maury est devenue une maison bourgeoise entre les mains de possesseurs nouveaux. On sait que, dans le Midi, l'homme du peuple sans étude est aisément éloquent; les anciens de Valréas racontaient que le père de Maury était orateur, et que les gens du peuple recouraient souvent à lui pour pacifier leurs différends ou porter la parole en leur nom : il y aurait eu ainsi dans l'éloquence du fils quelque chose de l'héritage paternel. La famille de Maury, originaire du Dauphiné, et autrefois protestante, n'avait embrassé le catholicisme que lors de la révocation de l'édit de Nantes ; c'est de cette époque que datait son établissement dans le comtat Venaissin.

Une grande pénétration marqua les premiers ans de Jean-Sifrein ; les ressources pour la culture de l'esprit ne manquaient point alors aux enfants pauvres ; les pieuses libéralités des siècles y avaient pourvu. A l'âge de treize ans, Maury achevait ses humanités dans le petit séminaire de Valréas. On a recueilli un souvenir

de son enfance dans cette maison d'éducation : un jour
que le lieutenant général de Grandpré en faisait l'ins-
pection et qu'il visitait la classe du petit Maury, il se
plaignit que les enfants ne lui répondissent qu'en patois. — « Monsieur, répliqua Jean-Sifrein, nous ne
« pouvons savoir que ce qu'on nous enseigne. Un jour
« j'étudierai le français et je le parlerai bien ; mais ja-
« mais je n'oublierai mon patois, parce que l'esprit
« consiste à apprendre et non pas à oublier. » Cette
double promesse fut remplie, car Maury plus tard
parla bien le français, et, au milieu des splendeurs de
sa fortune, lorsqu'il recevait la visite d'un compatriote,
ou que les rouliers de Valréas lui apportaient des provisions à l'archevêché de Paris, il ne souffrait d'autre
langue que le patois du Comtat dans l'expansive familiarité des conversations : il lui semblait retrouver ainsi
l'air, les horizons, le soleil du pays natal.

Les maîtres de Valréas ne suffisant plus au jeune
Maury, on le conduisit à Avignon, la cité papale où
fleurissaient les études littéraires et religieuses. Il y
passa une année au petit séminaire de Sainte-Garde,
et puis entra au grand séminaire de Saint-Charles, dirigé par les Sulpiciens. Un trait de mémoire prodigieuse se rattache à son séjour à Avignon. L'abbé
Poulle y prêchait ; ce prédicateur célèbre, à qui il n'a
manqué que du travail et un censeur d'un goût sévère
pour devenir un grand prédicateur, touchait au déclin
de l'âge, paraissait rarement dans la chaire et jouissait

paisiblement de sa renommée; Avignon son pays avait
parfois le bonheur de l'entendre; le bruit de son éloquence enflammait les jeunes imaginations du séminaire de Saint-Charles. Maury demanda et obtint la
permission d'assister à un sermon de l'abbé Poulle
dans l'église de Saint-Agricole. Le supérieur du grand
séminaire s'y était rendu de son côté; il n'avait pas vu
le séminariste dans l'auditoire, et crut pouvoir lui dire
le soir, sur le ton du reproche et de la menace, qu'il
était allé ailleurs qu'à l'église; à chaque affirmation
du jeune abbé il opposait une négation plus vive :
« J'ai si bien assisté au sermon, répondit à la fin le
« séminariste, que j'en ai transcrit de mémoire la pre-
« mière partie, et que j'allais achever la dernière,
« quand vous m'avez fait appeler. » Le supérieur demande à voir le cahier, s'étonne à chaque page qu'il
parcourt, fait des excuses, et embrasse Maury. Il lui
ménagea pour le lendemain un petit triomphe, à la
suite duquel le vice-légat demanda pour lui, à Rome,
un diplôme de membre de l'Académie des Arcades.

Les années du jeune Maury à Avignon avaient rempli son âme de vastes espérances. Autour de lui rien
n'allait à sa mesure; tout lui semblait étroit; un seul
point du monde s'offrait à ses rêves ardents, c'était
Paris, Paris où les lettres qu'il aimait avaient leur
foyer le plus éclatant, où la renommée portait le succès aux quatre vents du ciel, où le talent menait à la
fortune; ces enivrantes perspectives s'étaient surtout

mêlées aux derniers temps de son cours de théologie ;
une fois ce cours terminé, il prit son parti et songea
aux moyens d'exécuter le voyage au bout duquel son
imagination plaçait les plus séduisantes merveilles.
Maury avait alors dix-neuf ans. Il s'en va à Valréas
pour revoir et embrasser tous les siens ; son père, à
qui il avait déjà confié son projet dans une lettre, s'ef-
fraie de sa hardiesse, accuse sa témérité et ne veut pas
d'abord consentir à une entreprise où il n'aperçoit
que des périls. Sa mère pleurait, priait Dieu et avait
une confiance qu'elle parvint à faire partager à son
mari ; celui-ci autorisa le départ du jeune abbé, dont
toutes les paroles respiraient l'avenir. Un de ses frères
l'accompagna jusqu'à Montélimart, et, en recevant ses
adieux, lui remit tout ce qu'il possédait : c'était une
somme de 18 francs qu'il devait ajouter à ses
modestes ressources : « Un jour, je t'en rendrai
18,000, » lui dit l'abbé. Il lui en rendit bien davantage.

On rapporte que, sur la route de Montélimart à Va-
lence, seul et sans amis dans la mauvaise voiture publique dont chaque tour de roue le séparait de sa
famille, il fut pris d'attendrissement et de tristesse, au
point de songer à revenir à Valréas ; la pensée de Paris
ranima son cœur qui triompha de ces vives, mais passagères émotions. Une rencontre qu'il fit en Bourgogne
acheva de lui rendre toute l'énergie de ses espérances ;
parmi ses nouveaux compagnons de route à partir

d'Avallon, il y avait deux jeunes gens qui se rendaient à Paris, et avec lesquels il ne tarda pas à lier conversation ; l'intimité des entretiens amena peu à peu les confidences ; chacun parlait de ses projets et se faisait sa destinée. L'un de ces jeunes gens avait étudié en médecine dans sa province et disait : *Je veux être membre de l'Académie des sciences et médecin du roi;* c'était Portal ; il voyait juste dans son avenir. L'autre jeune compagnon de Maury avait fait son droit et disait : *Je deviendrai avocat général;* c'était Treilhard ; il aurait frémi alors si quelqu'un lui avait annoncé qu'il serait un jour régicide. Maury, interrogé à son tour, répondit : *Moi je deviendrai prédicateur du roi et l'un des quarante de l'Académie française* [1]. On ne se représente pas sans un vif sentiment d'intérêt et de surprise ces trois jeunes gens dans une patache, s'échappant de leur obscurité par les élans d'une imagination prophétique, marchant vers la renommée qui les attendait sur des chemins différents, et deux d'entre eux appelés à de grands rôles dans des révolutions que personne au monde ne prévoyait à cette époque.

Maury arriva à Paris en 1765 ; Voltaire et Rousseau vivaient encore ; la mémoire de Jean Calas venait d'être réhabilitée, et Louis XV, réparant par ses dons la ruine de la famille, avait fait remettre 36,000 livres

---

[1] Cette anecdote a été diversement racontée ; mais le fond reste le même.

à la veuve et aux enfants. L'opinion, travaillée par les philosophes, réagissait avec violence contre le jugement du parlement de Toulouse, jugement destiné peut-être, lui aussi, à être un jour réhabilité [1]. Le jeune Maury entendait aussi parler d'un arrêt du parlement de Paris contre les *Lettres de la Montagne* de Rousseau et le *Dictionnaire philosophique portatif* dont Voltaire était l'auteur, mais qu'il n'avouait pas. Voltaire était pour le christianisme un ennemi plus persistant qu'intrépide ; c'est en cachant sa main qu'il lançait le plus souvent ses traits. « J'ai ouï parler de ce « petit abominable dictionnaire, écrivait-il à d'Alem- « bert; c'est un ouvrage de satan : heureusement je « n'ai nulle part à ce vilain ouvrage. Quelle barbarie « de m'attribuer le portatif! Le livre est reconnu pour « être d'un nommé Dubut, petit apprenti théologien « de Hollande. »

Le jeune abbé de Valréas, en attendant que sa plume devînt pour lui une ressource, chercha et trouva un emploi de précepteur; c'est une utile manière d'abriter passagèrement sa vie et de se faire des loisirs pour compléter ses propres études. Maury était plus occupé de ses travaux que de son élève. Il lisait ou écrivait une partie de ses nuits, et, durant le jour, il recher-

---

[1] Voir le Compte rendu de la procédure conservée aux archives de l'ancien parlement de Toulouse , lu par un avocat de Toulouse , Mᵉ Théophile Huc, à la rentrée solennelle des conférences des avocats stagiaires. (*Correspondant* du 25 février 1855.)

chait ardemment tout ce qui pouvait accroître ses
connaissances. Lebeau, l'intelligent éditeur de l'*Anti-
Lucrèce*, l'historien du Bas-Empire, auteur de poésies
et de discours latins qu'on ne lit guère et d'éloges
qu'on ne lit plus, occupait alors la chaire d'éloquence
au Collége de France; Maury devint son auditeur assidu et se présenta même chez lui pour lui demander
des conseils. Lebeau n'était qu'un érudit laborieux et
froid, et nous ne savons pas quel puissant attrait aurait captivé Maury autour de cette chaire d'où l'éloquence ne pouvait guère descendre; Il est à croire
que le jeune abbé voyait dans le professeur déjà
vieux, moins un Quintilien, un Longin ou un Liba-
nius, qu'un protecteur utile.

Maury presque enfant avait composé des sermons :
il imagina d'en composer pour les offrir à ceux qui
parfois ne portaient dans la chaire qu'une éloquence
achetée : ces pieuses productions l'aidaient à vivre et
ne lui coûtaient pas de grands efforts. On raconte
qu'un moine s'étant un jour présenté chez lui pour
faire ses provisions d'éloquence, le jeune abbé, pris
au dépourvu, fut réduit à lui proposer un sermon
qu'il avait reproduit de mémoire après l'avoir entendu
une fois; c'était un sermon sur l'amour de Dieu. Le
moine y jette les yeux; il est surpris à la première
page, plus surpris encore à la deuxième, à la troisième,
et, après avoir rapidement tout parcouru, il dit avec
colère que le sermon est à lui, qu'il l'a prêché tel

1.

jour, à telle époque, dans telle église. « Mon révérend
« Père, lui répondit fort doucement le jeune abbé, vous
« êtes venu me demander des sermons, je n'ai pour
« le moment que celui-là à vous offrir ; prenez-le,
« laissez-le, faites comme il vous plaira. Je n'ai rien
« de mieux à vous dire. » Et le moine s'en alla brusquement, répétant que le sermon lui appartenait : l'a-
vait-il acheté ?

L'histoire a retracé le deuil véritable et profond qui
suivit le trépas prématuré du Dauphin de France le
20 décembre 1765 ; le sentiment public laissa voir la
même vivacité de regrets qui avait éclaté à la mort du
duc de Bourgogne, le plus bel ouvrage de Fénelon.
Une société de gens de lettres proposa un prix de
douze cents francs pour un éloge du Dauphin ; le jeune
Maury entra dans la lice ; mais aucun des discours
présentés ne parut digne du prix ; la palme, dont on
doubla la valeur, fut remportée l'année suivante par
un condisciple de Maury au grand séminaire d'Avignon, l'abbé de Boulogne, plus jeune que lui d'une
année, et qui devait se faire un nom dans la carrière
de l'éloquence. Maury n'avait pas voulu paraître au
second concours ; il fit imprimer son discours et reçut
des encouragements. Un éloge de Stanislas, roi de Pologne, qu'il publia dans le courant de la même année
(1766), renfermait des germes de talent. Les concours
de l'Académie française ne pouvaient manquer de
tenter son ardeur ; l'illustre corps littéraire avait pro-

posé pour 1767 l'éloge de Charles V, roi de France, et
les avantages de la paix ; Maury concourut pour les
deux prix d'éloquence ; il ne fut point vainqueur, mais
les deux discours ont des parties qui étonnent de la
part d'un jeune homme de vingt ans. Ces discours
n'ont pas trouvé place dans la réunion des OEuvres de
Maury. L'éloge de Charles V, imprimé à part en 1767,
se compose d'une cinquantaine de pages in-8°. Le
jeune auteur ajoute à son nom le titre de membre de
l'Académie des Arcades de Rome. Il y met quelque
gloire et semble dire avec le poëte :

> .... Soli cantare periti
> Arcades [1].

La première page de l'éloge de Charles V a de la
gravité et de la noblesse :

« Les habitants des bords du Nil jugeaient solennel-
« lement leurs souverains après leur mort ; pour ins-
« pirer aux autres princes une frayeur salutaire, ils
« les appelaient à cette pompe funèbre, qu'ils célé-
« braient avec un silence éloquent. Chaque citoyen
« avait droit d'accuser les rois devant ce tribunal de
« la vérité ; la voix de ce jugement formidable, qui
« était gravé comme une loi dans les fastes de l'É-
« gypte, réveillait l'indolence des rois, et leur com-
« mandait d'être justes. Lorsque le monarque était

---

[1] Virgile, Églogue X°.

« déclaré vertueux dans le labyrinthe sacré, les prê-
« tres, les magistrats, les guerriers lui assuraient
« l'immortalité en touchant de leur caducée l'urne qui
« renfermait ses cendres. C'est ainsi que les Égyp-.
« tiens attendaient la mort de leurs maîtres pour fixer
« leur gloire. Rois, vous êtes connus, en effet, lorsque
« vous ne régnez plus ; la flatterie disparaît avec vos
« bienfaits ; l'univers juge sans indulgence les princes
« auxquels il avait voué une obéissance sans bornes :
« pour les déclarer grands, l'histoire exige que des mil-
« lions d'hommes soient heureux. Je viens prononcer
« l'éloge de Charles V quatre siècles après sa mort.
« Si je ne juge pas avec le même appareil que faisait
« l'Égypte, je le jugerai avec la même impartialité. »

Le jeune écrivain, dans son œuvre oratoire, divisée
en deux parties, montre ce que le roi de France a fait
pour le bonheur de son peuple, et comment dans ce
bonheur de la nation il a trouvé le sien. Charles V,
vainqueur sans être guerrier, soumit ses ennemis, pa-
cifia son royaume, l'affermit, le réorganisa, contribua
aux progrès de l'esprit humain, et la France reçut de
sa main une meilleure administration de la justice.
« Le droit de juger est le prix de l'or ; Charles veut
« que le témoignage le plus éclatant de sa confiance
« soit la récompense du mérite : il refuse la puissance à
« ces hommes méprisables auxquels il n'en coûterait
« rien de s'avilir, qui oseraient ordonner des dépréda-
« tions au nom sacré de la justice. Il crée un nouveau

« tribunal, sa vigilance enfante l'exactitude, ses soins
« font régner l'équité ; il rend les lois pures, l'admi-
« nistration active, les jugements prompts... J'aper-
« çois des variations et des caprices dans les lois mê-
« mes : Charles juge son code, et joint son autorité à
« l'autorité des lois ; il prescrit un langage uniforme
« aux arrêts de la justice, parce qu'il sait qu'une loi
« qui se dément est une loi qui se détruit. »

On reconnaît le roi de Navarre, Charles le Mauvais,
à ces coups de pinceau d'une si jeune main :

« Le roi de Navarre, dévoré des feux de la débau-
« che, du poison de l'envie, du fiel de la vengeance,
« tâchait encore de lui nuire (à Charles V) ; fidèle à
« ses seuls intérêts, il s'humiliait, pleurait, se rétrac-
« tait, jurait, promettait, et trompait toujours. »

L'abbé Maury parle des croisades comme on en
parlait alors, et n'a pas encore assez étudié ces guerres héroïques pour en saisir le vrai caractère et la
portée immense ; cinq ans plus tard, il tiendra un autre langage dans le panégyrique de saint Louis. Ce
qu'il dit du moyen âge n'est qu'un reflet des opinions
qui avaient cours à cette époque dans les salons et les
académies ; depuis Charlemagne jusqu'à Charles V, il
ne *trouve presque aucun vestige de l'esprit humain ;*
trente générations lui paraissent *perdues pour les
sciences et le bonheur :* il ignorait, et les gens de lettres qu'il fréquentait ne savaient pas plus que lui les
découvertes, les travaux sublimes, les grandes choses

de tout genre qui remplissent ces vieux âges où le
xviiie siècle n'a imaginé que des masses humaines dans
la nuit; il n'avait pas creusé l'histoire de ces temps
féconds d'où la civilisation moderne est sortie, et n'a-
vait pas mesuré la grandeur des services rendus à l'intelligence par les anciens ordres religieux. Maury dit
dans une note : « Avant Charles V nos rois léguaient
« leurs livres à des monastères : les moines respec-
« taient assez de pareils dons pour ne pas y toucher. »
C'était joli à dire dans les salons de Buffon, de Thomas ou de Marmontel, où le jeune abbé avait ses en-
trées ; mais on ne faisait pas preuve de savoir en jetant l'ironie à la face de ces moines des temps reculés,
gardiens et sauveurs des œuvres du génie antique,
créateurs de tous les foyers de lumière, chaîne vivante de flambeaux qui ne s'éteignaient pas au milieu
de longues ténèbres. Il y a dans l'éloge de Charles V
de l'esprit, du mouvement, de la fermeté ; mais le style
en est redondant et sentencieux ; les idées n'y manquent pas, mais elles s'y trouvent jetées un peu con-
fusément. Evidemment le jeune Maury lisait beaucoup
Rousseau et Montesquieu ; il voulait écrire comme l'un
et penser comme l'autre, et de temps en temps il ne
laisse voir qu'une abondance de rhétoricien. L'empreinte de cet écrit est plus philosophique que religieuse ; les mots de *philosophe* et de *nature* s'y rencontrent plus fréquemment que le mot de *christianisme*
et le nom de *Dieu*. La tendance politique du discours

est une certaine flatterie pour les peuples et une certaine sévérité contre les rois. Il porte bien la marque
de l'époque et la situation d'esprit un peu vague d'un
jeune homme de vingt et un ans lancé dans ce Paris
du XVIIIe siècle, et luttant plus ou moins fortement
avec une éducation chrétienne contre une société qui
ne l'était plus.

CHAPITRE II.

Cependant les relations littéraires, les séductions de Paris, dont plus tard peut-être les mœurs de Maury ne triomphèrent pas toujours, ne l'avaient pas détourné de la route ecclésiastique ; aussitôt qu'il eut vingt et un ans révolus, il s'engagea dans les ordres sacrés ; ce fut à Meaux qu'il reçut le sous-diaconat. Dès lors il professait (et c'était un présage de talent oratoire) tout l'enthousiasme d'une admiration sans bornes pour Bossuet ; il fut remué par le seul aspect de la chaire d'où partit, pendant vingt-trois ans, la plus grande parole du monde. Il se prosterna sur la pierre qu'on croyait être le tombeau de Bossuet [1], et les larmes

---

[1] Maury, en 1767, ne put se prosterner que sur la pierre tombale placée par le cardinal de Bissy derrière le maître-autel de la cathédrale de Meaux, et non pas sur le tombeau même ; l'endroit précis où

inondèrent son visage. En 1767, il fut ordonné prêtre
à Sens par le cardinal de Luynes avec dispense d'âge.
On sait que les candidats au sacerdoce subissent des
examens sur la théologie; le cardinal de Luynes fut si
émerveillé des réponses du jeune Maury qu'il le fit asseoir parmi les examinateurs : le disciple prenait tout
de suite rang au milieu des maîtres.

Avec sa constitution vigoureuse, sa mémoire extraordinaire, son ardent amour de l'étude, il devait s'a-
vancer à pas rapides dans les voies du savoir, sans lequel rien de sérieux n'est possible; il faisait marcher
de front la théologie, l'histoire de l'Église et les lettres,
donnait aux livres une partie du repos de ses nuits,
méditait plus fortement et retranchait de son style les
pompeuses inutilités. Il parut dans les chaires après
son élévation au sacerdoce; ce prédicateur de vingt-
quatre ans, plein de verve et de feu, commençait à occuper le public. On a dit que parfois M. de Beaumont,
archevêque de Paris, confiait à la plume de Maury la
rédaction de ses mandements; nous n'avons pas pu en
trouver la preuve; seulement il paraît assez vrai que
la lettre pastorale à l'occasion de l'incendie de l'Hôtel-
Dieu, écrite et imprimée dans une nuit, fut l'œuvre du
jeune abbé. On s'est trompé toutefois en ajoutant que

reposaient les restes de Bossuet n'était pas connu alors, et n'a été déterminé que par les heureuses et mémorables fouilles du 14 novembre
1854.

Maury était alors un inconnu dont à peine quelques personnes soupçonnaient par hasard le talent ; l'incendie de l'Hôtel-Dieu éclata dans la nuit du 29 décembre 1772, et on verra dans notre récit qu'à la fin de l'année 1772 la position de Maury n'était pas celle d'un nouveau venu cherchant obscurément la fortune.

Un beau sujet, l'éloge de Fénelon, mis au concours par l'Académie française, ne se présenta pas en vain à l'imagination du jeune Maury. Le prix fut décerné, le 25 août 1771, à La Harpe, qui se consolait de ses chutes au théâtre par des moissons de palmes académiques. Maury n'obtint que l'accessit. L'ouvrage de La Harpe annonce une main accoutumée à écrire, un esprit qui se gouverne et se soutient, et qui, habilement en garde contre l'emphase, le désordre et le mauvais goût, va son train sur un fonds d'idées communes ; on n'y trouve rien à reprendre et rien à admirer. Pourquoi s'étonner qu'il ne tombe point ? Pour faire des chutes il faudrait s'élever. Du reste, parmi les compositions académiques de l'heureux lauréat du dernier siècle, c'est l'*Éloge de Fénelon* qui garde le plus d'intérêt. Le travail de Maury a de l'inexpérience et des inégalités, mais il renferme des beautés dont il n'y a pas trace dans le discours de son vainqueur ; on y sent un talent bien autrement vivace, une élévation, une portée, une haleine, qui dépasseront le niveau et tous les efforts du rival couronné. Nos lecteurs connaîtraient mal l'abbé Maury si nous ne les mettions pas au courant de ses ouvrages ; arrêtons-nous donc un moment à son *Éloge de Fénelon.*

Le plan du discours est simple : peindre Fénelon, c'est peindre le génie et la vertu ; c'est un plan indiqué par l'admiration publique elle-même. L'éloge de l'archevêque de Cambrai ne doit être que son histoire écrite par le sentiment et par la vérité. « Celui qui aura « le mieux senti Fénelon l'aura le mieux loué. » Si l'on se représente quel esprit animait alors ceux qui devaient être ses juges, on saura gré au jeune Maury des lignes de l'exorde où il veut voir dans l'éloge de son héros un triomphe de la religion ; il emploie un certain art pour en venir là. « Je trahirais mon devoir, messieurs, je « tromperais votre attente, et je me montrerais en op- « position avec mon sujet si je privais la religion du « triomphe que vous lui avez préparé, en proposant « l'éloge de l'archevêque de Cambrai. La gloire qu'elle « doit en recevoir aujourd'hui est à la fois, et le plus « digne tribut de la reconnaissance du genre humain, et « le plus juste hommage que puisse décerner le génie. » Mais le jeune écrivain se faisait pardonner cette hardiesse en se rapprochant, dans les pages suivantes, des idées contemporaines sur ce qu'on appelait le christianisme de Fénelon, christianisme purement moral et philosophique, sans dogmes et sans mystères, sans la pratique et sans la sévérité des devoirs, et contre lequel auraient protesté la foi vive et la piété de l'illustre archevêque. Les philosophes avaient composé un Fénelon à leur image, derrière lequel ils attaquaient le catholicisme ;

Ils en avaient fait un Marc-Aurèle en soutane d'évêque, un confrère en déisme sentimental, et les poëtes de la révolution française livrèrent aux applaudissements du théâtre le grand prélat ainsi travesti.

Dans la première partie de son discours, consacrée au génie de Fénelon, Maury nous montre d'abord le missionnaire, et semble lui faire un mérite particulier de n'employer que les armes de la persuasion et de la charité ; c'était encore une opinion de son temps ; on oubliait qu'il ne s'est pas rencontré au XVII° siècle un missionnaire qui ait entrepris de convertir autrement que par l'éloquence, le zèle et les bienfaits, et qu'à aucune époque de l'histoire de l'Église, les apôtres catholiques n'ont prêché à la façon de Mahomet.

Le panégyriste accompagne son héros au milieu des campagnes de la Saintonge ; dans sa douloureuse impuissance de soulager les besoins des pauvres, l'apôtre envie les trésors de l'opulence ; il partage les peines de l'indigent et lui enseigne des vertus, s'il ne peut pas encore lui donner du pain ; « ramenant à son véritable « objet une religion qui seule n'abuse jamais l'homme, « mais le console et le soulage dans la douleur et dans « l'infortune, il l'annonce dans les chaumières comme « la philosophie du malheur. »

A trente-cinq ans, Fénelon n'avait attaché son nom à aucune œuvre littéraire. « Il médite longtemps, dit « Maury, il observe les hommes ; il amasse des con- « naissances, et il ne prend la plume qu'après s'être as-

« suré de la maturité de son esprit. Telle est la marche
« de la nature, souvent violentée par l'impatience de
« jouir d'un talent qui ne sait pas s'attendre lui-même.
« Lorsque les eaux à peine filtrées dans le sein de la
« terre se hâtent de reparaître à la surface, elles s'exha-
« lent en vapeur ou s'écoulent en faible ruisseau qui
« va bientôt expirer sur le sable ; mais qu'elles séjour-
« nent, qu'elles se recueillent dans le flanc des monta-
« gnes jusqu'à ce que leur masse s'ouvre une issue,
« vous verrez sortir un fleuve. » Maury caractérise en
peu de mots le *Traité de l'éducation des filles*, qui devint aussitôt le *manuel des épouses et des mères*. En
voyant Fénelon entrer dans la carrière des honneurs,
il dit que *ce fut sa destinée, mais non son dessein*.
Louis XIV, *dont chaque action publique est un exemple
pour les rois*, voulait que l'âme de ses petits-fils fût formée par les premiers hommes de son empire. Le jeune
panégyriste trace avec fermeté la mission des instituteurs des rois :

« Faire d'un homme un roi ou plutôt d'un prince
« un homme ; enseigner les droits des peuples à l'hé-
« ritier d'une couronne, trop tôt instruit des préro-
« gatives de la royauté pour en étudier les devoirs
« ou pour en redouter le fardeau ; l'environner sans
« cesse dans son palais du tableau des misères publi-
« ques ; l'instruire des grands principes de l'adminis-
« tration, sans jamais séparer la politique de la mo-
« rale; lui montrer dans les lois le fondement et le

« frein de son autorité ; lui découvrir, sous le despo-
« tisme, l'avilissement de l'humanité et l'instabilité du
« pouvoir ; le forcer d'étudier ses obligations en visi-
« tant des chaumières ; lui faire voir ses armées, ses
« trésors, son peuple, non dans la pompe des cités,
« encore moins dans le faste des cours, mais au milieu
« des champs fertiles ; lui donner les yeux d'un parti-
« culier et l'âme d'un souverain ; enfin se placer entre
« lui et l'éclat du trône, et croire n'avoir rien fait,
« jusqu'à ce qu'il ait besoin qu'on le console du mal-
« heur d'être condamné à y monter : c'est sous ces
« traits divers que je me représente les dignes insti-
« tuteurs des rois, et que je contemple Fénelon, leur
« plus parfait modèle. »

Maury peint Fénelon à Versailles avec cette douceur
de caractère qui réussit plus sûrement dans les cours
que les dons de l'esprit, avec sa sérénité, son savoir,
son imagination brillante, avec « le talent si rare de
« bien parler, élevé au plus haut degré d'enchante-
« ment, et l'art de se faire aimer qui n'est pas le même
« que l'art de plaire. » Il nous fait assister à l'enfantement du plan du maître pour former l'auguste disciple ; c'est sur l'imagination que Fénelon entreprendra
d'agir, parce que l'impression des images laisse dans
l'âme des traces plus profondes que la marche du raisonnement : *l'esprit humain est plus porté au grand
qu'au vrai.* Le maître a médité son œuvre ; il ne peut
choisir son modèle que dans l'antiquité, *où le merveil-*

leux est en quelque sorte historique. L'*Odyssée* lui fournit
un brillant et fécond épisode ; il prend un enfant pour
le héros de son poëme et met tout en action, morale,
mythologie, politique, administration, agriculture,
commerce, géographie ; les devoirs des rois y sont
développés par la situation presque autant que par les
préceptes. Les terreurs des enfers n'y sont point mé-
nagées ; les premiers rangs dans l'Élysée sont donnés
à des monarques bienfaisants et non pas à des héros
guerriers. La morale de Fénelon ne respire que la félicité des peuples ; quelle différence avec les principes
inhumains de Machiavel, de Hobbes et de Filmer, avec
ces controversistes politiques qui *attaquent l'humanité
par des syllogismes méthodiques !* Quand le jeune
Maury veut nous faire admirer l'écrivain dans l'auteur
du *Télémaque*, il apprécie le style de Fénelon comme
un homme qui en a étudié les charmants et brillants
secrets, et lui-même se révèle à nous avec des progrès
nouveaux dans l'art d'écrire.

« Simple sans bassesse et sublime sans enflure, Fé-
« nelon préfère des tableaux éloquents aux brillants
« phosphores de l'esprit. Il dédaigne ces saillies mul-
« tipliées qui interrompent la marche du génie, et l'on
« croirait qu'il a produit le *Télémaque* d'un seul jet.
« J'ose défier l'homme de lettres le plus exercé dans
« l'art d'écrire, de distinguer les moments où Fénelon
« a quitté et repris la plume ; tant ses transitions sont
« naturelles, soit qu'il vous entraîne doucement par

« le fil ou la pente de ses idées, soit qu'il vous fasse
« franchir avec lui l'espace que son imagination agran-
« dit ou resserre à son gré ; et dans ce même point où
« il a vaincu tant de difficultés pour soumettre une
« langue rebelle, où, pour rapprocher des objets dis-
« parates, on n'aperçoit jamais un effort. Maître de sa
« pensée, il la dévoile et la présente sans nuages ; il ne
« l'exprime pas, il la peint ; il sent, il pense, et le mot
« suit avec la grâce, la noblesse ou l'onction qui lui
« convient. Toujours coulant, toujours lié, toujours
« nombreux, toujours périodique, il connaît l'utilité
« de ces liaisons grammaticales que nous laissons
« perdre, qui enrichissaient l'idiome des Grecs, et sans
« lesquelles il n'y aurait jamais de tissu dans le style.
« On ne le voit pas recommencer à penser de ligne en
« ligne, traîner péniblement des phrases, tantôt brus-
« ques, tantôt diffuses, où l'esprit, sautillant par temps
« inégaux, manifeste son embarras à chaque instant,
« et ne se relève que pour retomber : son élocution,
« toujours pleine, souple et variée, enrichie des mé-
« taphores les mieux suivies, des allégories les plus
« lumineuses, des images les plus pittoresques, n'offre
« au lecteur que clarté, harmonie, facilité, élégance
« et rapidité. Grand parce qu'il est simple, il ne se
« sert de la parole que pour exprimer ses idées, et
« n'étale jamais ce luxe d'esprit qui, dans les lettres
« comme dans les États, n'annonce que l'indigence.
« Modèle accompli de la poésie descriptive, il multi-

« plie ces comparaisons vastes qui supposent un gé-
« nie observateur, en développant les pensées les plus
« ingénieuses et les plus fines par les aperçus les plus
« naturels et par les expressions les plus simples ; et
« il flatte sans cesse l'oreille par les charmes de l'har-
« monie imitative. En un mot, Fénelon donne à la
« prose la couleur, la mélodie, l'accent, l'âme de la
« poésie ; et son style, toujours vrai, enchanteur, ini-
« mitable, trop abondant peut-être, ressemble à sa
« vertu. »

Après avoir vu dans Fénelon le poëte sublime, Maury
admire en lui le métaphysicien profond, l'écrivain qui
« transporta les grâces de son imagination, et même
« la sensibilité de son cœur jusques dans les déserts de
« l'ontologie. » Il remarque avec justesse qu'il n'y a
peut-être pas si loin qu'on le pense, des chants de
poésie aux spéculations de la métaphysique, et que
presque tous les métaphysiciens du premier ordre
ont été poëtes. Il cite Platon, Malebranche, Leibnitz.
Maury rend hommage à l'écrit lumineux et profond
où Fénelon démontre l'existence de la divinité contre
les ténébreux sophismes de Spinosa, où il confond l'a-
théisme comme le *scandale de la raison et le crime de
l'esprit,* où il défend la cause de Dieu, ou plutôt *celle
de l'homme;* car « c'est la vérité la plus consolante, la
« plus nécessaire, et heureusement la plus incontes-
« table. » Le jeune panégyriste salue en passant la
Lettre et les *Dialogues sur l'Éloquence,* les *Dialogues*

des Morts, et le prêtre se retrouve dans la page consacrée aux *directions pour la conscience d'un roi*, à
cette œuvre de dévouement sévère et d'immortelle
franchise qui seule suffirait pour recommander aux
siècles la mémoire de Fénelon :

« Ce n'est plus à un enfant, dit-il, c'est à la cons-
« cience du chrétien qu'il s'adresse. Dans quelle situa-
« tion place-t-il son élève ? Il l'appelle à ce moment de
« vérité, de repentir et de miséricorde, où l'homme,
« prosterné devant le tribunal sacré, se dénonce lui-
« même à son juge, qui devient aussitôt son média-
« teur charitable et le réconcilie avec Dieu, au nom
« duquel il lui pardonne ses erreurs et ses fautes. Le
« directeur va plus loin que l'instituteur : son cœur
« s'épanche ; en interrogeant, il accuse ; en énonçant,
« il démontre ; en avertissant, il frappe. Quand on lit
« cette instruction paternelle, où les maximes les plus
« abstraites de l'art du gouvernement deviennent aussi
« lumineuses que les éternels axiomes de la raison,
« l'on croit voir l'humanité s'asseoir avec la religion
« aux côtés d'un jeune prince, pour lui inspirer de
« concert toute la délicatesse de conscience que l'É-
« vangile exige d'un roi, pour lui révéler tous les
« dangers, toutes les illusions, tous les piéges dont il
« est obligé de se préserver, tous les jugements de
« Dieu et des hommes qu'il est chargé de prévenir,
« enfin tous les conseils de la véritable gloire qu'il
« doit ambitionner, et toutes les règles de la morale

« qu'il doit suivre, s'il veut rendre les peuples heu-
« reux. Voilà le but de Fénelon ; et voilà aussi quels
« furent, dans l'âme du duc de Bourgogne, les bien-
« faits et les triomphes des *directions pour la cons-*
« *cience d'un roi.* »

Dans la seconde partie de l'*Éloge de Fénelon*, c'est
sa vie et son âme qu'on voit apparaître : on est en présence de l'archevêque de Cambrai. En le suivant dans
son étude de la religion, le jeune Maury le trouve dans
les mystiques illusions de l'amour divin ; il parle du
quiétisme en théologien, et de madame Guyon avec
une piquante fermeté d'esprit. Tout le morceau sur la
célèbre dispute de Fénelon et de Bossuet est non-seulement remarquable de talent, mais remarquable de
vérité ; Maury maintient le bon droit de l'évêque de
Meaux, et fait justice des banales récriminations adressées à ce grand cœur, à cet incomparable génie. Il y
avait à la fois supériorité et indépendance d'esprit à ne
pas donner raison à Fénelon ; car certainement Maury
heurtait les préjugés et le sentiment des juges du concours, et ce fut peut-être ce morceau où la vérité garda
ses droits au milieu de formes habiles, qui empêcha
surtout Maury d'obtenir le prix. C'est avec étonnement
que nous voyons un jeune homme à peine âgé de vingt-
cinq ans s'élever ainsi tout à coup par le sérieux de
l'étude et la force de l'intelligence au-dessus d'une
opinion qui régnait dans les livres à la mode, dans le
public et à l'Académie.

Nous n'avons trouvé dans ces pages, sur la fameuse affaire du quiétisme, que trois lignes qu'il eût fallu retrancher ; les voici : « Déjà l'envie, qui n'attendait « qu'un prétexte pour punir l'archevêque de Cambrai « de ses succès, le livre au glaive d'Innocent XII. » Il est faux que les *Maximes des Saints* aient été portées à Rome par les calculs ennemis du parti opposé à Fénelon ; ce parti, très-violent à Versailles et à Paris, et dont Bossuet avait grand'peine à contenir les ardentes impatiences, n'aurait pas voulu déférer au pape le livre de l'archevêque de Cambrai ; maïs il aurait voulu le faire juger promptement sur place ; ce fut Bossuet qui, dans une pensée équitable et modératrice, conseilla de soumettre l'examen de l'ouvrage au tribunal du souverain pontife : les ennemis de Fénelon le reprochaient à l'évêque de Meaux durant les lenteurs de Rome. « Nous en trouvons même qui nous insultent, » écrivait Bossuet à la date du 7 juillet 1698, « de ce que « bonnement et simplement nous nous sommes atta- « chés à consulter le saint-siége ; mais je ne m'en re- « pentirai jamais, moi qui ne puis vous dire, et M. le « Nonce le sait, que j'ai plus que personne donné le « conseil de consulter Rome et conseillé plus que jamais « de s'en tenir là [1]. »

Les dernières pages de l'*Éloge de Fénelon* peignent les longues tristesses, les amertumes des derniers

[1] Voir nos *Lettres sur Bossuet*, XIIe lettre.

2.

temps de ce beau génie. Tout lui manqua ; mais Dieu
lui restait. Maury aurait pu nous montrer Fénelon
apercevant de l'œil de l'âme le terme prochain de sa
course devenue solitaire en ce monde. Trois jours
avant la maladie qui rompit la chaîne de son exil et le
rendit aux amis qu'il avait pleurés, Fénelon écrivait à
la duchesse de Beauvilliers : « Nous retrouverons bien-
« tôt ce que nous n'avons point perdu, nous nous en
« approchons tous les jours à grands pas. Encore un
« peu, et il n'y aura plus de quoi pleurer. C'est nous
« qui mourrons : ce que nous aimons vit et ne mourra
« plus [1]. »

Lorsque Louis XIV, cet homme qui connaissait si
bien les hommes, disait de Fénelon qu'il était un *bel
esprit chimérique*, il ne prononçait pas une parole que
la postérité dût accepter dans son sens le plus entier,
le plus absolu ; mais avec la lumière que l'étude, le
temps et les révolutions ont jetée autour des idées politiques et législatives de l'auteur du *Télémaque*, il serait difficile de ne pas tenir quelque compte du jugement du grand roi. Le jeune Maury s'est étonné de ce
jugement ; son discours manque d'aperçus sur le côté
qu'on peut jusqu'à un certain point appeler chimérique dans les conceptions et le programme social de
Fénelon. A l'époque où le jeune abbé composait cet
Éloge, on croyait beaucoup aux progrès des peuples,

---

[2] Lettre du 28 décembre 1714.

à des félicités futures et infinies, à je ne sais quel âge
d'or des nations ; la philosophie pensait avoir découvert la véritable terre promise ; tout le monde alors
avait des songes, et les esprits se laissaient caresser au
souffle de l'avenir. Au milieu de ces rêves universels,
qui donc aurait pu juger qu'il y avait peut-être quelque chose de chimérique dans le génie de Fénelon ? A
vingt-cinq ans, Maury pensait là-dessus comme tout le
monde ; plus tard, son impression aurait pu n'être pas
la même.

Une observation se présente à notre esprit au sujet
de ce caractère de simplicité et de grandeur qui se des-
sine dans le tableau du jeune panégyriste. On s'agenouil-
lerait devant la belle âme de Fénelon, mais si on prête
bien l'oreille aux témoignages de ses contemporains les
plus accrédités, et surtout si on le lit bien soigneusement lui-même, on pourra être un peu moins frappé
de ce que les panégyristes appellent la simplicité et la
candeur de l'illustre archevêque. D'Aguesseau, qui en
a si bien parlé et avec tant d'admiration, faisait remarquer *une noble singularité répandue sur toute sa
personne* et lui trouvait un *certain air de prophète.*
Dans le portrait que le duc de Saint-Simon nous a
laissé de Fénelon, il dit que « par cette autorité de
« prophète qu'il s'était acquise sur les siens, il s'était
« accoutumé à une domination qui, dans sa douceur,
« ne voulait pas de résistance. Aussi, ajoute le brillant
« narrateur, n'aurait-il pas souffert longtemps de com-

« pagnon, s'il fût revenu à la cour, et entré dans le
« conseil qui fut toujours son grand but... »

On sait que le duc de *Saint-Simon* n'a pas l'habitude
de ménager ses couleurs, et, grâce à Dieu, nous ne
croyons pas à la parfaite ressemblance d'un portrait
dont nous n'avons cité que peu de lignes ; mais on
pressent ici quelque chose qu'on ne rencontre pas
dans les portraits qui ont cours depuis la seconde
moitié du XVIII⁰ siècle, quelque chose qu'il faut indi-
quer pour être en pleine vérité, et dont au reste la
gloire de l'immortel prélat n'a pas à souffrir.

L'*Éloge de Fénelon* par l'abbé Maury porte les couleurs de son temps : on a le droit de demander des
couleurs plus chrétiennes à un pinceau tenu par la
main d'un prêtre. Il n'y eut rien de largement réparé
sous ce rapport, lorsque l'écrivain, dans la maturité
des années, retoucha son œuvre.

CHAPITRE III.

L'éloge de Fénelon met l'abbé Maury en lumière. — Les réflexions de l'abbé Maury sur les sermons de Bossuet. — Son panégyrique de saint Louis, prononcé dans la chapelle du Louvre en présence de l'Académie française. — L'abbé de Boismont et l'abbé Maury. — Maury est nommé membre de l'Académie en remplacement de Pompignan ; son discours de réception ; la réponse du directeur, le duc de Nivernais. — Le panégyrique de saint Vincent de Paul, par l'abbé Maury.

Le discours en l'honneur de l'archevêque de Cambrai fut le commencement de la fortune de Maury. L'Académie française le désigna pour prêcher en 1772, dans la chapelle du Louvre, le panégyrique de saint Louis, et l'évêque de Lombez, petit-neveu de Fénelon, voulant honorer et récompenser l'œuvre oratoire du jeune abbé, le nomma vicaire général de son diocèse et chanoine de sa cathédrale. Dom Déforis préparait une édition des sermons de Bossuet, de ces sermons admirables dont le monde avait perdu le souvenir et qui dormaient manuscrits dans de muettes et injurieuses ténèbres. Maury, en ayant eu communication, laissa éclater son enthousiasme ; on lui demanda et il écrivit une préface ; il y regrettait, fort à tort, selon nous, que l'éditeur, dans un aveuglement superstitieux, n'eût fait ni triage ni retranchements ; ces regrets ne furent pas du goût de dom Déforis, qui exigeait leur suppression ; Maury tint bon, ne livra pas sa préface et la fit paraître séparément à Avignon sous ce titre : Réflexions sur les sermons nouveaux de M. Bossuet. Ce morceau, revu et développé, fut réimprimé en 1810 dans l'édition des OEuvres de Maury, et l'a été encore dans l'édition de 1827, sous le titre de Discours préliminaire pour servir de préface à la première édition des sermons de Bossuet.

Maury est le premier homme de goût et de style qui ait eu entre les mains les sermons de l'évêque de Meaux, pendant qu'on les imprimait ; la façon dont il jugea ces discours, ces ébauches, ces lambeaux, lui fait un grand honneur. Il fallait unir à un haut degré le sentiment de la vraie beauté, de la vraie grandeur dans les œuvres de l'esprit, pour si bien comprendre ce dont personne alors n'avait l'idée. Il y avait un mérite supérieur à saisir tout d'abord tant de génie où l'on n'en soupçonnait pas, à proclamer la sublimité, la puissance d'un tel langage, à crier d'admiration devant la splendeur de ces éclairs. La lecture de Maury fut une découverte, son appréciation fut une révélation. Ce jeune homme de vingt-six ans apprenait à la France, qui devait si peu les lire, que les sermons de Bossuet l'emportaient sur tous les sermons du monde, et que seuls ils suffiraient pour faire un grand homme. Il pénétrait avec esprit, verve et enthousiasme dans le génie oratoire de ce grand évêque que Voltaire, bien inspiré cette fois, appelle le *seul homme éloquent parmi tant d'écrivains élégants* [1]. Ce travail d'une soixantaine de pages, malgré quelques erreurs de date sur les sermons de Bossuet, doit être mis au rang des meilleurs morceaux de littérature. Il faudrait en retrancher la harangue de l'évêque Flavien à l'empereur Théodose que Maury annonce comme une traduction littérale de saint Jean Chrysostome, et qui n'en est qu'une assez pauvre imitation [2].

Le panégyrique de saint Louis, prononcé dans la chapelle du Louvre, le 25 août 1772, en présence de l'Académie française, mit tout à fait en lumière le jeune Maury. Il avait pour auditoire le sénat des lettres dont il recherchait surtout les suffrages, tous ces hommes qui faisaient la fortune de ceux auxquels ils dispensaient la gloire. Saint Louis, créateur de son siècle, saint Louis, bienfaiteur de tous les siècles qui l'ont suivi : tel fut le plan de ce discours, vif, nourri, éloquent. Le jeune orateur montra le grand homme,

---

[1] *Dictionnaire philosophique*, article ÉLOQUENCE, et dans les premières éditions du *Temple du Goût*.

[2] M. Villemain, dans son *Tableau de l'éloquence chrétienne au IVe siècle*, a bien autrement reproduit les beautés de la harangue grecque.

le grand roi, le grand saint. En parlant de la création
absolue ou des prompts changements que toute chose
demandait à l'activité féconde et réparatrice de saint
Louis, il excepta la foi, l'antique foi, et nous aimons
à lui entendre dire que « c'est en effet le grand privi-
« lége et le caractère divin de la religion chrétienne
« de n'avoir point connu ces tristes origines du néant,
« ces aberrations de principes, ces essais incertains,
« ces lentes progressions, ces variations fréquentes
« qu'ont subies tous les ouvrages humains, et d'avoir
« atteint, sans hésitation, dès son berceau, l'immuta-
« bilité, l'ensemble et la perfection qu'elle offre encore
« aujourd'hui à l'admiration et à la reconnaissance du
« genre humain. » A part ces lignes et quelques autres, l'œuvre de Maury est plutôt un discours qu'un
sermon ; la morale y tient plus de place que le dogme
et la foi. Le *fait de la religion qui est le capital de la
vie humaine*, selon les paroles de Bossuet, est ici bien
plus un spectacle digne des regards du monde qu'une
obligation d'humilier notre raison et d'élever notre
âme à la hauteur du modèle évangélique. Il y est parlé
de l'*Être suprême* et très-peu de Jésus-Christ. Dans la
pensée du public de cette époque, les croisades étaient
la difficulté d'un panégyrique de saint Louis ; Maury
les aborda résolûment, non point avec une connaissance approfondie du sujet, mais avec le sentiment de
la grandeur de ces entreprises héroïques et de leur influence sur les temps modernes. « Eh ! où en seriez-

vous sans les croisades ? » s'écriait l'orateur. C'était là
une parole hardie au xviiie siècle. Aujourd'hui c'est
une vérité banale. L'abbé Maury obtint un très-grand
succès ; on claqua des mains dans la chapelle, et l'A-
cadémie recommanda le jeune orateur au cardinal de
La Roche-Aymon, chargé de la feuille des bénéfices.
Le panégyriste de saint Louis fut récompensé par l'abbaye de la Frénade, dans le diocèse de Saintes.

Une faveur en amène une autre. Quand l'abbé Maury
fut présenté à M. de La Roche-Aymon pour le remer-
cier, le cardinal lui annonça qu'il prêcherait l'année
suivante devant le roi, le jour de la Cène et pendant
l'avent, et qu'il prêcherait le carême de 1775 à Versailles. Maury devint ainsi prédicateur du roi ; ce fut
lui qui remplit à la cour les stations du carême en 1778
et en 1785. Nous n'avons pas de jugement à porter sur
tous ces sermons qui, pendant douze ou quinze ans,
retentirent dans les chaires de Versailles et de Paris ;
ils n'ont pas été imprimés et nous ne connaissons que
leur succès. Un mot charmant de Louis XVI pourrait
nous en donner une idée ; au sortir d'un de ces sermons où la morale, l'économie politique, la philosophie, l'humanité, le gouvernement et l'administration
prenaient la place des vérités chrétiennes : « C'est dom-
« mage! dit le roi ; si l'abbé Maury nous avait parlé
« un peu de religion, il nous aurait parlé de tout. » Du
reste, ces productions, qui avaient le tort principal de
ne pas porter l'empreinte des augustes sévérités de la

foi, renfermaient des enseignements utiles et quelquefois de véritables beautés. Voici la péroraison d'un sermon prêché devant le roi, en 1778, le jour de la Cène, péroraison qui a été conservée par l'éditeur des OEuvres de l'abbé de Boismont[1] :

« Sire, l'amour de Votre Majesté pour le bien public
« invite les ministres de la religion à vous présenter
« cet affligeant tableau qui assiége les asiles de l'indi-
« gence ; mais la charité d'un souverain doit répondre
« à l'étendue de son autorité ; la grande aumône des
« rois, ou plutôt le tribut que Dieu leur impose envers
« les malheureux, c'est la justice, et c'est le législateur
« en vous que nous appelons au secours des pauvres.
« Nous ne saurions dissimuler à Votre Majesté que
« plusieurs établissements consacrés parmi nous à
« l'humanité portent encore le caractère barbare des
« siècles qui les ont vus naître ; mais un seul de vos
« regards peut établir l'ordre dans cette partie si im-
« portante de l'administration publique. On vous dira
« peut-être que dans toutes les grandes institutions
« les grands abus sont inévitables ; car c'est ainsi
« qu'en exagérant les difficultés d'opérer le bien, on

---

[1] Nous avons trouvé cette péroraison dans une note à la suite du sermon pour la fondation d'un hôpital militaire et ecclésiastique, le plus remarquable et le plus célèbre des sermons de l'abbé de Boismont. Voir l'édition de 1805, sous le titre de : *Oraisons funèbres, panégyriques et sermons* de l'abbé de Boismont. Maury s'était proposé, mais n'eut pas le loisir de publier les œuvres de son vieil ami et bienfaiteur, auxquelles il devait ajouter des poésies inédites de société.

« décourage les meilleurs rois. Ah! ne désespérez ja-
« mais ni des hommes ni de vous-même. Non, sire, il
« n'est pas impossible de permettre à l'homme captif
« de respirer du moins un air salubre dans les pri-
« sons; il n'est pas impossible d'ouvrir un asile aux
« malheureux dans les hôpitaux sans les y accumuler
« dans des lits de douleur; il n'est pas impossible
« d'assurer la subsistance et la conservation de ces
« pauvres enfants que le ciel a mis sous la protection
« spéciale du père des peuples; il n'est pas impossible
« enfin de faire cesser les ravages de la mendicité
« sans y substituer les horreurs du plus effrayant es-
« clavage. Si vous mettez la main à cette œuvre de
« miséricorde, vous éprouverez qu'avec un cœur sen-
« sible, un esprit juste, un caractère ferme, la bien-
« faisance d'un roi devient toute-puissante. Hélas!
« sire, vous êtes à un âge heureux où, dans une belle
« âme, la volonté du bien est une passion active et
« brûlante... C'est dans la jeunesse des rois que doi-
« vent s'opérer les réformes salutaires et les résolu-
« tions utiles. Dans le cours d'un long règne, la sen-
« sibilité d'un monarque s'émousse, son caractère
« perd de sa première énergie, son activité s'affaiblit,
« son âme se fatigue et se rebute. Une triste expé-
« rience lui apprend à moins estimer les hommes. Il
« se voit seul et sans secours pour opérer le bien; cet
« abandon l'accable, et, en cessant de croire à la
« vertu, il perd insensiblement le courage de la bonté.

« Il parvient enfin à cet âge d'inaction où les infirmi-
« tés, l'approche de la mort, le soin et l'amour de soi-
« même rompent tous les autres liens. Séparé de son
« peuple, il entre dans la solitude de la caducité, s'en-
« dort d'un sommeil léthargique, et la nation elle-
« même, privée alors du grand ressort de l'espérance,
« semble vieillir avec son souverain.

« La France a paru se ranimer, sire, à l'aurore de
« votre règne ; elle a déjà repris son rang et sa dignité
« dans l'Europe, et nous avons vu le crédit renaître
« avec l'espoir de l'économie, l'honneur national s'ap-
« puyer sur la vigueur de vos conseils, et nos ports,
« solitaires depuis si longtemps, couverts de flottes
« imposantes. Cet amour du bien ne se ralentira pas
« sans doute, et les pauvres ne seront point oubliés
« dans cette régénération universelle qui doit être
« l'objet de vos soins paternels. Vous les avez visités,
« sire, vous les avez soulagés dans une saison rigou-
« reuse ; mais votre vigilance royale ne se bornera
« point aux misères qui environnent ce palais. Votre
« auguste père vous recommande du haut du ciel les
« établissements publics ; pensez quelquefois, sire, à
« ce qu'il aurait fait sur ce trône où vous êtes assis ;
« c'est ce que vous devez faire ; et, si vous exécutez
« ses projets vertueux durant le cours de votre vie,
« vous partagerez sa couronne pour l'éternité. »

M. de La Roche-Aymon, qui s'était fait le protecteur
du jeune prédicateur, le désignait pour les importantes

solennités ; ce fut en présence de l'assemblée générale
du clergé de France, présidée par le cardinal, que
Maury prononça le panégyrique de saint Augustin
dans l'église des Grands-Augustins, le 28 août 1775.
Dans ses études plus littéraires que religieuses, il ne
s'appliquait pas sérieusement aux Pères de l'Église ;
il les connaissait peu, et ne les fréquenta très-assidû-
ment qu'aux derniers temps de sa vie. Saint Augustin
est celui qu'il connaissait le moins imparfaitement, et
nous croyons pourtant qu'il n'avait lu de ce grand
homme que la *Cité de Dieu*, les *Confessions* et les *Lettres*. La vie de l'évêque d'Hippone par Tillemont lui
avait donné l'ensemble des faits et des œuvres. Son
talent suppléa jusqu'à un certain point à d'incomplètes
lectures. Il est pourtant quelques inexactitudes que
nous voulons relever tout d'abord, parce qu'elles n'ont
jamais été signalées.

« A peine est-il (Augustin) *revêtu des armes de lu-
« mière*, qu'il se transporte au siége principal de l'er-
« reur et court attaquer les sceptiques jusque dans les
« lycées de Rome. Comment, du milieu de cette arène,
« manifestera-t-il à tout l'univers les fondements iné-
« branlables de sa nouvelle croyance ? Il compose,
« dans l'intervalle d'une seule année, ses *Soliloques*,
« ses traités de l'*Immortalité de l'âme*, *des Mœurs
« des chrétiens*, *du Libre Arbitre*, *de la Véritable Reli-
« gion* et cette savante *Apologie de la Genèse*, caté-
« chisme populaire, etc.... »

Voici la vérité à cet égard. Saint Augustin, après la mort de son admirable mère à Ostie, se rendit à Rome et y resta un an. Il passa tout ce temps à travailler, mais ne publia rien. L'ouvrage sur les *Mœurs de l'Église catholique* (que l'abbé Maury appelle les *Mœurs des chrétiens*), et le livre de la *Véritable Religion*, commencés à Rome, ne furent achevés qu'en Afrique, dans une solitude aux environs de Tagaste; le traité du *Libre Arbitre* ne fut terminé qu'en 395, cinq ou six ans après le retour en Afrique; le fils de Monique ne composa pas les *Soliloques* à Rome, mais à Cassiacum, dans la retraite qu'il s'était choisie à peu de distance de Milan; ce fut à Milan même qu'il écrivit le traité sur l'*Immortalité de l'âme*. Quant à l'ouvrage sur la *Genèse*, saint Augustin en composa la plus grande partie à Hippone, et ne le fit paraître que dans l'année 415. L'abbé Maury l'appelle un *Catéchisme populaire*, et montre ainsi qu'il ne l'avait pas lu. Ce travail, intitulé : *Les douze livres sur le sens littéral de la Genèse*, ne comprend que l'explication des trois premiers chapitres. Il renferme des choses très-belles, mais très-hautes et très-ardues sur la création, sur l'origine de l'âme; saint Augustin nous dit qu'il y cherche plutôt la vérité qu'il ne la trouve, et nous laisse voir plus d'hésitations que de certitudes. Il y a loin de là à un *Catéchisme populaire*.

Un autre point que nous devons rectifier, parce qu'il ne faut pas laisser traîner des erreurs dans des œuvres

assez répandues, c'est le passage du panégyrique de
saint Augustin où il désigne sous le nom de *circon-
cellions* les donatistes contre lesquels l'évêque d'Hippone lutta si longtemps. Il confond les sectaires afri-
cains qui, à l'élévation d'Augustin à l'épiscopat, cou-
vraient presque tout le pays avec un ramas de furieux
et de bandits, exécuteurs des colères des donatistes, et
tombant quelquefois sur les donatistes eux-mêmes [1].
Maury n'avait pas étudié ce schisme si célèbre qui fut
comme une sorte de protestantisme africain.

Nous pourrions relever encore des inexactitudes de
détails çà et là répandues dans le panégyrique; nous
pourrions regretter d'y rencontrer de temps en temps
l'*Être suprême*, expression plus philosophique que
chrétienne, dont l'emploi ne se trouve point dans les
sermons et les panégyriques du XVIIe siècle; nous
aimons mieux louer le langage et la belle ordonnance de ce discours; parmi les écrits de l'abbé Maury
que nous connaissons, il n'en est aucun dont le caractère soit plus catholique. Ce n'est plus de la philosophie, c'est de l'Église qu'il s'agit ici; l'irréligion y est
attaquée, les devoirs des évêques y sont tracés, et l'auteur s'élève à la hauteur des périls qui menaçaient
alors le monde, quand il s'écrie, en s'adressant aux
pontifes réunis autour de sa chaire : « Sauvez la foi,

---

[1] Voir notre *Histoire de saint Augustin*, tome I, p. 34 de l'Introduction, 3e édition.

« sauvez votre siècle, sauvez la postérité. » Maury, dans
le panégyrique de saint Augustin, voulut montrer quels
services la religion peut attendre d'un grand évêque,
et quelle gloire un grand évêque peut attendre de la
religion ; il exécuta ce plan avec un rare talent. Il a
pour l'évêque d'Hippone une admiration que Bossuet
semble lui avoir enseignée ; il en parle avec l'émotion
d'un enthousiasme vrai. En prêchant dans cette chaire
de l'église des Grands-Augustins, où, près d'un siècle
auparavant, l'évêque de Meaux avait prononcé son fameux discours sur *l'unité de l'Église*, il amène habilement le souvenir de Bossuet, trace noblement sa figure
à côté de celle d'Augustin, et distingue dans la chaîne
des âges chrétiens quatre grands anneaux d'une splendeur et d'une solidité incomparables : saint Paul, saint
Augustin, saint Thomas d'Aquin et Bossuet. Ces quatre
maîtres, qui ne forment qu'une seule école, *se tendent
la main dans l'espace immense des siècles.* La seconde
partie du panégyrique nous paraît supérieure à la première ; il y règne comme une croissante éloquence. Il
est certain que Bossuet prononça un panégyrique de
saint Augustin ; quelle grande perte que la disparition
d'un tel discours! et, s'il était vrai que ce discours eût
été jeté au feu en haine de la doctrine, que dire de ceux
qui auraient consommé ce crime contre la foi et le
génie !

L'abbé de Boismont, charmant esprit, et, malgré le
peu de naturel de son style, prédicateur distingué, a

marqué sa place dans l'histoire littéraire du xviiie siècle ; il était épris des talents du jeune abbé Maury,
l'encourageait, l'admirait sans jalousie, et lui prouva
son attachement par la résignation du prieuré de Lions
en Picardie, beau bénéfice de 40,000 livres de rente,
qui devait lui ouvrir les portes des états généraux.
Une différence d'âge de trente ans n'ôtait aucun charme
aux relations des deux amis ; les vieillards qui gardent
la jeunesse de l'esprit, aiment les jeunes gens ; dans
les entretiens et les échanges de la pensée, le protecteur et le jeune homme oublient le poids inégal des
années : les cheveux blancs et les cheveux noirs se
confondent. On a attribué au commerce littéraire de
l'abbé de Boismont et de l'abbé Maury les *Lettres secrètes sur l'état actuel de la religion et du clergé en
France*, publiées en 1781 [1] ; nous ne croyons pas que
cette brochure ait été leur ouvrage ; le caractère sati-
rique de cet écrit ne s'accorde pas avec le doux et
nonchalant esprit de Boismont, déjà vieux et préoccupé
avant tout de son repos ; et, quant au jeune Maury, il
avait trop d'esprit pour compromettre sa position déjà
belle, en 1781, par des écrits légers à l'adresse du
clergé. Mais les biographes se donnent rarement le
temps d'approfondir, et répètent de génération en génération les mêmes erreurs.

L'abbé Maury, prédicateur, gardait ses relations

---

[1] Brochure in-12 de 22 pages.

avec les gens de lettres, et ne perdait pas de vue l'Académie ; c'est pour assurer son entrée dans le sanctuaire
des Quarante, qu'il répandait dans ses sermons les
teintes philosophiques de cette époque. Il avait eu
quelque pensée de succéder à l'abbé de Boismont. Un
jour que Maury pressait de questions l'académicien
malade pour obtenir des détails sur sa vie, M. de Boismont lui dit : « L'abbé, vous me prenez mesure. » Ce
fut Rulhière qui remplaça l'abbé de Boismont à l'Académie ; Maury, depuis un an, occupait le fauteuil de
Pompignan, assez maltraité durant sa vie, et quelque
peu grandi par sa mort. Pompignan avait du talent et
beaucoup de savoir ; mais Maury, dans son discours
de réception, le 27 janvier 1785, le loua avec une abondance qui dépassait la politesse académique. Le duc
de Nivernais[1], grand seigneur, homme d'esprit, amateur de bon goût en littérature, et parfois joli poëte,
répondit à l'abbé Maury dans un discours où la sobriété, la fermeté, se mêlent à l'urbanité du langage,
mais où se rencontrent des lignes d'une justesse douteuse et quelque trace d'amertume contre Pompignan.
Il loua le nouvel académicien de s'être attaché à conserver l'esprit des grands hommes du clergé français,
« comme les élèves de Raphaël ont su perpétuer dans

---

[1] On connaît le mot très-aimable et très-poli de l'abbé Barthélemy
sur le duc de Nivernais, après l'abolition des titres de noblesse :
« M. de Nivernais n'est plus duc à la cour, mais il l'est encore au Par-
« nasse. »

« son école la pureté de son dessin et la sagesse de
« ses ordonnances, s'ils n'ont pu atteindre tout à fait
« jusqu'à la sublimité de ses conceptions et à la grâce
« inimitable de ses contours. Organe, après Fénelon
« et Bossuet, après Bourdaloue et Massillon, de la pa-
« role sacrée, » ajoutait le duc de Nivernais, « vous
« ne lui avez rien laissé perdre de ses droits ; vous
« nous avez fait voir Élisée, portant dignement le man-
« teau de son maître. » Il félicita Maury d'avoir « mon-
« tré la vérité sans voile, enseigné la religion sans
« fanatisme, et mêlé à ses saints préceptes les leçons
« de la morale et de la philosophie pour la faire péné-
« trer dans tous les esprits. »

Le duc de Nivernais, dans sa réponse, complimenta
l'abbé Maury sur deux ouvrages dont nous n'avons pas
parlé encore : le *Panégyrique de saint Vincent de Paul*
et l'*Essai sur l'éloquence de la chaire*. L'opinion, alors
si peu chrétienne, permettait à un homme de bonne
compagnie de dire à un prédicateur, au nom de l'Académie française : « Vous avez fait pour saint Vincent de
« Paul plus que n'avait fait sa canonisation même. » Le
directeur de l'Académie entendait par là que la canonisation avait seulement assuré à saint Vincent de Paul
le culte des catholiques, et que le panégyrique l'avait
montré aux hommes de tous les climats et de *toutes les
religions comme un bienfaiteur de l'humanité entière*.
La mise en lumière de la sublime vie de saint Vincent
de Paul, par l'acte même de sa canonisation, avait

déjà recommandé ce prêtre prodigieux au respect de
tout l'univers : il n'est pas besoin d'être catholique
pour reconnaître et admirer cette charité sans égale
chez les hommes. Mais ce qu'on peut dire, et ce qui
est incontestable, c'est que, avant le panégyrique de
saint Vincent de Paul par l'abbé Maury, le public ignorait le nombre et la grandeur des œuvres de ce héros
du dévouement chrétien. Ce discours, qui fit voir
dans Vincent de Paul l'*ouvrage de la Providence* et
l'*instrument de la Providence,* déroula un tableau dont
les imaginations furent saisies et confondues ; il révéla
de saintes merveilles presque effacées de la mémoire
humaine, et fit comprendre un génie inépuisable dans
sa compassion pour les misères de ce monde. On s'é-
tonne que Bossuet n'ait pas prononcé l'oraison funèbre
de ce Vincent de Paul, dont il parlait avec tant de vénération, et que ni Bourdaloue ni Massillon ne lui
aient pas fait hommage de leur pieuse éloquence.
Maury, dans son *Essai,* avait signalé ce grand sujet et
tracé comme le plan d'un pareil discours ; il a réalisé
ce qu'il appelait le *problème oratoire.* Son discours,
plus complet, plus soutenu, plus riche que le panégyrique de saint Augustin, restera comme un monument
de vérité et d'éloquence. Louis XVI, qui l'entendit à
Versailles, le 3 mars 1785, en fut très-ému ; nulle âme
plus que la sienne n'était capable de sentir les prodiges
du dévouement. Le panégyrique de saint Vincent de
Paul n'a été imprimé qu'en 1827, par les soins d'un

neveu de l'abbé Maury; tout le monde en parle, et très-peu de gens l'ont lu. Ce discours valut à saint Vincent de Paul les inutiles honneurs d'une statue parmi les grands hommes : à quoi bon une statue au Louvre ou à Versailles pour qui a des autels ?-

CHAPITRE IV.

Essai sur l'éloquence de la chaire, par l'abbé Maury ; additions méditées par l'auteur et restées à l'état d'ébauche ; appréciation critique de cet ouvrage. — Le P. Bridaine. — Les vraies causes de la décadence de la chaire au xviiie siècle. — Le P. de Neu-ville. — Les orateurs panégyristes en France.

Un discours sur l'éloquence de la chaire faisait partie d'un volume publié par l'abbé Maury en 1777 ; dans ses réimpressions multipliées, cet écrit porte quelquefois le titre de *Principes d'éloquence pour la chaire et le barreau.* En 1810, l'auteur en publia une édition avec des développements très-considérables, et l'intitula : *Essai sur l'éloquence de la chaire.* Son neveu, en 1827, en fit paraître une édition nouvelle d'après les manuscrits autographes, mettant à profit des corrections et des indications utiles. Il nous apprend que l'abbé Maury s'occupait d'ajouter à son livre un chapitre entier sur le barreau, et qu'il s'était préparé par un long travail à juger d'Aguesseau, Élie de Beaumont, Cochin, Loyseau de Mauléon, Beaumarchais, Bergasse, Lalli, Dupaty et Linguet. Parmi les matériaux de l'œuvre inachevée on

trouve également des notes étendues sur les prédicateurs allemands : Reinbeck, qui vivait sous Frédéric-
Guillaume Ier ; Mosheim, docteur et professeur de théologie à Gottingen ; Jérusalem, prédicateur à la cour de
Brunswick ; Spalding , ministre à Berlin ; Rosenmüller,
ministre à Leipsick ; Sturm, qui eut pour traducteur
français d'une partie de ses productions la reine Élisa-
beth-Christine, épouse de Frédéric II. Un examen de
ces orateurs de la chaire chrétienne en Allemagne eût
été neuf et piquant ; on doit regretter que ce double
complément pour l'éloquence judiciaire en France et
pour l'éloquence chrétienne chez les Allemands soit
restée à l'état d'ébauche. L'*Essai sur l'éloquence*, tel
qu'il fut publié en 1827, est accompagné de l'Éloge de
Fénelon [1], des Panégyriques de saint Louis et de saint
Augustin, du Discours sur les sermons de Bossuet, du
Panégyrique de saint Vincent de Paul, imprimé alors
pour la première fois.

L'*Essai sur l'éloquence de la chaire* est l'ouvrage littéraire le plus important de l'abbé Maury. Nous avons
eu occasion de remarquer qu'il avait peu étudié les
Pères de l'Église ; c'est une grave lacune dans son œuvre ; l'Église grecque et l'Église latine des vieux siècles
ont des orateurs immortels dont la place est marquée

---

[1] Des notes intéressantes accompagnent l'*Éloge de Fénelon*. Maury
avait laissé échapper dans ces notes quelques inexactitudes que lui
signala , en 1808, en termes de bon goût, l'auteur de l'*Histoire de
Fénelon* ; il les a fait disparaître dans son édition de 1810.

partout où il s'agit d'éloquence chrétienne : c'est ici qu'il faut recourir au beau travail de M. Villemain ; mais, tel qu'il est, l'*Essai* se recommande par de hautes qualités qui le feront vivre. Le style est la marque à laquelle on reconnaît les dons supérieurs ; il ne vous servira de rien de bien observer et de bien penser si la puissance de l'expression vous manque ; un écrivain d'un vrai talent s'emparera de vos observations et de vos pensées, les frappera à son effigie, et restera le souverain maître de tout ce qu'il aura mieux dit que vous. L'*Essai sur l'éloquence de la chaire* est parti de la main d'un bon écrivain. Le langage en est pur, noble, vif et plein ; parfois le feu de l'enthousiasme y éclate, et une verve entraînante vous tient en haleine. Le style lumineux de l'auteur plaît à l'esprit, car la clarté est elle-même un commencement d'élégance : dans la nature la lumière suffit déjà pour tout embellir. Maury a du nombre, du trait, beaucoup d'esprit : il séduit et retient son lecteur ; mais il ne le frappe pas toujours ; en le lisant on va devant soi sans s'arrêter ; on ne s'interrompt pas pour se recueillir et pour penser. Maury est ingénieux et brillant, rarement profond. On voit un homme emporté dans la vie, et qui ne se donne pas le temps de beaucoup creuser. Il a plus d'une fois de l'imagination dans l'expression ; mais les comparaisons qui ornent et colorent si bien le langage des maîtres manquent au sien : il remplace les images par la variété des tons. Maury avait soigneusement lu les anciens, et s'était pénétré de leurs beautés ; il possédait à fond tout ce qui tient à l'architecture du discours et aux lois du goût ; il avait le sens littéraire très-droit et l'étoffe d'un grand critique.

L'auteur ne se mit pas en garde contre sa facilité, et lui, qui condamnait les redondances, tomba dans le luxe des mots. Fénelon dit avec vérité [1] « Qu'un bon « discours est celui où l'on ne peut rien retrancher « sans couper dans le vif. » Maury ne sortirait pas toujours triomphant de l'application de cette règle. Les mots qui se multiplient sous sa plume n'y sont pas tous pour le service rigoureux de la pensée ; ils s'y trouvent rassemblés en foule comme pour nous laisser le soin de choisir le mot propre et nous convier à faire la besogne de l'auteur à qui le loisir a manqué. Cette fastueuse abondance qu'il n'est pas rare de rencontrer dans l'*Essai sur l'éloquence de la chaire*, est, du reste, le défaut assez général des écrivains de son temps. Les périodes de Cicéron avec leurs vastes richesses sont en possession de l'admiration des rhétoriciens ; c'est une admiration bien légitime assurément ; l'extrême longueur des phrases n'est pas pour cela autorisée, quelque habileté qu'il puisse y avoir à les mener à bon port sans que le choc de nos adverbes s'y fasse trop rudement sentir. On voit dans l'*Essai* défiler de ces périodes à plusieurs membres et à grande dimension ; une

---

[1] Lettre sur l'Éloquence.

phrase, qui définit très-bien d'ailleurs l'éloquence de
Bourdaloue, n'a pas moins de trois pages. J'aime à
voir passer les longues caravanes sur les chemins de
Smyrne, du Caire ou de Stamboul; les longues caravanes de mots sur des espaces sans fin ont moins
d'attraits pour moi.

La grandeur du ministère évangélique, l'art de convaincre un auditoire qui, au fond, se résume dans un
seul homme, car tous les hommes se ressemblent,
l'importance de l'étude de son propre cœur pour se
mettre en possession des secrets du cœur humain, la
nécessité d'un long travail avant d'écrire, de ce travail
pour lequel, selon le mot de Cicéron, *on fait amas
d'une forêt d'idées et de choses*, les faciles richesses qui
sortent de la méditation profonde d'un plan de discours, tout ce qui tient aux préceptes essentiels de
l'art oratoire occupe les premières parties de l'*Essai*.
Maury connaissait particulièrement Cicéron; il le cite
avec à-propos et bon goût, et apprécie son grand art,
sa vaste littérature et sa philosophie. On peut dire,
comme Brutus, que l'éloquence de Cicéron manque *de
reins*, mais quelle majesté! quel éclat continu! quelle
merveilleuse fécondité de génie! quel enchantement! Maury parle bien de Démosthènes; la contemplation de ce mâle génie lui porte bonheur comme la
contemplation de Bossuet : il aime la force et sait
l'admirer.

Il se plaît à mettre en lumière ce qui est beau; ses

découvertes à cet égard sont de vives jouissances auxquelles il s'abandonne. Le concours à l'Académie française en 1755 avait été marqué par une œuvre de grand
talent : le discours du jeune jésuite Guénard sur l'*Esprit philosophique*. Ce discours était enfoui dans le recueil de l'Académie, et le monde l'avait oublié. L'auteur de l'*Essai sur l'éloquence de la chaire* le tira de la
nuit et lui fit sa place. Le P. Guénard passa vingt-
cinq ans à composer une *Apologie du christianisme*, où
il mit tout son talent, toute la force de sa pensée; en
1793, il crut ne pouvoir conserver ses jours qu'en brû-
lant son ouvrage encore inédit ; et, lorsqu'il mourut,
en 1796, peut-être regretta-t-il d'avoir acheté trois années de vie au prix de la destruction d'une œuvre qui
eût recommandé aux siècles sa mémoire. Maury, après
avoir tiré Guénard de son obscurité, se plut à ajouter
un rayon à la gloire de Fénelon; il inscrivit le nom de
l'archevêque de Cambrai à côté des grands noms
d'orateur, et pour cela n'eut qu'à rappeler à la France
ce qu'elle avait oublié : le discours pour le sacre de
l'électeur de Cologne et le sermon pour le jour de l'Épi-
phanie prononcé aux Missions-Étrangères. On sait quel
hommage révélateur rendit à Bridaine l'écrivain qui
nous occupe, et comment, en s'attachant à ce modèle,
il peignit le parfait missionnaire. Parfois encore, on
cherche à connaître la part véritable de l'abbé Maury
dans le fameux exorde du premier sermon de Bridaine,
prêché à Saint-Sulpice; on se demande si sa mémoire

retint ce beau morceau d'éloquence comme elle avait
retenu un sermon de l'abbé Poulle, ou s'il ne fit qu'a-
chever un exorde déjà admirable. Mais cette discussion
n'est elle-même qu'une méprise, c'est un étrange oubli
des dates. L'abbé Maury nous dit dans l'*Essai sur l'éloquence* que ce premier sermon du missionnaire à Paris
fut prêché en 1751 ; or Maury avait tout juste alors
cinq ans et fréquentait quelque pauvre école de Valréas. Il ne peut donc pas être question pour l'auteur de
l'*Essai* d'avoir composé en tout ou en partie le célèbre
exorde avec ses propres souvenirs ; ce morceau est
l'œuvre du talent de Maury, qui s'était mis merveilleu-
sement à la place du missionnaire.

Voici comment la pensée lui vint de composer cet
exorde. Il étudiait en théologie au grand séminaire
d'Avignon, et avait dix-huit ans, lorsque, mêlé à d'autres condisciples, il entendit pour la première fois parler du sermon du P. Bridaine à un prédicateur qui
s'était trouvé au nombre des auditeurs du missionnaire, en 1751 ; à treize ans de date, le prédicateur
racontait avec vivacité ses souvenirs et ses émotions ;
il reproduisit quelques traits de cet exorde *ex abrupto*,
par lequel le pauvre missionnaire établit tout à coup
son autorité d'apôtre au-dessus d'un riche et illustre
auditoire *si nouveau pour lui ;* le jeune séminariste
s'enflamma au récit du prédicateur, mit sur le papier
le peu qui avait été retenu de l'exorde, et ce furent
les premiers et les seuls éléments oratoires à l'aide

desquels il composa un morceau d'éloquence d'une impérissable beauté.

Marmontel, dans sa jeunesse, avait entendu le P. Bridaine, cet homme apostolique à l'âme de feu, à la voix tonnante; il avait cru voir *Épiménide au milieu d'Athènes, Therpandre ou Tyrtée au milieu de Lacédémone, Alcée au milieu de Lesbos* [1]; jamais transformation poétique ne fut moins heureuse. Comment peut-on se souvenir d'Épiménide ou d'Alcée en face du P. Bridaine laissant tomber avec l'accent du tonnerre des paroles comme celles-ci :

« Eh ! sur quoi vous fondez-vous donc, mes frères, « pour croire votre dernier jour si éloigné? Est-ce sur « votre jeunesse? Oui, répondez-vous : je n'ai encore « que vingt ans, que trente ans. Eh ! vous vous trom- « pez du tout au tout. Non, ce n'est pas vous qui avez « vingt ou trente ans: c'est la mort qui a déjà vingt « ans, trente ans d'avance sur vous, trente ans de « grâce que Dieu a voulu vous accorder en vous lais- « sant vivre, que vous lui devez, et qui vous ont rap- « prochés d'autant du terme où la mort doit vous « achever. Prenez-y donc garde, l'éternité marque « déjà sur votre front l'instant fatal où elle va com- « mencer pour vous. Et savez-vous ce que c'est que « l'éternité? C'est une pendule dont le balancier dit « et redit sans cesse ces deux mots seulement dans le

---

[1] *Éléments de littérature*, article LYRIQUE.

« silence des tombeaux : Toujours, jamais ! jamais,
« toujours ! et toujours ! Pendant ces effroyables révo-
« lutions, un réprouvé s'écrie : Quelle heure est-il ?
« Et la voix d'un autre misérable lui répond : L'*éter-*
« *nité !* »

Quelles furent les vraies causes de la décadence de
la chaire au xviiie siècle ? Cette question fournirait matière à une curieuse étude. La première idée qui se
présente à l'esprit, c'est que la chaire perd sa gloire,
parce que la succession des générations n'est pas la
succession des génies. La décadence de la chaire peut
s'entendre de deux manières : affaiblissement de l'art
oratoire par l'absence de grands prédicateurs, corrup-
tion de l'éloquence chrétienne par l'oubli des devoirs
essentiels du prédicateur. Ces deux caractères de décadence se rencontrent au xviiie siècle. A mesure que
la société française devenait moins chrétienne, les
grands talents se sentaient moins attirés vers l'Église ;
la forte invasion des idées du temps entraînait les prédicateurs hors de la sévère région des vérités révélées.
A la place des sublimes et terribles enseignements de
Bossuet et de Bourdaloue, on faisait entendre des leçons de morale accommodées au goût d'une société
nouvelle ; on rappelait les dogmes avec ménagement,
et ce n'est pas sans précaution qu'on prononçait le
nom du Sauveur des hommes. On ne faisait plus des
sermons, mais des discours. Les chrétiens ne trem-
blaient plus au pied de la chaire, ils écoutaient avec

plaisir des instructions à leur convenance. L'abbé de
Boismont, en remplaçant à l'Académie M. Boyer, évêque de Mirepoix, appelait l'*art* au secours du prédicateur, souhaitait des différences *dans l'expression des
mêmes vérités,* et pensait qu'il fallait écarter les *couleurs tristes et sauvages.* Ce n'est point ainsi que Bossuet comprenait les devoirs du prédicateur; il disait
que *ce n'est point l'homme que l'on doit entendre dans
la chaire, mais Dieu lui-même ;* « Une seule parole de
« l'Évangile, » disait-il encore, « a plus de pouvoir sur
« nos âmes que toute la véhémence et toutes les in-
« ventions de l'éloquence profane[1]. » Le grand évêque, dans un sermon *sur la parole de Dieu,* admirable
sermon, digne de rester le guide et la règle des prédicateurs, signalait les écarts de son temps et pressentait
le mal qui allait venir :

« Pensez maintenant, mes frères, disait-il, quelle est
« l'audace de ceux qui attendent ou exigent même des
« prédicateurs autre chose que l'Évangile, qui veulent
« qu'on leur adoucisse les vérités chrétiennes, ou que,
« pour les rendre agréables, on y mêle les inventions
« de l'esprit humain. Ils pourraient, avec la même
« licence, souhaiter de voir violer la sainteté de l'au-
« tel, en falsifiant les mystères. Cette pensée me fait
« horreur; mais sachez qu'il y a obligation de trai-
« ter en vérité la sainte parole et les mystères sa-

---

[1] Troisième sermon pour la fête de la Nativité de la sainte Vierge.

« crés ; d'où il faut tirer cette conséquence qui doit
« faire trembler tout ensemble les prédicateurs et les
« auditeurs : que tel que serait le crime de ceux qui
« célébreraient les divins mystères autrement que Jé-
« sus-Christ ne les a laissés, tel est l'attentat des pré-
« dicateurs et tel est celui des auditeurs, quand ceux-ci
« désirent et que ceux-là donnent la parole de l'Évan-
« gile autrement que ne l'a déposée entre les mains de
« son Église le céleste Prédicateur que le Père nous
« ordonne aujourd'hui d'entendre : *Ipsum audite.*

« C'est pourquoi, ajoute Bossuet, l'apôtre saint Paul
« enseigne aux prédicateurs qu'ils doivent s'étudier,
« non à se faire renommer par leur éloquence, *mais à*
« *se rendre recommandables à la conscience des hom-*
« *mes par la manifestation de la vérité* ; or, il leur
« enseigne deux choses : en quel lieu et par quel
« moyen ils doivent se rendre recommandables. Où ?
« Dans les consciences. Comment ? Par la manifesta-
« tion de la vérité, et l'un est une suite de l'autre ; car
« les oreilles sont flattées par l'harmonie et l'arrange-
« ment des paroles, l'imagination réjouie par la déli-
« catesse de pensées, l'esprit gagné quelquefois par
« la vraisemblance du raisonnement : la conscience
« veut la vérité ; et, comme c'est à la conscience que
« parlent les prédicateurs, ils doivent rechercher non
« un brillant et un jeu d'esprit qui égaye, ni une har-
« monie qui délecte, ni des mouvements qui cha-
« touillent, mais des éclairs qui percent, un tonnerre

4

« qui émeuve, un foudre qui brise les cœurs. Et où
« trouveront-ils toutes ces grandes choses, s'ils ne
« font luire la vérité et parler Jésus-Christ lui-
« même ? »

Cette malheureuse transformation de l'éloquence
de la chaire, au xviiie siècle, œuvre rapide de l'affaiblissement de la foi dans la société française, eut-elle
pour point de départ quelque illustre et innocent
exemple? Peut-on soutenir avec l'abbé Maury que la
véritable origine de la décadence de la chaire à cette
époque est dans l'immense vogue du *Petit-Carême* de
Massillon, promoteur involontaire d'une révolution
déplorable? Ce serait peut-être trop dire ; il est pourtant certain que cette station prêchée devant un roi
enfant, écartant les dogmes pour se renfermer dans
des sujets de pure morale, et consacrant cette nou-
veauté par un grand talent et un grand succès, ouvrait
une route qui pouvait tenter les successeurs de Massillon ; ce qui n'avait été fait qu'en vue du jeune âge
d'un souverain, et toutefois à la vive satisfaction d'un
illustre auditoire, on pouvait désirer l'essayer dans
toutes les réunions religieuses. Le retentissement des
discours prononcés devant Louis XV enfant avait mis
à la mode la substitution des devoirs généraux de la
vie humaine à l'enseignement chrétien proprement
dit ; l'intronisation de ce genre devenait facile par le
dépérissement des croyances. Assurément, la morale
est assez belle par elle-même pour inspirer le génie

de l'éloquence, mais il est incontestable que, si vous privez l'éloquence de la chaire de la mystérieuse majesté des dogmes, de la magnifique poésie des Écritures, de la vigoureuse et féconde assistance des Pères de l'Église, elle perd tout à coup de sa grandeur; vous descendez des hauteurs du Sinaï, de l'Oreb et du Calvaire, et vous vous enfermez dans les proportions ordinaires d'une école. C'est la morale pure qui fait la frappante infériorité des prédicateurs protestants : Saurin catholique eût été un grand prédicateur.

L'abbé Maury a peint en traits heureux la révolution qui atteignit alors la chaire catholique : « On ne put « sanctifier la philosophie, on sécularisa pour ainsi « dire la religion... On s'efforça de traiter philosophi-« quement les sujets chrétiens et chrétiennement les « sujets philosophiques, en les ralliant ou en les sus-« pendant, le mieux qu'on put, à l'étendard de la reli-« gion. »

Dans son jugement sur les prédicateurs du xviiie siècle, Maury a consacré au P. de Neuville des pages du meilleur goût littéraire; il ne lui reproche pas d'avoir délaissé les grands et sévères sujets de la chaire chrétienne, car le P. de Neuville n'était pas de ceux dont le lâche ministère se montrait embarrassé des dogmes et de Jésus-Christ; mais l'auteur de l'*Essai* fait ressortir un mauvais genre d'éloquence, *le genre déchu de Pline et de Sénèque*. Il accorde au célèbre prédicateur de l'étendue, de l'élévation, du trait, de la clarté et quelque profondeur dans le raisonnement, une grande connaissance de la religion, mais il ne lui reconnait pas la verve et les jets d'éloquence qui font la beauté et la grandeur du discours ; il l'accuse de ne pas profiter assez de l'Écriture sainte, de manquer d'onction, et de ne pas creuser ce qu'il rencontre. « Je suis, dit-il, « ébloui de ses saillies, je n'en suis jamais frappé. Son « imagination s'évapore en éclairs qui ne sont suivis « d'aucun tonnerre... Il ne descend jamais dans son « propre cœur, ni par conséquent dans le mien... Sa « languissante et incurable facilité n'est trop souvent « que le luxe ambitieux d'un rhéteur trop chargé de « synonymes et d'épithètes... Il mâche très-souvent à « vide... » Le jugement de Maury sur le P. de Neuville a paru sévère, et, pour notre compte, nous ne pensons pas que la comparaison avec *un robinet d'eau tiède* soit méritée ; le robinet d'eau tiède n'aurait pas joui dans Paris d'une vogue extraordinaire pendant quarante ans ; le P. de Neuville a des idées et de la force, du style et du mouvement ; toutefois Maury nous semble avoir bien vu les faux airs d'éloquence et de génie qu'on trouve dans le sermon du célèbre jésuite, et avoir très-habilement caractérisé l'ensemble de ses défauts.

En lisant la partie de l'*Essai* qui montre la chaire du xviiie siècle infidèle à la grandeur des mystères chrétiens, on se souvient que Maury fut un des prédicateurs dévoyés de ce temps-là ; et l'on se demande si l'auteur oublie qu'il condamne ses propres sermons, dont la couleur religieuse était beaucoup trop *sécula-risée ;* mais non, il ne l'oublie pas, car il s'occupera un jour de remplacer les sermons de sa jeunesse par des discours plus chrétiens, plus dignes de la chaire catholique.

On sait avec quel art supérieur Maury a marqué la part de gloire de Bourdaloue et de Massillon ; ses grandes appréciations garderont toujours leur vérité. Il venge nos grands orateurs du xvıı⁰ siècle des insinuations par lesquelles Voltaire veut leur enlever la couronne de l'éloquence au profit de l'Angleterre, si peu riche alors en orateurs, et venge la France elle-même des injustices de Voltaire, qui n'a pas craint de dire que le xvııⁱ siècle pourrait s'appeler le *siècle des Anglais aussi bien que celui de Louis XIV ;* mais Voltaire est le Français qui a le moins aimé son pays.

Les panégyriques sont une importante partie de l'éloquence ; Maury dit avec vérité que l'oraison funèbre fut élevée, sous le règne de Louis XIV, à une hauteur qu'on ne surpassera probablement jamais ; mais il prétend « que les panégyriques sont restés parmi nous à « une distance infinie de ces magnifiques discours, » que « c'est le domaine le moins riche de notre élo-« quence sacrée, quoiqu'il ait été cultivé par tous nos « grands orateurs, » qu'ils n'ont laissé dans la carrière des éloges « aucun chef-d'œuvre, soit qu'ils « n'eussent pas le vrai talent de ce genre, soit plutôt

4.

« qu'ils ne l'eussent pas assez étudié pour le créer,
« comme on devait l'attendre de leur génie, s'ils en
« avaient mieux saisi le caractère et la méthode ; » il
cherche vainement dans cette lice oratoire une composition qu'on puisse « citer comme un ouvrage classi-
« que, comme un monument qui marque la borne au
« moins présumée de l'art; » enfin il ajoute que « l'o-
« rateur panégyriste n'est donc probablement pas en-
« core né pour la France. » Maury juge ensuite, et
juge bien ce que Bourdaloue a fait en ce genre, ce
qu'ont fait Massillon et Fléchier, et donne excellem-
ment lui-même des règles pour les panégyriques.

Toute cette partie de l'*Essai* serait irréprochable si
Bossuet n'avait pas existé. Maury étonne quelquefois
par ses légèretés. Dans son remarquable travail *sur les
Sermons de Bossuet*, il avait cité un magnifique fragment du panégyrique de saint Paul, et s'était écrié :
« On n'imagine rien, et il n'y a rien au delà d'une pa-
« reille éloquence. » Dans ce même travail il avait signalé à l'admiration les panégyriques de saint André,
de saint Thomas de Cantorbéry, de saint Pierre No-
lasque, de saint Victor, de sainte Catherine, et tout à
coup les ouvrages de Bossuet ne sont plus présents à
sa pensée, et lui qui professait un culte passionné pour
le génie de l'évêque de Meaux, il ne craint pas de dire
que l'*orateur panégyriste n'est donc probablement pas
encore né pour la France !* Hâtons-nous de répéter que
tous les panégyriques prononcés par Bossuet abondent

en beautés du premier ordre, et que parmi ces ouvrages il en est deux : le *Panégyrique de saint Paul* et le *Panégyrique de saint André,* qui sont des *chefs-d'œuvre,* des *ouvrages classiques,* des monuments qui *marquent la borne de l'art ;* le XVIIe siècle en fut très-vivement frappé, et tant que la langue française sera comprise chez les hommes, on lira ces deux discours avec profit, émotion et ravissement. Grâce à ces deux discours, la France n'est jalouse d'aucune nation du monde, ancienne ou moderne, dans la carrière des panégyriques.

L'*Essai sur l'éloquence de la chaire,* que nous avons essayé de juger avec justice, ne s'adresse pas uniquement aux jeunes lévites destinés au ministère de la divine parole ; il intéresse tout homme qui aspire à parler aux hommes, tout ami des lettres qui veut se familiariser avec les règles et les secrets de l'art et pénétrer dans le génie des maîtres.

CHAPITRE V.

L'abbé Maury est nommé député du clergé aux états généraux de 1789 ; ses dispositions en acceptant le mandat. — Portrait de Maury comme orateur. — Il se révèle dans son discours sur la propriété des biens ecclésiastiques ; analyse de ce discours ; réplique de Maury à Mirabeau. — La vente des biens du clergé est désormais un fait accompli, couvert par l'Église et par l'État.

Il est temps d'arriver aux jours magnifiques de l'abbé Maury, à ses jours de tribune à l'assemblée nationale. Il a conspiré contre sa gloire par ses faiblesses et ses torts, et c'est déjà un châtiment en ce monde que d'être diminué dans la pensée des hommes par l'infidélité aux devoirs. « Nous ne pensons pas, avons-nous « dit ailleurs [1] en parlant de l'abbé Maury, que sa dé- « fense des anciennes institutions n'ait été que la dé- « fense de ses bénéfices..... L'abbaye de Frénade et le « prieuré de Lyons n'étaient pas de nature à enchaî- « ner à jamais un grand talent, si les profondes étu- « des de l'abbé Maury ne l'avaient conduit aux opi-

---

[1] Voir notre *Histoire de la Révolution française*, t. Ier, chap. VI.

« nions dont il se montra l'interprète. Le monde ne
« donne point son admiration à ceux qui ne sont que
« des acteurs jouant un personnage ou des avocats
« pouvant passer d'une cause à l'autre. Or, l'Europe
« entière admira l'abbé Maury à la constituante.
« Quelle niaiserie de sa part à s'exposer tant de fois
« aux fureurs de la populace pour des idées qui n'eus-
« sent été que sur ses lèvres, et que son cœur eût re-
« poussées ! »

Lorsque nous écrivions ces lignes, nous ne connais-
sions pas un trait que nous ont révélé les *Mémoires* de
Mallet du Pan et qui appuie notre pensée : « Les Mi-
« rabeau et autres lui offrirent (à l'abbé Maury) cent
« mille écus s'il voulait s'engager à ne parler ni sur les
« assignats, ni sur les finances, ni sur le pouvoir exé-
« cutif. On lui laissait la liberté de défendre le clergé.
« Il eut la vertu de refuser. »

Nommé député du clergé aux états généraux par le
bailliage de Péronne, Roye et Montdidier, où l'avait fait
entrer son prieuré de Lyons, l'abbé Maury, avec cette
*science de beaucoup de choses (multarum rerum scien-
tiam)* que Cicéron demande à son orateur, se trouvait
fortement préparé aux combats de tribune; ses travaux auprès du garde des sceaux, M. de Lamoignon,
l'avaient quelque peu initié aux questions d'État.

Maury, de taille moyenne et vigoureusement cons-
titué, semblait créé pour la lutte; son ardent regard
l'acceptait, la provoquait; il avait la tête forte et le

front haut, la voix rude et retentissante, un invincible
aplomb, la parole rapide, harmonieuse [1], abondante
en saillies, le long trait de l'ironie, une belle mémoire; la véhémence de sa nature se plaisait dans les
orages ; il piquait le flanc du lion révolutionnaire pour
le faire rugir ; la tempête doublait sa force ; il y comptait
souvent. L'abbé Maury improvisait presque toujours,
mais sa langue était correcte et littéraire, son éloquence
classique, quoique un peu déclamatoire : il parlait
comme il aurait écrit. Mirabeau, qui fut si prodigieux
à entendre, perd beaucoup à être lu ; on écoutait
Maury avec ravissement, et ses discours imprimés se
font admirer encore. La pompe de sa forme se trouvait corrigée par les ressources variées et rapides de
son à-propos. Le député de Péronne eut d'abord l'air
effrayé de son mandat ; il parut un moment vouloir s'y
dérober, et la verve de Rivarol s'en égaya ; mais cette
perplexité passagère fit place à de vaillantes résolutions. Maury ne s'était pas mépris sur les forces dé-
chaînées en 1789 ; « J'ai observé les deux partis, » disait-il à Marmontel, qui venait de lui répéter une
instructive et menaçante conversation de Chamfort;
« ma résolution est prise de périr sur la brèche ; mais
« je n'en ai pas moins la triste certitude qu'ils pren-

---

[1] « Je n'oublierai jamais, » dit le comte de Ségur dans ses *Souve-*
nirs, « l'impression que produisirent sur mon esprit l'harmonie et la
« pompe des discours de l'abbé Maury. »

« dront la place d'assaut, et qu'elle sera mise au pil-
« lage[1]. » Puisque, aux approches des grands combats, l'abbé Maury s'était résigné au sacrifice de ses
jours, que n'a-t-il *péri sur la brèche!* il aurait épargné
à son nom la dernière part de sa vie, et serait noblement entré dans l'histoire.

Nous n'avons pas à rendre compte ici jour par jour
des travaux de Maury à l'assemblée nationale ; ce serait faire l'histoire de la constituante, et tel n'est pas
notre dessein. Mais il nous faut montrer à la tribune
cet homme acharné à la défense du vieux monde crou-
lant sous les coups portés de toute main, cet orateur
intrépide qui dénonçait les fautes, les extravagances,
les crimes et prophétisait les malheurs, qui, dans les
entraînements de la bataille politique et sociale, ne se
souvint plus du cahier de doléances du clergé de Péronne, plein de réformes utiles dont il avait été l'inspirateur, et qui finit par tout refuser à des gens qui
voulaient tout détruire. Presque toujours Maury a raison dans ses vues générales et ses principes de gouvernement et d'administration ; la vérité de sa pensée
politique n'a pas souffert des révolutions accumulées
depuis soixante ans.

La propriété des biens ecclésiastiques fut une des
premières questions qui mirent en pleine lumière la
puissance oratoire de l'abbé Maury. Il aborda pour la

---

[1] *Mémoires* de Marmontel, livr. xiv.

première fois cette question le 13 octobre 1789. La
France ne lui paraissait pas réduite à la déplorable
extrémité de ne pouvoir éviter une banqueroute que
par une confiscation ; il défendait un corps composé
de cent cinquante mille Français, dont les propriétés
étaient les plus anciennes de la monarchie, dont la
fortune était liée à plus d'un million de personnes :
« La spoliation du clergé, » s'écriait-il, «voilà le grand
« secret que l'on révèle pour rétablir les finances. »
Il montrait dans la ruine du clergé la grande spéculation des agioteurs ; ceux-ci attendaient une riche proie
qu'on leur préparait en silence. L'orateur flétrissait les
coupables avidités de la Bourse, « ces marchands de
« crédit qui trafiquaient du destin de l'État *à la hausse*
« *ou à la baisse.* » « Là, » disait-il, « se rassemble, de
« toutes les extrémités du royaume et de toutes les
« contrées de l'Europe, une armée de prêteurs, de
« spéculateurs, d'intrigants en finances, toujours en
« activité entre le trésor national et la nation, pour
« arrêter la circulation du numéraire par l'extension
« illimitée des effets publics. » — « Mais pourquoi, disait-il encore, « désespérerions-nous assez lâchement
« de l'État pour croire que nous ne pouvons plus le
« sauver que par la confiscation des biens du clergé ?
« Une ancienne nation que l'on invitait à être injuste
« envers ses ennemis, répondit avec un sentiment
« noble qui n'était au fond qu'un calcul sage, que rien
« n'est utile que ce qui est juste. Et nous, messieurs,

« qui représentons la plus loyale des nations, nous
« nous abaisserions à cette morale rétrécie, qui me-
« sure le droit sur l'intérêt! Eh! par quel aveuglement
« ose-t-on nous proposer ici de sauver l'État, en chan-
« geant seulement de victimes?... Pour enrichir des
« spéculateurs avides, vous nous enlèveriez des biens
« qui, n'étant point héréditaires, sont le patrimoine
« successif et commun de toutes les familles, des biens
« que nous voulons conserver pour vos propres en-
« fants, des biens dont les descendants de tous nos
« concitoyens sont les héritiers présomptifs, et dont
« les cinq sixièmes seront toujours nécessairement
« affectés à la classe des communes? Ces biens, que
« nous possédons, nous ont été garantis par toutes
« les lois du royaume, et la loi sacrée du dépôt nous
« oblige de les transmettre fidèlement à nos succes-
« seurs. »

En parlant du crédit qu'on avait si bien défini
l'usage de la puissance d'autrui, il allait au fond
même de la chose que ce mot exprime, et ne craignait
pas de l'appeler un *mal nécessaire*, une *vaste calamité*,
le *plus terrible fléau* qui *soit jamais tombé sur les peuples*. Il lui reprochait d'avoir engendré ces ténébreuses
complications d'impôts, de dettes, d'anticipations, d'offices, d'arrérages, qui rendaient alors si difficile la
simple connaissance des maux dont on était menacé;
il lui reprochait d'avoir *dévoré d'avance* la *subsistance*
des générations futures. « Oui, messieurs, ajoutait l'o-

« rateur, lorsque François Ier ouvrit, pour la première
« fois, un emprunt sur l'Hôtel de Ville de Paris, en
« 1521, il créa une nouvelle source de calamités pour
« le genre humain : il posa la première pierre de cet
« édifice désastreux qui, plus chancelant aujourd'hui,
« nous fait craindre d'être tous ensevelis sous ses dé-
« bris. Le plus riche royaume de l'univers n'a pu ré-
« sister que pendant deux siècles et demi à ce système
« d'emprunts, sans fonds libres affectés aux intérêts,
« sans extinction de dettes plus onéreuses, sans ordre
« invariable de remboursement ; système imaginé par
« un roi dissipateur, développé par des Italiens con-
« cussionnaires, détesté et cité à la Chambre ardente
« par Sully, honteusement renouvelé sous les Médicis,
« flétri par deux infidélités à la foi publique sous le
« dernier règne, et porté de nos jours à un excès de
« démence, qui a fait regarder le dernier terme de la
« ruine du royaume comme la plus brillante époque de
« nos prospérités pécuniaires. »

Ces vives paroles portaient avec elles, il y a plus de
soixante ans, une vérité terrible ; ne pourraient-elles
pas retentir avec quelque profit aux oreilles des générations nouvelles ?

Avec quel accent prophétique l'orateur disait à l'assemblée constituante : « La propriété est une et sacrée
« pour nous comme pour vous ! Nos propriétés garan-
« tissent les vôtres. Nous sommes attaqués aujour-
« d'hui ; mais, ne vous y trompez pas, si nous sommes

« dépouillés, vous le serez à votre tour : on vous oppo-
« sera votre propre immoralité, et la première cala-
« mité en matière de finances, atteindra vos héri-
« tages. »

Des dons, des acquisitions, des défrichements, voilà
l'origine des propriétés ecclésiastiques. Maury remar-
quait que les dons ne pouvaient pas retourner à la
nation parce qu'ils n'en venaient pas ; tout avait été
individuel entre le donateur qui avait légué et l'église
particulière qui avait reçu ; on ne connaît aucun don
générique fait à l'Église. L'orateur établissait que, si la
nation avait le droit de remonter à l'origine de la société pour atteindre des propriétés reconnues pendant
plus de quatorze siècles, ce nouveau principe métaphysique conduirait directement à toutes les insurrections de la loi agraire. Le peuple profiterait du chaos
pour entrer en partage de ces biens, qu'une possession
immémoriale ne garantirait pas de l'invasion. « Il aura
« sur vous, disait Maury, tous les droits que vous exer-
« cerez sur nous ; il dira aussi qu'il est la nation, qu'on
« ne prescrit pas contre lui. » L'orateur annonce que
le produit des propriétés ecclésiastiques, une fois ven-
dues, ne répondra pas à ce qu'on attend ; les régies
fiscales absorbent les revenus. « Quand les jésuites
« furent supprimés, on exaltait partout leur opulence.
« A peine leurs biens furent-ils entre les mains des sé-
« questres, qu'ils devinrent insuffisants pour payer la
« pension indécemment modique qui leur avait été

« promise. Les propriétés de cette Société célèbre ont
« disparu sans aucun profit pour l'État. »

L'abbé Maury ne pouvait pas oublier la puissance
des aumônes ecclésiastiques. « C'est par ces incalcu-
« lables aumônes que le clergé rend les peuples do-
« ciles à ses instructions. Comment pourrait-il les con-
« tenir, lorsqu'il n'aurait plus la faculté de les assister ?
« La charité tient lieu au royaume d'un impôt vrai-
« ment immense. Depuis que l'Angleterre a usurpé les
« propriétés des monastères, quoiqu'elle ait respecté
« les possessions des évêchés, des chapitres, des uni-
« versités, qui sont encore les plus riches de l'Europe,
« l'Angleterre a été obligée, depuis le règne d'Hen-
« ri VIII, de suppléer aux aumônes du clergé par un
« impôt particulier en faveur des pauvres ; et cette
« imposition s'élève annuellement à près de soixante
« millions dans un royaume dont la population forme
« à peine le tiers de la nôtre. Comparez, messieurs,
« calculez et prononcez. » Maury, en présence d'une
multitude toujours croissante d'indigents, redoutait
des désastres pour les temps où l'aumône ne forme-
rait plus une *espèce d'assurance patriotique*. Il terminait son discours par ces mots d'une vérité profonde :

« Vous voulez être libres ! Eh bien, souvenez-vous
« donc que, sans propriété, il n'y a plus de liberté ;
« car la liberté n'est autre chose que la première des
« propriétés sociales, la propriété de soi. »

Les orateurs du côté gauche s'agitèrent autour de
ce discours ; les impuissants efforts de Duport, de
Thouret, de Dupont, de Garat, de Lebrun, passèrent
par-dessus l'argumentation vigoureuse de l'abbé
Maury ; il y avait dix-sept jours que l'assemblée demeurait sous le coup de sa parole, quand, le 30 octobre, Mirabeau parut à la tribune pour combattre
l'antagoniste dont jusque-là il n'avait pas mesuré la
force ; il parcourut les différents aspects sous lesquels
la question venait d'être considérée par les précédents
orateurs, établit le droit de l'État de dissoudre les corps
particuliers, distingua divers genres de fondations, et
chercha à prouver le caractère temporaire de toute
propriété ecclésiastique. Il écarta habilement l'idée
que le clergé dût être dépouillé de ses biens, et se
borna à demander doucement qu'*il fût de principe que
toute nation est seule et véritable propriétaire des biens
de son clergé*. Maury répondit séance tenante, et révéla
tout son génie d'improvisation : « J'ai besoin, mes-
« sieurs, d'être soutenu par un sentiment profond de
« mes devoirs pour rentrer dans la lice. Je me vois
« encore environné de ces mêmes génies qui deman-
« dent un décret dont je m'efforce de vous démontrer
« l'injustice. Mais au delà de cette enceinte, qui ren-
« ferme tant de citoyens illustres, j'aperçois la France,
« l'Europe, et la postérité qui jugera vos jugements. »
L'orateur, traçant ce qu'il appelait la *généalogie* de
la question, parla des *publicistes obligeants* qui, dans

l'ancienne Rome, voulurent soutenir que tous les biens des Romains appartenaient à César : on rejeta ce principe destructeur du genre humain. Lorsque le chancelier Duprat reproduisit ce système pour l'appliquer d'abord au clergé et ensuite à toutes les propriétés, la France le repoussa. On le proposa à Louis XV, qui l'appela un système de Machiavel. Ce système se réfugia alors dans l'*Encyclopédie :* « C'est de là , » dit Maury, « que M. Thouret l'a tiré, de même que M. de « Mirabeau le sien sur les *fondations;* ainsi, je puis « éviter ici toutes personnalités, et j'aime mieux ré- « pondre à un paragraphe de l'*Encyclopédie* qu'à « M. Thouret.... La loi nous autorise, depuis quatorze « cents ans, à posséder et à acquérir des biens, que la « nation voudrait aujourd'hui envahir comme par dé- « shérence! Où sont ses titres? » Il n'y a pas de distinction à faire pour les individus et les corps en ce qui touche le droit de propriété : il n'y a pas de propriétés sans lois. « Dites-moi quelles sont les propriétés « antérieures aux conventions sociales? Est-ce le droit « du premier occupant? Eh bien , le clergé vous op- « pose ce droit : pouvez-vous lui enlever des biens « qu'il possédait avant que vous existassiez?

« La nation n'a d'autre droit que celui du plus fort : « les hostilités de la force seraient-elles donc des dé- « crets de la loi?... Malheur à une nation où les pro- « priétaires n'auraient que ces patentes antérieures à « la loi pour défendre leurs propriétés ! En trois syllo-

« gismes on les envahirait. L'auteur d'*Émile*, pour don-
« ner une définition de la propriété à son élève, a cité
« la loi : personne n'aurait cultivé la terre s'il n'eût
« été sûr de recueillir. La propriété est le rapport des
« choses et des personnes ; elle est un premier rempart
« pour le travail ; au delà tout est chimérique. Interro-
« gez l'homme du peuple, lui que la philosophie devrait
« interroger plus souvent ; il répondra que personne
« ne peut chasser l'homme qui est dans sa maison, et
« le cultivateur qui laboure son champ. Nous possé-
« dions la plupart de nos biens avant Clovis, et il serait
« peut-être facile de prouver qu'alors le clergé était
« beaucoup plus riche qu'il ne l'est aujourd'hui. De-
« puis ce temps, nos propriétés ont été, comme les
« vôtres, sous la sauvegarde de la loi... Le clergé,
« dit-on, ne peut acquérir ni aliéner ; lui a-t-on dis-
« puté sa propriété lorsqu'il a payé la rançon de Fran-
« çois Iᵉʳ, payé les dettes de Charles IX ? Ne nous au-
« ra-t-il été permis de posséder quatorze cents ans que
« pour nous déposséder en un seul jour ? Si cela était,
« il ne faudrait pas dire que nous sortons des forêts de
« la Germanie ; mais il faudrait répondre aux auteurs
« de ces maximes antisociales qu'ils veulent nous y
« ramener. »

Maury demande si on veut prendre les biens du
clergé comme des *épaves*, ou par droit de confiscation.
A ceux qui disent qu'il importe de multiplier les muta-
tions, il répond qu'il n'est pas de propriétés qui chan-

gent plus souvent de mains que les propriétés du clergé :
tous les vingt ans il y a mutation. « On prétend favo-
« riser l'agriculture : est-il des terres mieux cultivées
« que les nôtres ?... M. de Mirabeau vous a proposé de
« conserver le principe sans s'occuper des consé-
« quences. Je m'honore d'avoir à combattre un tel
« adversaire ; mais je ne lui répondrai que quand
« l'assemblée nationale sera devenue une école de mé-
« taphysiciens. Il ne veut pas qu'on discute les con-
« séquences ; mais si elles sont funestes, dangereuses,
« il faut donc laisser de côté le principe ? »

Après avoir réfuté les assertions et les raisonnements de Mirabeau, l'orateur convient qu'il y a des réformes à faire, mais il ajoute que, pour remédier aux
abus d'un corps, il n'est pas nécessaire de l'étouffer :
« Le talent de régénérer ne sera-t-il donc que l'art
« malheureux de détruire ? Vous l'avez dit vous-mêmes
« avec amertume : *vous êtes environnés de ruines*, et
« vous voulez augmenter les décombres qui couvrent
« le sol où vous deviez bâtir !.. »

Les derniers mots de ce discours resteront comme le
jugement des gouvernements révolutionnaires dont
l'épreuve hélas ! n'est pas encore achevée ; ces mots,
les voici : « Le plus terrible despotisme est celui qui
« porte le masque de la liberté. »

Nous n'avons pas à suivre ici Mirabeau dans son
grand discours du 2 novembre 1789, uniquement destiné à renverser les solides démonstrations de l'abbé

5.

Maury ; ce discours modéré, froid et subtil, et qui porte la trace d'un grand travail, ne fut certainement pas l'œuvre de Mirabeau, mais le produit d'une pensée étrangère plus accoutumée que la sienne aux arguments spécieux d'une métaphysique étudiée ; pour triompher des scrupules honnêtes de beaucoup de députés, on se contenta de faire *déclarer le principe de la propriété de la nation*, et ce fut à l'aide d'un mensonge prudent que le décret spoliateur réunit la majorité des voix.

La vente des biens du clergé est un fait accompli qui demeure couvert par la pacifique magnanimité du chef suprême de l'Église [1] ; il est couvert aussi et à jamais par la puissance temporelle. La charte de 1814 renferme ces mots : « La vente des biens nationaux res-« tera irrévocable. » Louis XVIII, dans sa proclamation de Cambrai, le 28 juin 1815, disait : « Si les acquéreurs « de domaines nationaux ont conçu des inquiétudes, la « Charte aurait dû les rassurer. » Ainsi donc il n'y a plus à revenir sur ces décrets ; mais la conscience humaine a jugé leur moralité. Il n'y a pas de droit de propriété sous le soleil qui puisse résister aux raisonnements qui triomphèrent à la constituante. Ce qui étonne, c'est qu'au temps où nous sommes et après expérience faite, il se rencontre des gouvernements en Europe pour copier ces grandes et funestes injustices.

[1] Article 13 du Concordat de 1801.

Quel profit la France a-t-elle tiré des milliards des biens nationaux si promptement dévorés ? A quoi servira la spoliation aux gouvernements imitateurs ? La spoliation ne fera qu'élargir la plaie du paupérisme, cette grande et terrible menace contre les États de l'Occident.

CHAPITRE VI.

Le *Moniteur* et l'impression des discours à la constituante. — Analyse et appréciation du discours de Maury sur la souveraineté du peuple; force et beauté de ce discours resté longtemps inconnu. — Le principe de la souveraineté du peuple.

En 1790, le *Moniteur* ne recueillait pas textuellement, comme il l'a fait plus tard, tous les discours prononcés à la tribune ; parfois la sténographie les saisissait; le plus souvent, l'orateur lui-même interrogeait vivement ses souvenirs et refaisait son œuvre, ce qui devait être un supplice. Maury, avec sa mémoire merveilleuse, quand il en avait le temps, répétait le lendemain à un copiste sa harangue de la veille. Il exprima l'intention de rechercher, à des jours de loisir, tant de choses dont il n'était rien resté pour le public, mais qui demeurait au fond de sa pensée comme des lignes sur une page d'impression. « Dès que nos séances finiront, disait-il, « je tâcherai de retrouver dans ma mémoire, et de re- « cueillir le résultat de mes anciennes études sur les « principales questions que j'ai traitées. » Maury, dans

ses années de liberté en Italie, repassa ainsi ses luttes
de tribune, retrouva, par un incroyable effort, des discours qui n'avaient jamais été imprimés, dicta dans
son cabinet ce qui était parti de sa bouche au milieu
des frémissements de l'assemblée nationale, et c'est à
ce tour de force que nous devons un certain nombre de
discours restés inédits avec d'autres manuscrits du célèbre orateur. Parmi ces discours, il en est un sur la
souveraineté du peuple qui a été imprimé pour la première fois en 1852 [1]; chose étrange! il a passé ina-
perçu. C'est une question d'à-propos perpétuel, grâce
à nos révolutions; l'abbé Maury la traita avec étendue
en combattant l'article 1er du titre 3 du projet de constitution; il sera intéressant d'étudier sa pensée telle
qu'elle se produisit en 1790 en face des champions
les plus forcenés de la souveraineté populaire.

L'orateur voit dans cette doctrine une *vieille erreur*
que le fanatisme des hérésiarques a mise en vogue
pendant les discordes religieuses, et que le fanatisme
philosophique a souvent essayé de rajeunir au milieu
des révolutions des empires. Il lui semble que sa seule
généalogie devrait suffire pour la faire condamner. Le
comité de constitution n'a pas découvert un nouveau
système politique *en abaissant les faisceaux devant la*

---

[1] Opinion sur la souveraineté du peuple, prononcée dans l'assemblée nationale, en 1790, par l'abbé Maury, et publiée sur les manuscrits autographes de l'auteur par Louis-Sifrein Maury, son neveu.
Avignon, 1852.

majesté du peuple; sans vouloir remonter bien haut, on
trouve dans le sixième volume des *Mémoires* de Condé,
que le fameux ligueur Jean Boucher soutint le dogme
de la souveraineté du peuple pour justifier l'attentat
régicide de Châtel. Luther, voulant légitimer les
guerres de religion, adopta la même doctrine. Elle fut
le catéchisme séditieux des synodes et des consistoires
protestants dans les xvie et xviie siècles. Cromwel ne
parlait que de la souveraineté du peuple. La question
s'engagea sur les débris du trône d'Angleterre entre
Charles Ier et Bradshaw, président de la commission
régicide. La sentence de Charles Ier *traduisit cette doctrine en langue vulgaire dans toute l'Europe.* Bossuet,
dans son cinquième Avertissement aux protestants, at-
taqua l'opinion des révolutionnaires anglais ; son génie
raffermit le sceptre dans la main des rois *en détrônant
la multitude.* Rousseau tira la doctrine du tombeau où
elle était descendue avec ses derniers défenseurs, et
lui donna une nouvelle vie dans ses écrits.

« C'est de ce répertoire de paradoxes qu'un esprit
« de vertige et de révolte s'est répandu depuis trente
« ans sur toute la France. Vous, messieurs, qui devriez
« être, au milieu du délire universel de ces vingt-six
« millions de rois en idée, les régulateurs de l'opinion
« publique ; vous qui devriez multiplier les signaux de
« ralliement autour d'un trône qui chancelle, et dont la
« chute momentanée écraserait l'État, vous avez au
« contraire proclamé sans examen la souveraineté du

« peuple, dans ce code antisocial où une frauduleuse
« anarchie nous présente sans cesse l'homme de la
« nature à la place de l'homme de la société ; où tous
« les principes de la révolte sont consacrés comme les
« premières bases de la constitution française ; où le
« peuple, proclamé roi naturel, domine entièrement
« son roi constitutionnel ; où la souveraineté populaire
« prononce la déchéance de tous les rois ; enfin, dans
« cette théorie scandaleuse de l'insurrection que vous
« avez publiée comme un manifeste contre tous les
« gouvernements, sous le titre déguisé de *Déclaration*
« *des droits de l'homme....* On dirait qu'il suffit de
« l'énoncer (la souveraineté populaire) comme un
« axiome politique sur lequel nous sommes tous d'ac-
« cord, et que la cause entièrement désespérée des
« rois, ou plutôt de la société tout entière, ne peut plus
« avoir ici pour défenseurs que des idiots ou des es-
« claves. Eh bien, messieurs, je suis l'un de ces idiots,
« l'un de ces esclaves qui n'admettent pas la souverai-
« neté du peuple. »

L'abbé Maury, défendant la nation contre elle-
même, rend hommage au roi généreux qui a eu le
tort très-grave d'oublier que *ses droits nous intéres-*
sent autant que ses devoirs, et de se jeter du haut de
son trône dans les bras de l'assemblée avec une si
loyale et si imprudente confiance ; il montre *le nouveau*
souverain des tribunes et des carrefours déjà tellement
inaccessible à la vérité qu'il crie hautement au blas-

phème dès qu'on ne lui parle plus *dans le sens de la révolution*. Il regrette d'avoir à remuer un principe fondamental de là tranquillité publique ; mais c'est le comité de constitution qui l'a mis en délibération. « Comment l'autorité souveraine des rois résisterait-« elle aux invasions des sophismes, tandis que les « droits·les plus incontestables et les plus saints, les « droits paternels, les droits de Dieu lui-même, sont « compromis toutes les fois qu'on les discute publi-« quement? Une fatale expérience a dû vous appren-« dre que toutes ces subtiles analyses de l'esprit ne « tendent qu'à relâcher le nœud social, et qu'elles af-« faiblissent nécessairement le ressort de la morale « en rendant tout problématique avec des syllogis-« mes. » Rousseau a dit que les longs débats, les dis-sensions, les tumultes annoncent l'ascendant des in-térêts particuliers et le déclin des intérêts de l'État. Maury cité Montesquieu, *qui n'a pas voulu tout dire en matière politique, mais qui a tout vu*. Et apparem-ment le nom de Montesquieu avait fait sauter Robes-pierre sur son banc. « Oh ! monsieur Robespierre, de « grâce, dit l'orateur, ne contraignez pas vos dédains, « ne lui dérobez pas vos huées, et souriez avec votre « insultante pitié à ma superstitieuse admiration pour « l'auteur de l'*Esprit des Lois*. Je me vante hautement « de n'avoir pas, comme vous, le droit de mépriser ce « grand homme. » Montesquieu a dit que, lorsque le peuple en corps a la souveraine puissance, c'est une

démocratie. Maury dénonce le travail des constituants
pour fonder une véritable démocratie sous la dénomi-
nation hypocrite d'une monarchie, en attendant l'occasion de laisser éclater leurs desseins. « Que pouvez-
« vous proposer dans cette marche évidemment répu-
« blicaine, si ce n'est de placer des pierres d'attente très-
« saillantes du côté de l'espace vide que le roi occupe
« encore provisoirement dans votre constitution, pour
« appeler et élever bientôt, sur les ruines du trône, un
« gouvernement entièrement populaire, qui n'aura
« besoin que de changer de nom pour être une mons-
« trueuse démocratie !... Cette forme de gouverne-
« ment, reconnue généralement comme la plus mau-
« vaise de toutes, principalement dans un grand État,
« donne une si énorme puissance à tous les vices, elle
« est accompagnée de tant de lenteurs et de tant de
« désordres, elle est tellement incompatible avec l'es-
« prit de suite, l'activité et le secret, qu'il faut qu'elle
« anéantisse nécessairement et promptement un grand
« empire, ou qu'elle s'anéantisse elle-même, en le pré-
« cipitant, comme elle l'a toujours fait, dans le despo-
« tisme..... Vous ne réussirez donc pas, suivant votre
« nouvelle expression, à *démonarchiser* la France
« pour longtemps par tous vos complots démocrati-
« ques. Mais cette expérience passagère d'anarchie
« serait pour elle un grand désastre de plus, et une
« nouvelle preuve de calamités à travers lesquelles
« nous serions obligés de passer, pour revenir, de ré-

« volution en révolution, à l'ombre de ce même trône
« dont le torrent des opinions philosophiques nous
« éloigne, et vers lequel la nécessité, l'intérêt com-
« mun, le besoin du repos, nous ramèneront tôt ou
« tard. »

Après avoir relevé l'incompatibilité absolue entre
une constitution monarchique, telle que doit être celle
de la France, et les éléments naturels et universelle-
ment reconnus de la démocratie, Maury attaque directement dans ses bases le principe de la souveraineté du peuple ; cette prétendue souveraineté ne sera
jamais qu'une illusion momentanée, un *rêve convulsif*
de puissance. L'orateur rappelle ces mots de Montesquieu : « Il faut que les affaires aillent, et qu'elles
« aient un certain mouvement qui ne soit ni trop lent
« ni trop vite. Mais le peuple a toujours trop d'action
« ou trop peu ; quelquefois avec cent mille bras il ren-
« verse tout ; quelquefois avec cent mille pieds il ne
« va que comme les insectes [1]. » Maury dit que pour le
peuple le *bonheur est un besoin, la puissance n'est*
qu'un écueil. « Puisqu'il doit toujours être gouverné,
« son véritable intérêt consiste à être bien gouverné,
« et non pas à poursuivre une souveraineté idéale,
« dont on ne l'investirait qu'en l'obligeant aussitôt de
« la céder. Eh ! qu'a-t-il donc à gagner, ce peuple cré-
« dule, à tomber d'un peu plus haut, tandis que, sans

---

[1] *Esprit des Lois*, liv. ii, chap. ii.

« courir les risques d'une chute, il est condamné à
« rester toujours à la même place ? » L'orateur, interrompu par Chapelier au nom du comité de constitution, reconnaît que la démocratie légalement établie
est une forme de gouvernement très-légitime, et qu'elle
peut même assurer la prospérité d'un petit État; mais
il soutient que ce gouvernement serait pour la France
un *fléau national,* et il combat le principe même que
le peuple est partout souverain; Chapelier lui ayant
cité l'Amérique et la Suisse, Maury répond qu'il ignore
la future destinée de l'Amérique septentrionale, mais
que, *jusqu'à ce qu'une opulence corruptrice y amène
une nouvelle révolution,* on ne peut rien conclure de
cet exemple pour la France, si différente d'un État
nouveau; il parle fort bien de l'union américaine, qui
n'a pas cru qu'il fallait tout détruire pour tout créer,
et qui se tient *le plus près possible de l'esprit et des formes du gouvernement anglais.* Dans une vive peinture
des novateurs qui amoncèlent les décrets calamiteux,
nous remarquons ces paroles : « Il est évident qu'au-
« cun gouvernement de l'Europe ne peut durer quinze
« ans, et que toutes les autorités établies dans le
« monde sont frappées de mort, si la souveraineté ac-
« tive du peuple est admise comme un droit universel
« du genre humain. » A mesure que les pages de ce
grand discours se déroulent sous nos yeux, nous vou-
drions à chaque instant citer des passages dont la vérité politique frappe si fortement après que les événe-

ments ont donné raison à la logique de l'orateur :
« Vous menacez chaque jour les souverains dans cette
« tribune, où l'on ne les appelle déjà plus que des ty-
« rans. Vous leur faites à tous une guerre de décrets,
« de révolte et d'anarchie. Vous reconnaissez vous-
« mêmes, par la monstrueuse institution de votre ac-
« tive propagande, qu'il faut que la révolution échoue
« en France si elle ne s'étend pas dans toute l'Eu-
« rope ; et vous comprenez que votre périlleuse entre-
« prise vous oblige de renverser tous les gouverne-
« ments établis, sous peine d'être écrasés vous-mêmes
« par leur coalition inévitable. » L'exemple de la
Suisse, invoqué par Chapelier, inspire à Maury un tableau très-bien fait de la révolution helvétique, des
causes qui ont fait réussir la confédération, des différences essentielles entre l'Helvétie et la France, entre
la démocratie des cantons et celle des démolisseurs de
1790. Maury dit ce mot bien digne de rester éternelle-
ment dans notre langue politique : « En genre de
« gouvernement, la nature n'a laissé d'option à la
« France qu'entre la monarchie et l'anarchie. »

L'orateur, allant au fond même de la question soulevée, examine si la souveraineté appartient partout de
plein droit au peuple, si la démocratie est le seul gouvernement légitime qui existe dans l'univers. Il définit
la souveraineté : « le pouvoir indépendant et irrévo-
« cable de commander en dernier ressort dans la so-
« ciété civile et d'y faire des lois. » Il caractérise la li-

berté politique et la liberté civile, et remarque que
toutes les nations qui ont joué un rôle dans l'univers
ont été entièrement passives à l'égard de leur constitution. C'est par une pure et chimérique fiction que
l'on prétend exprimer la volonté de tout un peuple
dans un pouvoir représentatif; le peuple n'exprime
que son vœu dans le choix de ses députés et nullement sa volonté dans des délibérations qu'il ne peut
ni prévoir ni régler. De quelque manière que l'on pro-
cède à la rédaction du code politique, soit que la force
le règle, soit que des députés le discutent, il est évident que le peuple se soumettra toujours sur parole à
la constitution qu'on voudra lui donner. L'histoire
nous montre les grands empires fondés par la conquête, et les établissements politiques nés d'une convention entre les vainqueurs et les vaincus. Il y eut
convention entre les Francs et les Gaulois. *Force n'est
pas droit*, avait crié Mirabeau de son banc, en répétant
un mot de Rousseau. Maury, que les interruptions
grandissaient toujours, relève ce mot avec puissance;
il convient de l'axiome, et demande s'il faudra en conclure, pour bouleverser l'univers, que les constitutions politiques n'ayant été nulle part l'ouvrage des
peuples, tous les gouvernements de l'Europe soient il-
légitimes et qu'il faille tous les refondre; il dit que ce
n'est pas la force qui consacre une constitution impo-
sée par un conquérant, et qu'elle devient légitime en
défendant la vie et la propriété, en maintenant la paix

et la tranquillité des peuples. Dans chaque État voilà le vrai et voilà le bien. L'acquiescement des nations, dont on ne peut du moins contester le silence, légitime, selon Rousseau, toutes les formes de gouvernement auxquelles les peuples se sont soumis pour éviter l'anarchie.

Maury s'élève à une belle hauteur quand il montre l'erreur des novateurs politiques qui s'imaginent que les gouvernements ont été composés à force de combinaisons; quand, remontant à l'établissement du pouvoir souverain, « il voit que chaque peuple en a trouvé « le besoin, et par conséquent l'idée primitive, dans la « formation, même purement intellectuelle, de toute « société; » quand il ne sépare pas l'origine de l'autorité souveraine de l'origine même de la société, qui ne fut d'abord qu'une réunion de familles. La paternité sociale fut une extension de la paternité domestique. La nature créa la puissance paternelle, et voilà pourquoi, dans les âges lointains, presque tous les gouvernements ont été monarchiques. C'est sur la sociabilité naturelle de l'homme que se fondent le besoin et l'institution de la souveraineté, et c'est de Dieu même que la souveraineté découle. Mirabeau, en entendant soutenir la doctrine sur l'origine divine de l'autorité, avait défié Maury de citer un seul homme de bon sens qui eût *soutenu cette ineptie*. Maury aurait pu invoquer les témoignages de Bossuet et de Fénelon; il aima mieux répondre à Mirabeau par un témoignage moins suspect , celui de David Hume :

« Dès lors, dit l'écrivain anglais [1], qu'on admet une
« Providence universelle qui préside à l'univers, qui
« suit un plan uniforme dans la direction des événe-
« ments, et qui les conduit à des fins dignes de sa
« sagesse, on ne saurait nier que Dieu ne soit le pre-
« mier instituteur du gouvernement. Le genre humain
« ne peut exister sans gouvernement; au moins n'y
« a-t-il pas de sûreté où il n'y a point de protection. Il
« est donc indubitable que la souveraine Bonté, qui
« veut le bien de toutes ses créatures, a voulu que les
« hommes fussent gouvernés. Aussi le sont-ils, et l'ont-
« ils été dans tous les temps et dans tous les pays du
« monde : ce qui fait encore une preuve plus certaine
« des attentions de l'Être tout sage qui a créé le genre
« humain. »

Et Maury, après avoir lu ce passage, se tournant
vers son antagoniste, « En avez-vous assez, monsieur
« de Mirabeau? lui dit-il; je vous fais grâce de dix
« citations pareilles. »

Selon la pensée de notre orateur, le peuple, dans
l'hypothèse la plus favorable à son intervention, ne
déléguerait pas la souveraineté en élisant un souverain; il désignerait simplement, par ce droit d'élection
restreint dans ses véritables bornes, le ministre suprême de cette seconde providence qu'on appelle la

---

[1] *Essais politiques.*

souveraineté. La société est l'œuvre de Dieu ; et, puisque la souveraineté en est le principe conservateur, puisqu'elle est comme l'âme du corps politique, elle a dû nécessairement découler du Créateur lui-même. « Dieu est, dans un sens rigoureux (nous citons Maury), le seul souverain naturel de tous les hommes, « et nul ne peut exercer la souveraineté sur ses créatures qu'autant qu'il le représente. » Plus loin, l'orateur dit que la souveraineté n'étant que l'ensemble des pouvoirs nécessaires au gouvernement de la société civile, elle est manifestement antérieure à toutes les conventions publiques, puisque, sans elle, l'état social serait impossible. Il ajoute que, pour obscurcir ces vérités fondamentales, Rousseau s'est perdu dans un abîme de paradoxes. Il combat Rousseau et Locke, et cite les Anglais, *ce peuple aîné de la liberté*, les Anglais qui, voulant pourvoir dans leur constitution au bonheur du peuple, ont toujours évité de donner au mot *peuple* une trop grande latitude ; il défère à la propriété les droits d'activité politique, et comme une voix de la gauche lui crie qu'il *plaide la cause des riches*, Maury répond qu'il plaide la cause du corps social tout entier. Continuant à creuser cette question de la souveraineté du peuple, *ce grand mystère métaphysique sur lequel on veut fonder la révolution française*, il touche aux faits et demande à ses antagonistes ce que donnent à la multitude leurs décrets les plus plébéiens. On accorde au peuple l'unique faculté de voter dans

un scrutin préparatoire, pour concourir de loin au
choix de ses représentants ; il n'est pas autorisé à élire
ses députés au corps législatif, mais seulement le corps
électoral qui le choisit. Voilà donc pour le peuple tout
le *produit net* d'une révolution ! Voilà à quoi se réduisent les conquêtes réelles de cette souveraineté populaire ! Maury aurait pu employer les mêmes arguments
en face du droit populaire d'élire directement les représentants. Les opérations du scrutin une fois terminées, *on renvoie le souverain primitif à la plus passive
obéissance,* sans même laisser aux commettants le droit
de donner des instructions, et, bien moins encore, des
règles à leurs mandataires. Le règne du peuple se
borne donc à émettre son vœu dans un scrutin, et ce
règne ne dure qu'un instant. « Il faut en convenir entre
« nous, messieurs, nous nous conduisons envers ce
« peuple-roi comme les maires du palais traitaient
« autrefois nos rois fainéants de la première race : ils
« se montraient en public une seule fois chaque année,
« et prenaient habilement la place du souverain, en
« ne laissant jamais régner que son nom. » L'exercice
de la souveraineté du peuple devait subir plus tard
des destinées bien plus illusoires, et ce souverain d'un
jour devait tomber de bien plus haut.

A mesure que l'orateur avance dans ses démonstrations, ses adversaires multiplient leurs protestations
et leurs paradoxes ; il ne laisse debout aucune parole
opposée à la sienne, et achève de mettre sa pensée

en relief par cette ingénieuse comparaison : « Admet-
« tre, du moins dans un grand empire de vingt-six
« millions d'individus (car c'est toujours à cette con-
« sidération qu'il faut revenir), admettre dans un pa-
« reil État le principe de la souveraineté du peuple,
« c'est renouveler, en genre de gouvernement, le
« monstrueux système de Spinosa, qui attribuait une
« portion de la divinité à chaque élément de la ma-
« tière, comme on défère ici une portion de la sou-
« veraineté à chaque membre du corps social. En
« spéculation métaphysique, ce paradoxe aboutit à
« l'athéisme, et en droit public, il conduit rapidement
« un grand État au terme où vous êtes arrivés, mes-
« sieurs, à l'anarchie. »

Maury, ayant contrôlé en passant le titre de la mission politique que s'était donnée la constituante, mission
qui, au terme des cahiers, aurait dû se borner à *avi-
ser, à consentir, à remontrer*, Mirabeau lui crie qu'il
ne *s'agit plus de tous ces vieux mandats,* qu'il s'agit
de réclamer l'exécution du contrat primitif entre les
peuples et les rois, et le somme de déclarer ses principes *sur ce contrat national dont Jean-Jacques Rousseau a délivré des copies authentiques à tous les États
dans son immortel Contrat social;* Mirabeau demande
qu'on s'en rapporte à lui seul pour réfuter les *hérésies
politiques* de l'abbé Maury : il lui avait parlé *de sa robe
des anciens esclaves.*

« Toujours des défis, monsieur de Mirabeau ! lui ré-

« pond Maury ; je croyais vous avoir dégoûté de cette
« périlleuse formule oratoire. Vous observerez d'abord
« que chez les anciens peuples les esclaves n'avaient
« pas le droit de se parer de la robe, et que ce vête-
« ment honorable n'a jamais été nulle part un signe
« de servitude. Mais allons au fait. Je ramasse le gant
« que votre superbe ignorance me jette avec un
« dédain qu'elle expiera bientôt. Je consens volon-
« tiers qu'on vous applaudisse, pourvu qu'on m'é-
« coute. Obtenez-moi donc du silence, si vous croyez
« réellement triompher de mes principes ; car, au
« milieu du bruit, vous ne triompheriez que de mes
« poumons. »

Après cette apostrophe d'une fermeté magnifique,
Maury dit qu'il connaît depuis longtemps tous les romans politiques sur l'origine des gouvernements, et
qu'il est loin de regarder de pareils rêves comme l'histoire du genre humain. Il reproche à Mirabeau d'être,
lui aussi, l'un de ces enthousiastes de Rousseau qui
ne l'ont jamais bien lu, et qui lui attribuent des systèmes diamétralement opposés à ses opinions, en
croyant marcher sous ses enseignes. Maury établit
que Rousseau, dans son *Contrat social,* n'a jamais eu
en vue les pactes primitifs des nations avec les rois,
qu'il s'est borné au contrat d'association entre les
membres du corps politique, et que l'écrivain génevois
a combattu formellement comme une chimère (chapitre 16, livre III) les conventions des peuples avec les

rois [1]. Rousseau trouve *absurde* et *contradictoire* l'existence de ce prétendu pacte primitif et fondamental. Mirabeau n'a donc pas compris ce que le philosophe entend par contrat social. Les vrais principes de Rousseau sur cette matière une fois mis au jour, Maury développe les siens. Appuyé sur d'autres raisons que celles de Rousseau, il nie qu'un contrat social et primitif ait jamais existé, ni de droit ni de fait, dans le code politique d'aucune monarchie héréditaire de l'univers : la société se forma sans contrat ; la famille, image première de la société, exista sans aucun pacte entre le père et les enfants. Si un pacte primitif et révocable était le titre fondamental de la royauté, la menace d'une insurrection, toujours suspendue sur un pays, créerait un état permanent de doute et d'inquiétude : l'intérêt du peuple est-il compatible avec le droit funeste de bouleverser sans cesse l'État? L'anarchie sortirait toujours vivante des clauses résolutoires du contrat. Quant au fait, il n'y a pas trace de ce prétendu acte entre les rois et les peuples à l'origine des nations. Les *capitulations impériales*, les *grandes chartes*, les *pacta conventa* appartiennent aux temps nouveaux, et ces modifications de l'autorité royale ne se sont jamais accomplies au nom de la souveraineté du peuple. Dans l'histoire des trois dynasties de France on ne rencontre

---

[1] Le 16e chapitre du livre III du *Contrat social* de Rousseau est intitulé : *Que l'institution du gouvernement n'est point un contrat.*

6.

pas de contrat souscrit avec la nation ; le serment du
sacre, invoqué par Mirabeau, n'avait pas de clause
résolutoire : c'était comme un traité purement religieux entre Dieu et la conscience du• roi. Hors de
France, il n'existe pas non plus, chez un peuple policé,
le moindre vestige de contrat avec clause résolutoire
dans aucune monarchie héréditaire. Maury défie à son
tour Mirabeau de découvrir rien de pareil dans l'histoire du monde : « Il serait bien extraordinaire que ce
« contrat eût existé partout, et qu'on ne pût le trouver
« nulle part. Fouillez donc dans les archives du genre
« humain, et découvrez-y un seul de ces pactes dont
« vous parlez avec tant d'assurance. Je vous en défie,
« et je vous attends ! »

Maury déclare que Dieu a imposé aux rois des obligations et des devoirs immenses, qu'ils sont inviola-
bles, mais que leur pouvoir n'est nulle part illimité ; le
pouvoir royal est borné par la loi divine, par le droit
naturel, par l'équité, la raison, les lois fondamentales
de chaque monarchie, enfin, par l'intérêt propre des
rois, qui sera toujours la plus sûre des garanties pour
les peuples. Mirabeau demande quelles sont les ressources des nations contre l'*atroce démence d'un tyran ;*
Maury répond qu'une simple consultation de médecin
tient lieu, à cet égard, de la loi constitutionnelle ; il
répond que, dans les principes du droit public, l'état
de démence est un véritable état de minorité. On en-
ferme un roi fou, sans que l'État éprouve aucune se-

cousse. L'orateur croit que les tyrans, rares dans tous les temps, deviendront plus rares dans l'avenir, et qu'il y aura plus de profit à prendre des sûretés contre la tyrannie de la multitude. Il exècre d'avance la supposition que les représentants du peuple, usurpant le pouvoir judiciaire, puissent juger un roi. Il recule devant l'idée d'un roi responsable et justiciable. Maury ajoute que, quand même le prétendu pacte existerait, il n'en résulterait pas que le peuple se fût réservé la souveraineté : ce pacte prouverait, au contraire, que le peuple l'aurait cédée en se donnant un roi. Maury n'admet pas, d'ailleurs, cette hypothèse, quelque favorable qu'elle fût à son opinion, parce que, dans ses principes, le pouvoir souverain ne vient pas du peuple. Mirabeau, repoussant l'autorité de Bossuet, cité par Maury, avait dit que « l'évêque de Meaux était un théo-
« logien qui n'avait point fait de philosophie, et que la
« question du *Contrat social* excédait de beaucoup le
« cercle de ses idées. » Maury lit le passage si vrai, si profond, de Bossuet sur la souveraineté populaire, tiré du *Cinquième Avertissement aux protestants*, et presse Mirabeau de s'avancer, de parler, de répondre : « Qu'il
« fasse justice, dans ma personne, du théologien Bos-
« suet, dont le génie préparait ainsi, un siècle d'a-
« vance, le contre-poison philosophique de Jean-Jac-
« ques Rousseau, et qu'il dise si le superstitieux côté
« droit s'explique nettement sur les pactes primitifs
« qu'on nous allègue ici comme les titres de la souve-

« raineté du peuple. » L'orateur, en finissant, prédit
les malheurs de sa patrie, annonce aux révolutionnaires qui l'écoutent, qu'ils se dévoreront les uns les
autres, que le peuple les brisera, car ses ombrageuses
défiances ne laissent jamais vieillir sa faveur. Notre
dernière citation sera un tableau prophétique des crimes et des calamités de ce grand pays livré aux fatales
expériences :

    « Hélas! s'écrie Maury, il (le peuple) n'est encore
« parmi nous que spectateur de la révolution, mais il
« en sentira bientôt tout le poids. Il va être mis en
« action, et ce ne sera qu'aux dépens de son bonheur
« et de son repos qu'il servira votre ambition et vos
« vengeances. Il éprouvera, ce peuple égaré, que sa
« propre autorité est un fléau pour lui, que lui seul
« peut se faire tous les maux auxquels il se dévoue, et
« qu'il lui serait infiniment moins funeste d'être oppri-
« mé que d'être puissant. Il se traînera ainsi de crimes
« en malheurs et de malheurs en crimes, dirai-je, du-
« rant un règne ou durant un rêve si convulsif et si
« court, jusqu'à ce que, épuisé par son délire, ses dé-
« sastres et ses forfaits, dégoûté d'illusion et las de
« toute-puissance, il trouve enfin un asile dans le des-
« potisme, en tendant ses défaillantes mains aux fers
« d'un maître absolu qui daigne le délivrer de ses pro-
« pres fureurs. O vous qui parlez encore de bonheur
« aux nations, en prostituant ainsi à la multitude la
« suprême puissance, ouvrez les yeux : voilà le tableau

« en action de la souveraineté du peuple ! tel sera, tel
« est déjà le règne de ce peuple français que nous
« avons vu si tranquille et si grand sous l'empire ac-
« coutumé de ses rois. »

Nous avons donné une large et abondante analyse
de ce discours, parce qu'il a les proportions d'un ouvrage et qu'il n'est pas connu, parce que, depuis
soixante-cinq ans qu'il a été prononcé, il garde un
profond intérêt, et que la durée de nos révolutions fait
éclater avec une frappante évidence la vérité des doctrines de l'orateur de 1790. Quoique l'ensemble de ce
discours porte le caractère tout vivant et en quelque
sorte dramatique d'une œuvre de tribune, nous l'avons
certainement plus complet, plus achevé qu'il ne le fut
en sortant de la bouche du célèbre député de Péronne ;
on y sent le produit de réflexions profondes et d'une
parfaite étude. Les mêmes pensées y reviennent quelquefois sous diverses formes ; cette répétition tient à la
nécessité de répondre à des interpellations fréquentes
qui roulaient sur un même fond. Quel sens politique !
quelle élévation et quelle justesse d'esprit ! quelle sûreté d'élégante érudition dans ce discours ! Comme
Maury tourne et retourne cette vaste et terrible question de la souveraineté du peuple, et comme il en sonde
les profondeurs ! Il *pousse à bout* Mirabeau, ainsi qu'il
le dit lui-même, il le domine de bien haut, et domine
avec la fierté du vrai les murmures de la gauche et les
huées des tribunes.

Le principe de la souveraineté du peuple, d'invention moderne, habite près des lieux où se forme la foudre ; aussitôt qu'il sort du vague lointain de l'abstraction, il est une menace ; on ne peut en presser les conséquences, sans mettre le feu aux empires, et le peuple, cet étrange souverain, tantôt si terrible et tantôt si résigné, est condamné à n'être roi qu'un instant, sous peine de ne plus être ! Jamais souveraineté ne sut mieux pratiquer la soumission et ne fut moins exigeante, et jamais puissance ne ressembla plus à un instrument.

CHAPITRE VII.

Les débats sur le droit de paix et de guerre ; Mirabeau, Cazalès, Barnave ; analyse et appréciation du discours de Maury ; comment il
répond à Pétion, à Fréteau, à Charles de Lameth ; Henri IV vengé
à la constituante ; différence entre la royauté et le despotisme dans
l'exercice du droit de guerre.

Les débats sur le droit de paix et de guerre sont restés l'un des plus beaux souvenirs de l'assemblée constituante, l'une des plus grandes gloires de la tribune
française. Mirabeau, en qui la révolution ne reconnaissait plus un ami et que le peuple poursuivait de
ses menaçantes injures, parla en homme fatigué des
ruines et en homme d'État, et monta au plus haut
point que son éloquence ait jamais atteint; Cazalès
s'inspira de son patriotisme et de sa fermeté ; Barnave,
orateur de la révolution, plus coupable par un mot que
par toutes ses harangues, et dont l'échafaud devait
sitôt dévorer la jeunesse, prononça, sur la question de
droit de paix et de guerre, son meilleur discours ; mais
Mirabeau, dans sa mémorable réponse, put dire en

toute vérité que si Barnave avait fait voir du talent, il
n'avait pas *montré la moindre connaissance d'homme
d'État, des affaires humaines.* Maury était entré dans
la lice avant ces trois orateurs; ce fut le 18 mai 1790
qu'il prononça son discours sur cette question grave,
pour laquelle il aurait fallu une assez longue préparation d'étude et dont l'assemblée demanda soudainement la solution. L'abbé Maury se trouvait prémuni
contre les surprises de ce genre par les trésors de son
savoir et la promptitude de son esprit. Était-ce au roi
ou au corps législatif que la nation devait déléguer le
droit de faire la guerre, de conclure les traités d'alliance, de commerce et de paix? Voilà ce qu'il s'agissait d'examiner.

L'orateur juge que Grotius, dans son *Traité de la
guerre et de la paix*, et Puffendorf, dans son *Traité du
droit de la nature et des gens*, se montrent plus juris-
consultes que publicistes; il leur reproche de ne pas
avoir soupçonné les droits du genre humain ni les
droits non moins sacrés de chaque peuple; et, quant
aux souverains, de supposer toujours leurs prérogatives sans jamais les établir. Il reproche à Mably et à
Guibert [1] trop d'amour pour les maximes républicaines

---

[1] C'est ce Guibert, fort admiré de son temps, fort peu lu aujour-
d'hui, dont Mme de Staël a composé un *Éloge* en 1790, et dont La
Harpe disait que, dans *ses saillies d'enthousiasme*, il visait à *remplacer Turenne, Corneille et Bossuet.* Certaines admirations le con-
viaient à cette difficile entreprise. Guibert, auteur de l'*Essai général*

et trop de préventions contre l'autorité royale : ces deux écrivains oublient les nombreux exemples qui accusent les républiques dans l'histoire ; ils dissimulent les erreurs et les passions auxquelles une assemblée est exposée autant que le conseil d'un roi. Maury pourra paraître défendre le despotisme en plaidant la cause des rois, mais la crainte de la calomnie n'énervera jamais dans son âme le courage de la vérité. « Les mêmes hommes, dit-il avec une vérité que les révolutions nouvelles se sont chargées de rajeunir, les mêmes hommes que nous avons vus ramper lâchement aux pieds de tous les dépositaires de l'autorité absolue, flattent aujourd'hui l'orgueil populaire, parce qu'ils encensent le pouvoir partout où ils le trouvent. Tous ces vils adulateurs de la multitude ne sont que des courtisans qui ont changé d'idole. »

Maury trouve d'abord étrange que les membres d'une assemblée librement convoquée par le roi contestent à la couronne l'antique prérogative de faire la guerre et la paix ; les prétentions sur lesquelles on se fonde lui semblent chimériques ; il sommera celui qui voudra les défendre de produire le titre fondamental de sa députation, et la discussion ne sera ni longue ni sérieuse. Ce n'est pas la première fois que l'orateur rappelle à

de tactique et du *Traité de la force publique*, fit aussi des tragédies, entre autres *le Connétable de Bourbon*, dont raffolèrent Paris et Versailles : c'était Corneille, Racine et Voltaire eux-mêmes, mais fondus et perfectionnés.

l'assemblée son origine et attaque ses conquêtes d'autorité ; il répète à ses collègues que pas un d'entre eux n'aurait été honoré de la confiance de la nation, si on avait professé dans les bailliages les principes qu'on étale tous les jours à la tribune. L'assemblée ayant reconnu que la France est une monarchie, elle devrait, fidèle au moins à ses propres décrets, laisser au roi la puissance du glaive, l'unité de résolution qui forme le caractère essentiel de la monarchie : toutes les royautés de l'univers ont exercé le droit de la guerre et de la paix ; ce droit est de l'essence même du pouvoir exécutif. Pendant tout le temps que le pouvoir exécutif fut confié au sénat de Rome, le sénat décida seul de la guerre et de la paix et jamais le peuple : Rome républicaine était pourtant assez jalouse de sa liberté. Lorsque, à l'exclusion du roi, on veut attribuer le droit de paix et de guerre à la puissance législative, on oublie que la constitution a fait la part du souverain dans cette puissance, et qu'elle a associé le vœu du représentant héréditaire de la nation au vœu de ses représentants passagers. Cet argument de l'abbé Maury fut vivement développé par Mirabeau dans sa réponse à Barnave.

Les adversaires de la prérogative royale avaient cherché des armes dans le vieux droit public de notre pays. Maury établit sur ce point les vraies coutumes, les maximes anciennes du gouvernement français. Dès la première race, le roi seul avait le droit de faire crier en France le *Lent-vert*, c'est-à-dire la proclamation militaire par laquelle il avertissait la nation qu'il venait de déclarer la guerre. Depuis le traité d'Andlau, qui fut notre premier traité national, jusqu'aux Carlovingiens, on ne trouve pas que la nation ait délibéré une seule fois sur le droit de la guerre et de la paix : les rois seuls en décident et traitent seuls avec l'ennemi. Les monuments de Charlemagne sont positifs sur cet article constitutionnel. Le droit de la paix et de la guerre s'y trouve exclusivement réservé au monarque ; il est obligé, bien entendu, d'en conférer avec son conseil, car de tout temps les rois de France n'ont exercé leur puissance que de l'*avis de leur conseil*, et ces mots désignaient les ministres qu'on appelait les *premiers des premiers*. Pétion avait cité, à l'appui de son opinion antimonarchique, l'assemblée des états généraux en 1356, après la défaite de Maupertuis, près de Poitiers. Cette assemblée ou plutôt cette grande conjuration, dirigée par Étienne Marcel, prévôt de Paris, entreprit d'interdire au Dauphin, régent du royaume, la décision de la guerre et de la paix. Quel exemple et quelle époque ! Marcel, ce *brigand populaire*, avait couvert la France de sanglantes horreurs ; il avait livré aux Anglais et aux Navarrais la porte Saint-Antoine ; le roi Jean était captif à Londres, et le régent mineur. Ce fut au milieu d'un pillage universel et de l'envahissement de tous les pouvoirs du roi qu'une séditieuse et coupable assemblée, se prévalant de la captivité du monarque et de la

minorité du régent, si grand depuis sous le nom de
Charles V, contesta au roi le droit de décider de la
guerre et de la paix. Mais cette vaste conspiration suc-
comba bien vite; les états de 1359 reconnurent un
droit essentiel à la monarchie, et s'ils refusèrent d'ad-
hérer au traité conclu entre le roi Jean et Édouard,
c'est que le roi n'était pas libre quand il le signa.

Le député Fréteau soutenait que depuis cent soixante
ans les rois de France avaient usurpé le droit de la
guerre et de la paix; il disait qu'il avait étudié l'histoire
de France, pendant cinq ans, dans son exil; Maury
tint à lui prouver qu'*il avait besoin de l'étudier encore,
au moins pendant cinq ans, dans une bibliothèque*, s'il
voulait avoir le droit d'en parler. Pendant que Fréteau
citait la guerre de la Ligue, le traité de Madrid, les
croisades, Maury l'avait interrompu pour demander que
le discours de ce magistrat fût *condamné à l'impression*; le magistrat s'y étant *modestement* refusé, Fréteau
marchait appuyé sur l'autorité de Mézerai. Maury n'a
pas la même confiance que son collègue dans l'*Histoire
de France* de Mézerai, œuvre républicaine d'un pen-
sionnaire de la cour. Il estime l'*Abrégé chronologique*
de Mézerai et surtout son traité *de l'Origine des Français*, mais il s'étonne que son *Histoire de France* soit
sérieusement invoquée dans une assemblée. « Cet his-
« toriographe du roi, plus hardi dans ses opinions
« qu'exact dans ses récits, était superficiel, incorrect,
« et quelquefois son pinceau poétique s'élevait à la

« couleur et aux passions de l'éloquence. Mais légère-
« ment instruit de notre droit public, il ne connaissait
« ni les véritables sources ni l'esprit philosophique de
« l'histoire : il était ouvertement passionné dans ses
« opinions, et la seule vivacité de son style lui attira
« des lecteurs durant la longue disette de nos histo-
« riens. » Après ce jugement rapide, Maury ne pense
pas qu'on doive opposer l'opinion d'un seul écrivain
aux actes fondamentaux de l'histoire, et défie ensuite
qu'on puisse prouver que Mézerai ait jamais contesté
au roi le droit de faire la guerre et la paix. Passant
à l'examen des trois faits dont on s'était armé, il
restitue à la guerre de la Ligue son vrai caractère,
démontre dans quel sens les notables de la Bourgogne
résistèrent au traité de Madrid signé par le royal prisonnier de Pavie, et ne trouve pas que les croisades
soient une preuve du droit attribué à la nation de faire
la guerre et la paix. Maury a raison ici d'une façon
générale, mais il se trompe en disant que « depuis le
« concile de Clermont, depuis les missions de Pierre-
« l'Hermite, depuis le règne de Louis le Jeune, aucune
« croisade ne fut déterminée par le vœu national. »
S'il avait été plus avant dans l'étude des monuments
historiques de cette vieille époque, il aurait vu que le
droit de paix et de guerre n'entra pour rien dans ces
premières croisades ; elles se présentent dans l'histoire
comme un mouvement immense qui emporte les peuples comme les princes et les rois ; dans la pensée uni-

verselle, ce fut Dieu lui-même qui, par la bouche du pape, déclara la guerre aux ennemis de la Croix ; nulle puissance humaine n'eût été de force à empêcher ces explosions de la foi contre l'islamisme en Orient ; et n'oublions pas que la question ne se passa point entre la France et son roi : le signal partit de notre pays ; mais l'Europe tout entière, toutes les nations de l'Occident se précipitèrent à la fois sur l'Asie musulmane. Il y eut donc profonde ignorance à citer les croisades comme un témoignage du droit attribué à la nation française de faire la paix et la guerre ; le grand mouvement de la fin du xı^e siècle ne prouve rien, tant s'en faut, à cet égard ; dès que le mouvement des croisades se régularise, le droit public de la France reparaît, et nos rois figurent seuls dans les relations politiques avec les princes d'Asie.

Après avoir établi par les témoignages de l'histoire le principe constitutionnel de l'Angleterre, qui attribue au roi seul le droit de faire la guerre et de conclure la paix et les alliances, Maury se demande s'il serait bon que les représentants de la nation française exerçassent ce droit, s'il serait bon que la démocratie devînt la forme de notre gouvernement. Il rappelle les grands efforts de Mazarin, *le plus habile ministre des affaires étrangères qui soit jamais entré dans le conseil de nos rois,* les grands efforts de ce ministre, après la mort tragique de Charles Ier, pour engager les Anglais à introduire dans leur île un gouvernement purement ré-

publicain : Mazarin avait compris combien cette forme
de gouvernement, par ses lenteurs et par ses divisions
intestines, aurait affaibli la puissance politique de nos
voisins. « Serait-il patriotique d'exécuter en France,
« dans l'espoir de la rendre plus florissante, le com-
« plot le plus sinistre que le génie du cardinal Mazarin
« ait jamais tramé contre la prospérité de l'Angle-
« terre? » L'orateur fait observer que la permanence
de l'assemblée nationale est une garantie contre le despotisme ministériel, que les impôts, sans lesquels il
n'est pas de guerre, tiennent au consentement de l'assemblée, que le refus des subsides est en pareil cas le
plus sûr bouclier de la liberté publique. Le corps législatif userait mal pour la nation du droit de la guerre
et de la paix ; il ne pourrait pas, comme un roi, tout
suivre, tout embrasser, tout surveiller ; la lenteur inévitable des délibérations lui ferait perdre cette promptitude de résolutions, « sans laquelle le premier des
« avantages politiques, l'art de profiter du moment, ne
« saurait exister... Vous avez encore un autre danger
« à redouter : vous êtes entourés de nations dont les
« cabinets vous déguiseront tous leurs desseins, et
« connaîtront avec certitude tous les vôtres ; de sorte
« que (pour me servir ici d'une image familière) vous
« jouerez, pour ainsi dire, à jeu découvert avec un
« adversaire qui cachera soigneusement le sien...
« Vous n'aurez point de secret, et tout sera secret au-
« tour de vous. Les décisions les plus mystérieuses du

« gouvernement deviendront des décrets que la plus
« prompte publicité répandra dans toute l'Europe ; et
« vous appellerez ainsi tous vos ennemis à votre con-
« seil national. » Tout à coup, portant ses yeux du
côté des tribunes, Maury aperçoit le ministre d'Angleterre, M. de Fitz-Herbert, et, avec cette puissance d'à-
propos qui faisait partie de son éloquence, il s'écrie :

.. « Levez les yeux dans ce moment, et voyez au mi-
« lieu de cette enceinte un ministre anglais qui va né-
« gocier en Espagne les intérêts de sa nation. Plus ses
« talents et ses qualités morales méritent d'estime,
« plus son caractère public doit inspirer de défiance.
« C'est en présence d'un tel témoin que nous discu-
« tons, dans cet instant, les droits du trône ! Ce sera
« bientôt devant les émissaires de toute l'Europe que
« les Français délibéreront dans cette assemblée, pour
« leur apprendre qui ils ont à craindre, ou qui ils doi-
« vent corrompre. Quel peuple voudra être notre al-
« lié, et exposer ainsi ses secrets les plus importants à
« la publicité inséparable de nos délibérations ? »

On avait dit à la tribune que le crédit public s'était
rétabli par la lumière portée dans les ténèbres des
finances, et que, de même en déchirant les anciens
voiles de la politique, un comité ferait mieux les affaires du royaume. L'orateur répond qu'il n'y a rien de
commun entre l'administration du trésor public et les
relations extérieures ; que le crédit, toujours fondé sur
une confiance éclairée, exige la publicité de la situa-

tion pécuniaire, mais que les opérations politiques ne sont pas de la même nature. « Ici vient s'exercer la vé-
« ritable puissance de l'opinion ; ici l'empire de l'ima-
« gination commence. Ici les personnes ont plus de
« poids que les choses ; ici il faut de longues combi-
« naisons, des détours multipliés, la patience des af-
« faires et la prévoyance des événements. Ici il faut
« prendre en considération, outre la force naturelle
« des États, le caractère moral des rois, leurs talents,
« leurs vertus, leurs vices, ceux de leurs ministres,
« ceux de leurs généraux, ceux des alliés et des enne-
« mis de l'État. Faudra-t-il transformer cette tribune
« nationale en un tribunal journalier de médisance et
« de calomnie ? Faudra-t-il citer tous les hommes pu-
« blics de l'Europe et les y diffamer sans pudeur ? Au-
« riez-vous osé lire dans une assemblée publique les
« dépêches de Jeanin, de d'Ossat, de tous nos ambas-
« sadeurs enfin, dont les correspondances, si elles
« eussent été publiques, auraient allumé plus de
« guerres que leurs négociations n'ont pu jamais en
« étouffer ? Ah ! si votre corps diplomatique était des-
« tiné à nous fournir de pareils matériaux de satires et
« de détractions, je vous inviterais à le supprimer dès
« ce moment, parce que vos ministres diffamateurs ne
« seraient plus reçus dans aucune cour de l'Europe. »

Les adversaires de l'opinion que soutenait Maury craignaient que les rois n'abusassent de ce terrible droit de la guerre ; mais quelle république, quel sénat

7.

n'en abusa dans tous les temps? Il ne suffit pas de jouir de la liberté pour respecter la liberté des peuples voisins ; les États les plus libres ont été les plus ambitieux et les plus guerriers. Y eut-il des conquérants plus injustes, plus opiniâtres que les Romains ? « Voyez si les emportements populaires n'ont pas en-« traîné les guerres les plus absurdes et les plus odieu-« ses ; et hâtez-vous de changer, par l'autorité de vos « décrets, la nature humaine, si vous voulez prévenir « tous les abus et atteindre à la perfection idéale d'un « gouvernement, dont l'histoire du monde ne peut « fournir aucun modèle. » L'orateur trouve dangereux de soumettre les questions de paix et de guerre à l'opinion publique, lorsque sa souveraineté s'exerce dans une immense capitale où il est si aisé de la tromper. Nous transcrivons ici une bonne page d'histoire :

« Représentez-vous le cardinal de Fleury à la fin de « sa carrière. Ce ministre vertueux, qui préféra tou-« jours la considération à la gloire ; qui, par son dé-« sintéressement, se préserva de tous les travers de « l'opulence ; qui répara par la sagesse de son admi-« nistration les malheurs glorieux de Louis XIV et les « folles prodigalités de la Régence ; ce ministre que « l'Europe entière révérait comme le père commun « de tous les rois, satisfait d'avoir donné la Lorraine « à la France, refusait d'entreprendre, à l'âge de qua-« tre-vingt-dix ans, la guerre de 1741, qui répugnait « autant à son caractère qu'à ses principes. L'ambi-

« tieux maréchal de Belle-Isle travailla l'opinion de
« Paris. Des clameurs universelles s'élevèrent contre
« ce vieillard vénérable, qui se montrait plus sage
« que toute la nation. On l'accusait de toute part d'une
« politique bornée, qui tendait à rétablir, sous un
« autre nom, cette même maison d'Autriche, dont le
« cardinal de Richelieu avait conjuré l'abaissement,
« comme la base la plus solide de la grandeur de la
« France. Fleury résista longtemps au vœu et aux in-
« justices de ses concitoyens ; mais enfin, fatigué des
« persécutions de la capitale, qui n'était, dans son dé-
« lire, que l'organe d'un courtisan, il se vit forcé, sur
« le bord de la tombe, dans tous ses projets, et em-
« porté au delà de toutes ses mesures ; il entreprit
« malgré lui cette guerre dont Louis XIV signa, pour
« ainsi dire, la déclaration au milieu des acclamations
« insensées de toute la France. Cette guerre de sept
« années, après nous avoir coûté un million de com-
« battants et plus de six cents millions de livres, fut
« terminée à Aix-la-Chapelle par un traité de paix qui
« renvoya les vainqueurs et les vaincus dans leurs an-
« ciennes limites, ou plutôt sur leurs communs débris,
« pour y pleurer leur désastre et payer leurs dettes. »

Comme Louis XIV avait été indécemment outragé
dans la discussion, l'abbé Maury rappela à ceux qui
l'oubliaient que les guerres du grand roi ont ajouté
six provinces à la France. Ah ! nous connaissons des
héros populaires qui n'ont pas agrandi d'un pouce le

territoire de la nation dont ils ont prodigué le sang et les trésors !

Charles de Lameth avait ramassé, je ne sais où, une odieuse calomnie et l'avait lancée au visage de Henri IV. Il avait prétendu que ce roi, quand vint le frapper le poignard d'un forcené, se préparait à porter la guerre dans toute l'Europe pour retrouver Charlotte de Montmorency, princesse de Condé, et dans l'intérêt unique d'un fol amour. Le nom de Sully s'était rencontré sur ses lèvres en témoignage contre le prince que le célèbre ministre appelait son *bon maître*. Maury s'indigna de cette audace de son collègue, montra dans Sully, non pas un accusateur, mais un défenseur de Henri IV, réduisit au néant la calomnie, et prouva à l'assemblée nationale que la guerre projetée, loin d'être l'œuvre coupable d'une passion insensée, était au contraire le produit d'une pensée longue et profonde, un projet médité depuis vingt et un ans, concerté avec la reine Élisabeth par une correspondance suivie et par une ambassade particulière. « Ce roi, général et soldat, « qui savait calculer les obstacles parce qu'il s'était « accoutumé à les vaincre, voulait entreprendre une « guerre de trois ans pour former de l'Europe une « vaste confédération et pour léguer au genre humain « le superbe bienfait d'une paix perpétuelle. Tous les « fonds de cette entreprise étaient prêts, tous les évé- « nements étaient prévus. Pendant quinze ans, il n'a- « vait pu persuader son ami Sully, dont le caractère

« sage et précautionné ne pouvait se livrer à aucune
« illusion, et encore moins aux illusions de la gloire ;
« mais Sully, convaincu enfin par Henri IV, reconnut
« que le plan de son héros était juste, facile et glo-
« rieux. C'est cette sublime conception du génie
« de Henri IV, c'est cette guerre politique et vraiment
« populaire, dont le succès devait faire de notre Henri
« le plus grand homme de l'histoire moderne, disons
« mieux le plus grand homme qui eût jamais paru
« dans le monde ; c'est ce magnifique résultat de
« vingt et une années de réflexions qu'on ne rougit pas
« de nous présenter ici comme le monument de la
« plus honteuse faiblesse. Au milieu des préparatifs
« de son départ pour l'Allemagne, le bon Henri, le
« vainqueur de la Ligue, de l'Espagne, de Mayence,
« le héros d'Ivry, d'Arques, de Fontaine-Française,
« le seul conquérant légitime, le meilleur de tous les
« grands hommes, avait une si haute idée de son pro-
« jet qu'il ne comptait plus pour rien toute sa gloire
« passée, et qu'il ne fondait plus sa renommée que
« sur le succès de cette conquête immortelle de la
« paix. Quatre jours avant sa mort, il écrivait à Sully :
« *Si je vis encore lundi, ma gloire commencera lundi.*
« O ingratitude d'une aveugle postérité ! ô incertitude
« des jugements humains ! *Si je vis encore lundi, ma*
« *gloire commencera lundi.* Hélas ! il ne vécut pas jus-
« qu'au lundi ; et ce fut le vendredi que le plus exé-
« crable des parricides rendit nos pères orphelins, et

« fit verser à toute la France des larmes qu'une révolu-
« tion de près de deux siècles n'a pas encore pu tarir.»

Ici Maury fut interrompu par la vive émotion et les
témoignages les plus prolongés de l'approbation unanime de l'assemblée nationale, et, pour prendre acte
de tous ces applaudissements au nom de Henri IV lui-
même, il continua en ces termes, dès qu'il lui fut possible de se faire entendre :

« Je croyais, messieurs, devoir une réparation pu-
« blique à la mémoire de Henri IV ; mais c'est vous
« qui venez de la faire d'une manière bien plus digne
« de lui. Henri IV est vengé ! »

Le Béarnais méritait ces beaux accents de la tribune
française et les émotions d'une grande assemblée ; l'é-
loquence fit ainsi cortége à son souvenir et le montra
dans sa gloire ; il y eut comme une apparition du
Béarnais : que ne put-il écarter les nuages chargés de
la foudre qui devait frapper sa chère France et ceux
de sa race ! Hélas ! trois ans plus tard, la révolution,
non contente de porter la main sur la postérité vivante
de Henri IV, allait le chercher lui-même mort et l'arracher à l'éternelle paix des tombeaux !

Dans cette grande question où l'on balançait les
prérogatives de la couronne avec les intérêts des peuples, Maury, qui se déclarait en faveur de l'autorité
royale, repoussait toute pensée de retour à l'ancien
despotisme ministériel ; il disait que nul ne regrettait
cet ancien pouvoir des ministres, mais que tous sen-

taient le besoin d'un roi pour les protéger contre le
despotisme de la force armée, contre le despotisme
municipal, contre le despotisme populaire. Il disait
que le corps législatif ne devait pas se réserver le droit
de la guerre, parce qu'un corps qui ne répond de rien
ne saurait garantir comme un roi la sûreté et la dignité de la nation, parce qu'une assemblée, plus facile
à surprendre et à tromper, ne peut pas, au moment
d'une explosion imprévue, faire sortir, comme autrefois Cadmus, des hommes tout armés du sein de la
terre. Maury regardait comme un malheur qu'il pût y
avoir des défiances et des malentendus entre la France
et son roi; il rappelait que la France devait tous ses
établissements et toute sa gloire à ses monarques, et
qu'ils n'avaient jamais séparé leurs intérêts de la
grandeur de la nation; qu'après avoir reconquis par
la voie des armes la plupart des anciennes provinces
démembrées de la monarchie, ils avaient réuni au
royaume la Bretagne par un mariage, la Bourgogne
par un droit de mouvance, le Dauphiné par un testament, le comté de Toulouse par une transaction, la
Provence par droit d'héritage et par des sacrifices
pécuniaires, l'Alsace et la Lorraine par des traités.

Ces vérités, glorieuses pour nos rois, mais toutes
simples comme des pages d'histoire, échappaient de
temps en temps au souvenir dans les luttes politiques
de la fin du dernier siècle; aujourd'hui qui donc y
songe, et qui s'en doute? Les grandeurs du passé re-

posent solitaires dans l'histoire, et ce n'est pas pour elles que les temps nouveaux ont une justice. Les partis font la nuit autour de ce qui leur déplaît.

Maury terminait son discours-par une peinture de ce qu'était la France avant la convocation des états généraux en 89, et de la situation où l'avait réduite une seule année de révolution ; au bout de ce lugubre tableau, il apercevait trois désastres menaçant notre patrie : le despotisme du gouvernement, l'invasion des étrangers, le démembrement des provinces du royaume. La France a éprouvé les deux premiers fléaux : elle n'a pas subi le troisième et ne le subira pas, avec l'aide de Dieu et de notre épée.

Le décret que l'orateur proposait à l'assemblée, comme conclusion de son discours, laissait au roi le droit de déclarer la guerre et de conclure tous les traités avec les puissances étrangères ; les traités de paix devaient être ratifiés par le corps législatif, s'ils stipulaient l'aliénation de quelques parties du territoire, de même que les traités d'alliance, s'ils portaient un engagement de payer des subsides, et les traités de commerce, s'ils réglaient une nouvelle diminution ou augmentation des droits de douane, pour l'entrée ou la sortie de certaines marchandises, aux frontières du royaume.

Les orateurs du côté droit de l'assemblée se rangèrent à la pensée de ces conclusions. Mirabeau imagina un parti mitoyen, proposa de déléguer l'exercice du

droit de la paix et de la guerre concurremment au
corps législatif et au pouvoir exécutif ; ce fut son projet qui triompha. La proposition de Maury était plus
conforme aux principes monarchiques ; celle de Mirabeau, plus rapprochée de l'état des opinions, pouvait
seule réussir.

Les deux discours de Mirabeau demeurent dans le
cercle de la question, vont droit au fait et sont pressés
de conclure ; c'est l'allure et le langage serré de l'orateur qui résume et parle le dernier ; le discours de
Maury établit les principes généraux, déblaie le chemin, relève les erreurs, répand la lumière ; il est large,
élevé, plein de faits et ne languit pas : on y sent un
vigoureux souffle d'éloquence et on le sent jusqu'au
bout. On admire cet esprit en complète possession de
tout ce qui, de près ou de loin, se rapporte à une question si considérable et si soudainement posée à la tribune. On doit bien se garder de croire que Maury, en
réclamant pour le roi le droit de paix et de guerre, entende qu'un chef d'État puisse lancer de son seul mouvement, de sa seule volonté, une nation dans les sanglantes aventures ; quand nos rois ont fait appel à la
vaillance française, ils l'ont toujours fait de l'*avis de
leur conseil*. La royauté prend conseil, le despotisme
seul n'écoute que lui-même. Que Dieu préserve notre
pays de ces décisions souveraines et solitaires qui
précipitent dans des voies où l'honneur, le sang et les
trésors, tout est fatalement engagé !

CHAPITRE VIII.

Discussion sur les assignats ; défi oratoire de Maury non accepté par Mirabeau. — Dircours de Maury sur les assignats. — Mirabeau acclamé ; Maury menacé au sortir de la séance. — Discours de Maury sur le rapport de la procédure du Châtelet, relative aux événements des 5 et 6 octobre ; intrépidité de Maury. — Il s'oppose à la formation de la haute Cour nationale. — Il s'oppose à la suppression de l'impôt du tabac.

Le discours sur les assignats, le 28 septembre 1790, *saisi à la prononciation par la société qui écrit aussi vile que la parole*, est resté comme une des plus célèbres improvisations de l'abbé Maury. Le *Moniteur*, qui n'était pas encore devenu l'impassible dépositaire de la parole politique, mais qui se trouvait sous la main d'un parti, diminue ici l'abbé Maury au profit de Mirabeau ; on sait pourtant que le député de Péronne avait demandé au député d'Aix de vider entre eux ce grand débat, et que Mirabeau, qui d'abord avait accepté le duel oratoire, finit par s'y refuser malgré les sommations réitérées de son rival. L'abbé Maury rappelait l'infidélité

de Mirabeau à cet engagement en commençant son
discours, non pas tel qu'on le trouve dans le *Moniteur*,
mais tel qu'il fut réellement prononcé :

« Je m'étais préparé à soutenir aujourd'hui un com-
« bat dans cette assemblée, et non pas à y prononcer
« un discours. M. de Mirabeau, qui avait d'abord loya-
« lement ramassé le gant que je lui avais jeté en votre
« présence, s'est ensuite refusé constamment à un
« mode de discussion qui aurait résolu tous nos doutes
« et qui aurait dissipé tous les vains prestiges de l'élo-
« quence. Je regretterai toute ma vie ce dialogue inté-
« ressant que nous avions annoncé à l'Europe entière ;
« et mes regards cherchent encore dans ce moment
« M. de Mirabeau sur cette même arène où, au milieu
« de tant d'adversaires de mon opinion, je me vois ré-
« duit avec douleur à la solitude du monologue [1]. »

On avait imaginé d'éteindre la dette remboursable et
exigible par l'émission soudaine d'un papier-monnaie,
élevé à la somme de deux milliards. Maury traita avec
clarté, avec force, avec une verve chaleureuse les questions du change, du numéraire et du crédit, et pour-
suivit l'agiotage comme étranger au véritable commerce territorial, au véritable commerce national, au
véritable commerce productif ; il raconta l'histoire du

---

[1] Le discours sur les assignats est un de ceux que Maury dicta plus
tard à Montefiascone, et qui font partie des manuscrits restés entre les
mains de ses héritiers.

papier-monnaie, sa naissance en Amérique en 1720, montra le papier du congrès déshonoré par une banqueroute, le papier-monnaie de la Pensylvanie, le plus solidement hypothéqué, émis avec les plus vertueuses précautions, perdant 91 pour 100 au moment de son extinction. L'orateur regardait comme moralement impossible le phénomène d'un papier-monnaie ne perdant rien de son titre ; et du moment que la dépréciation était inévitable, la hideuse banqueroute se trouvait comme autorisée. La véhémence de l'orateur dénonçait les agioteurs et autres marchands d'argent, qui menaçaient de faire en 1790 ce qu'ils avaient fait en 1720, et dont la *conjuration pécuniaire* était un grave péril ; ces agioteurs conseillaient un papier-monnaie repoussé par la loyauté de la nation française, un papier-monnaie qui, soixante-dix ans auparavant, avait ruiné le pays ; l'éloquence indignée de Maury montait à mesure qu'il se rapprochait de Law et des désastres de 1720 : « Ce perfide étranger qui ruinait le royaume n'avait, « disait-on, pour ennemis que les ennemis du genre « humain ; et c'était lui qui était l'ennemi de notre pa- « trie ; c'était lui qui était l'ennemi du genre humain ; « et ce sont ses successeurs, ce sont ses pareils, ce sont « ses échos qui sont les ennemis du peuple.... Que le « peuple nous entende et nous juge : je ne détruirai « pas son jugement. » Maury, précipitant sa parole et comme hors d'haleine, demandait au peuple d'examiner où étaient ses amis, où étaient ses dangers, où était sa prochaine ruine ; il le conjurait d'examiner *si c'est par des menaces que l'on commande à la conscience publique*, et *si le royaume de France est restreint dans la rue Vivienne*. « Le sort des papiers-monnaie nous « est connu, dit-il ; le sort des papiers-monnaie est en- « core récent. » Puis, tirant de sa poche des billets de Law : « J'ai extrait, messieurs, s'écriait-il, ces deux « actes de Law d'un tas où il y en a des millions amon- « celés. Voilà, messieurs, ces papiers encore couverts « des larmes et du sang de nos pères. Ces papiers dé- « sastreux doivent être, messieurs, comme des balises « placées sur des écueils pour nous avertir d'un grand « naufrage et pour nous en éloigner [1]. » Mirabeau fut plus applaudi que Maury dans cette lutte ; l'un, au sortir de la séance, trouva les acclamations du triomphe, l'autre les clameurs de la menace ; mais Mirabeau ne fut ni plus fort ni plus éloquent que Maury, et les ca- tastrophes amenées par le papier-monnaie ne tardèrent pas à donner trop raison à l'orateur de la droite.

---

[1] Nous donnons ces paroles telles qu'elles semblent avoir été pro- noncées. Voici comment on les retrouve dans le même discours revu par l'abbé Maury : « Hélas ! je presse dans ce moment même de mes « tremblantes mains plusieurs de ces billets de Law, que j'ai tirés d'un « vaste dépôt où l'on a accumulé, pour l'instruction de la postérité, « ces gages fictifs d'un capital immense et dérisoire. En contemplant « avec douleur ces papiers, instrument de tant de crimes, je crois les « voir encore couverts des larmes et du sang de nos pères ; et je les « offre aujourd'hui aux regards des représentants de la nation fran- « çaise comme des balises placées sur des écueils pour perpétuer le « souvenir d'un grand naufrage. »

Quatre jours plus tard, le 2 octobre 1790, Maury, dans un de ses discours les plus intrépides, discutait le rapport de la procédure du Châtelet ; il s'agissait d'examiner s'il y avait lieu à accusation contre quelques membres de l'assemblée nationale pour les événements des 5 et 6 octobre 1789, et le rapporteur avait fait un mémoire justificatif dont la lecture remplit deux longues séances. Maury disait à l'auteur de ce panégyrique en faveur des accusés, comme autrefois Papinien à Caracalla : *Il n'est pas aussi facile de justifier un crime que de le commettre.* Mirabeau, chargé dans plusieurs dépositions, n'avait parlé au commencement de la séance que pour inculper les témoins et les juges ; il s'était engagé à prendre à partie non-seulement ses accusateurs, mais tous les magistrats qui composaient le Châtelet ; Maury en appelait de *la colère de Mirabeau à sa raison,* et défendait à la fois les témoins et les magistrats du Châtelet ; il trouvait les menaces de Mirabeau *aussi puériles qu'illusoires.* Il établissait la vraie doctrine sur le caractère des investigations de l'assemblée nationale, qui, à moins de confondre et d'usurper les pouvoirs, ne pouvait pas se réserver le ministère des juges. Le rapporteur avait dit que la procédure du Châtelet était uniquement dirigée contre la révolution, et Maury, après avoir énergiquement flétri les crimes des 5 et 6 octobre, dont il appelle les auteurs un *vil ramas de brigands,* faisait entendre ces courageuses paroles : « Je demande enfin si l'on regarde comme

« ennemis de la révolution tous ceux qui sont profon-
« dément révoltés des horribles attentats de Versailles,
« et, dans cette supposition, je déclare que je me mets
« à leur tête. » Maury ajoutait qu'il s'agissait d'une
révolte contre la constitution elle-même, dont le roi
faisait essentiellement partie : « C'est déshonorer, di-
« sait-il, la chaîne de nos décrets que d'en suspendre
« honteusement le premier anneau au poignard des
« assassins. » Il voulait que cette affaire fût approfondie, et pensait que l'instruction d'une procédure
criminelle ne pouvait être suspendue ou étouffée que
*par des tyrans ou des complices intéressés à l'ensevelir
dans les ténèbres.* L'assemblée constituante, après
avoir détruit tous les privilèges, oserait-elle *se réserver à
elle-même le plus odieux de tous les privilèges, un pri-
vilège en matière criminelle?* Maury demandait qu'on
se soumît à *la seule égalité qui ne soit point une chimère,* à *l'égalité devant la loi.* Il ne préjugeait pas la
cause de ses collègues ; il les plaignait d'être sous le
coup des tristes perquisitions d'une procédure criminelle ; mais il s'intéressait plus à leur honneur qu'à
leur repos ; Montesquieu lui avait appris que la *rigueur
des formes est un tribut que chaque citoyen doit payer
à sa propre sûreté.* Maury espérait que l'assemblée
écarterait l'obstacle de l'inviolabilité, et qu'elle ne re-
tracerait pas en action la fable si philosophique des
animaux malades de la peste. Répondant ensuite au
rapporteur, qui n'apercevait dans la journée du 6 oc-

tobre qu'un jeu cruel du sort et une fatalité, il prouvait que cette journée avait été l'œuvre d'un complot; il croyait insuffisantes les charges articulées contre Mirabeau; mais, quant au duc d'Orléans, il le trouvait *trop gravement accusé pour ne pas devoir ambitionner lui-même un prompt jugement.* « Je sens mieux, disait-il, « ses véritables intérêts en lui donnant un conseil sé- « vère, que si je l'abusais par de lâches adulations. Il « s'agit ici de l'honneur d'un petit-fils de Henri IV. Les « égards qu'il doit à ses ancêtres et à sa postérité, dont « les rejetons peuvent être un jour appelés au trône, « ne lui permettent aucune capitulation indigne de son « grand nom. » La motion de Maury fut appuyée par Cazalès, l'éloquent, le loyal et courageux compagnon de ses luttes à la tribune.

Le 25 octobre 1790, Maury s'opposait à la formation de la haute cour nationale, proposée par le comité de constitution; il voulait d'abord connaître le code des délits et des peines dont l'exécution serait confiée à ce nouveau tribunal. « Je ne veux connaître, » disait-il, « aucun juge dans la nation, sans avoir lu auparavant « le code auquel il vient me soumettre. » Dans son examen des articles du projet, il établissait les vrais principes en matière de jury. D'après l'œuvre du comité, les représentants devaient se rendre accusateurs auprès de la haute cour nationale; Maury voulait que le corps législatif fût soumis à des dommages et intérêts envers tout citoyen qu'il accuserait injustement, lorsque le prévenu serait déchargé d'accusation par le tribunal suprême. Il réclamait aussi pour le roi le droit d'accuser, par le ministère du procureur général de la couronne. En rappelant à l'assemblée que ses décrets avaient dépouillé le roi de ses plus essentielles prérogatives, et qu'elle lui avait ôté le droit de nommer les juges, il disait : « Vous avez fait du roi de France, « que vous appelez encore, je ne sais pourquoi, le roi « des Français, un roi *in partibus*. Il est un grand pen- « sionnaire du royaume; mais il n'est plus le magistrat « suprême de l'État; or, je vous annonce qu'en affai- « blissant ainsi continuellement son autorité par vos « conquêtes constitutionnelles, vous avez préparé « vous-mêmes la chute de votre constitution. Ce n'est « point la réunion, c'est l'équilibre des pouvoirs qui « doit le conserver ; et il ne peut plus y avoir d'équi- « libre quand il ne reste plus aucun contre-poids à « cette puissance colossale que vous avez usurpée. « Vous avez oublié que vous étiez les mandataires res- « ponsables du peuple français. Vous avez agi comme « les plénipotentiaires de toutes les extravagances du « jour, que vous appelez fièrement l'opinion publique.»

Tous les articles du projet passent successivement à l'épreuve du jugement de l'orateur, et c'est merveille de le voir pulvériser tout ce qui blesse la raison et le bon droit ; il relève les erreurs, supplée aux lacunes, ne perd pas de vue ce qu'on doit accuser, et l'on jouit à la fois du charme attaché à la vérité et de l'entraî-

nante beauté de sa parole. Il raisonne avec force et se
moque avec esprit; la variété des tons fait partie des
richesses de son éloquence. « Ce même comité de
« constitution, dit-il en finissant, qui, pour paraître
« actif, met toujours les législateurs de la France au
« présent et les lois au futur, joint à cette étrange pro-
« position (de révoquer l'attribution accordée au Châ-
« telet pour juger tous les crimes de lèse-nation) un
« projet d'organisation de la haute cour nationale,
« sans nous présenter ni l'énumération des crimes
« qu'elle doit poursuivre, ni le tableau des peines
« qu'elle pourra infliger, ni la marche judiciaire à la-
« quelle ses jugements seront soumis; en sorte, Mes-
« sieurs, que, dans la même séance, ce comité de
« l'avenir vous invite à laisser d'un côté les accusés
« sans juges, et de l'autre le tribunal suprême de la
« nation sans lois. Ses destructions réelles mènent à
« l'anarchie, et ses prétendues créations au retour du
« chaos. »

L'opinion de Maury, qui avait été triomphante à la
tribune, le fut aussi dans le scrutin.

L'esprit de Maury, souple et facile, ne reculait devant
aucune étude, ne se laissait rebuter par aucune séche-
resse; il éclairait et approfondissait toujours, et semblait l'homme spécial de chaque sujet qu'il traitait. Le
17 novembre 1790, on l'entendit, avec une surprise
bientôt mêlée d'admiration, plaider pour l'impôt du
tabac, qu'il appelait *le plus ingénieux, le plus doux, le*

plus volontaire, et par conséquent le plus réparti de tous les impôts; en combattant les *romans économiques,* il se montra bon économiste. On avait demandé, au nom des trois comités d'imposition, d'agriculture et de commerce, la suppression d'un impôt indirect qui rapportait alors trente millions; Maury défendit le trésor public, déjà si malade, contre les ruineuses entreprises des constituants. Il repoussa par des calculs incontestables et des notions agricoles précises la libre culture du tabac en France, et conjura l'assemblée de ne pas *écouter les applaudissements insensés d'une multitude aveugle qui implorait la famine en croyant conquérir ou étendre la liberté.* Il prouva, comme il s'y était engagé, que le projet des trois comités ne pouvait pas *soutenir les regards de la raison.* Ce discours est considérable, plein d'idées et de faits; la lecture en est encore attachante : c'était la première fois que l'élégance du langage se mettait au service de l'impôt sur le tabac.

CHAPITRE IX.

La souveraineté d'Avignon ; soupçon absurde de l'abbé de Pradt ; grand
discours de Maury ; le gouvernement papal à Avignon , et le gouvernement des rois au XVIII° siècle ; Maury, trois fois vainqueur dans
l'affaire d'Avignon ; l'escamotage du 5 mai 1791 ; mémorable réponse de Maury au rapport de Ménou ; Maury sous les poignards.

Nous sommes frappé de voir tant de grands discours
de Maury si rapprochés les uns des autres ; le précé-
dent, qui ne forme pas moins de soixante-quatorze
pages, est du 17 novembre 1790 ; le premier discours
sur la *souveraineté* d'Avignon est du 20 novembre.
Maury se remettait de la fatigue d'une harangue par
une harangue nouvelle : il avait une vigueur de corps
qui le dispensait du repos. Il lui arriva de monter treize
fois à la tribune dans une seule semaine. Enfant du
comtat Venaissin, c'est à Maury que revenait particulièrement la mission de défendre les droits du pape à
Avignon [1]. Ce discours, du 20 novembre 1790, est un

---

[1] M. de Pradt, dans ses *quatre Concordats,* a insinué fort à tort que
le réquisitoire de M. de Castillon , avocat général du parlement d'Aix,

des grands discours de Maury, un des plus solides et des plus complets; quelle puissance de talent et de raison! L'histoire à la main, l'orateur prouve la légitimité de la possession du pape, possession de plus de cinq siècles reconnus par treize de nos rois depuis la réunion de la Provence à la couronne de France. Il raconte avec de vives couleurs et d'horribles détails comment sont nées à Avignon les pensées de réunion à la France, et met à nu cette tourbe d'aventuriers factieux qui n'avaient que des *potences pour arguments*. Il signale dans Paris un foyer de scélératesse savante, d'où le crime part pour se répandre partout. « La ligue « exécrable qui s'est formée, dit-il, contre les souve-« rains, est une épée nue dont la pointe se montre en « mille endroits différents, et dont la poignée est dans « cette capitale. »

Maury rapprochait du tableau des violences révolutionnaires la douceur du gouvernement papal à Avignon, et des gouvernements monarchiques au XVIIIᵉ siècle:

contre les droits du pape, à l'époque où Louis XV mit la main sur Avignon, avait été l'ouvrage de l'abbé Maury. Ce soupçon n'est pas soutenable. Maury, à la date de ce réquisitoire, n'était plus à Avignon depuis trois ans; il vivait obscurément dans l'étude à Paris, devait recevoir la prêtrise l'année suivante, et vraiment l'avocat général du parlement d'Aix ne pouvait guère avoir l'idée d'appeler à son aide un ci-devant séminariste d'Avignon. L'abbé de Pradt se montra jaloux de l'abbé Maury, et fut rarement ingénieux dans ses suppositions peu obligeantes.

« Je suis né sous la domination paternelle du sou-
« verain pontife ; et je ne crains pas d'être démenti en
« publiant hautement que j'ai entendu bénir, dès mon
« enfance, cette douce souveraineté comme le plus
« heureux gouvernement de l'univers. Nous ne payons
« à notre souverain aucune espèce d'impôt. Nous vi-
« vons libres sous ses lois, et nous ne le connaissons
« que par sa protection et ses bienfaits. Nous parta-
« geâmes, l'année dernière, avec tout le royaume, non
« pas la disette, mais l'extrême cherté du pain. La
« bonté prévoyante de Pie VI nous envoya d'Italie des
« grains en abondance ; approvisionnés par ses soins,
« nous eûmes le bonheur de fournir à nos voisins l'ex-
« cédant de ses largesses, sans lesquelles le Comtat et
« nos provinces méridionales auraient été livrées à ce
« fléau terrible de la famine, qui en amène toujours
« tant d'autres à sa suite. J'aime à rendre au souve-
« rain pontife, dans cette assemblée, cet hommage
« public de reconnaissance que lui doit mon pays. Eh !
« pourquoi faut-il qu'en lui offrant dans ce moment
« toutes les bénédictions qu'il a droit d'attendre de ses
« sujets, je sois forcé d'ajouter que cet approvisionne-
« ment de grain ne lui a pas encore été payé ; que l'on
« a profané avec la plus sacrilége ingratitude ce grand
« bienfait public en employant le prix du blé, dont le
« pape avait nourri le Comtat et la ville d'Avignon, à
« corrompre la fidélité de son peuple, et à soudoyer
« les insurgents qui se sont armés contre lui de ses

« propres libéralités! Ah! gémissons, messieurs, sur
« la nature humaine, gémissons sur les découragean-
« tes leçons que les peuples donnent quelquefois aux
« rois, et surtout aux bons rois! Ce n'est presque ja-
« mais contre les tyrans que l'on se soulève ; et par je
« ne sais quelle fatalité trop malheureusement attestée
« dans toutes les histoires, c'est la bonté, c'est cette
« douceur trop souvent voisine de la faiblesse, qui en-
« hardit toujours les insurrections et les révoltes. Il
« semble que l'on veuille désormais condamner les
« rois à se faire craindre, s'ils veulent être respectés,
« je dirai plus, s'ils veulent être aimés. Hélas! si la
« postérité jugeait un jour du caractère moral des
« souverains qui régnèrent en Europe vers la fin du
« xviiie siècle par les révoltes continuelles qui semblent
« former aujourd'hui l'esprit public des nations, elle
« croirait que tous les trônes étaient alors remplis par
« des tyrans. Eh bien, il faut la détromper d'avance.
« Il faut lui dire que la calomnie elle-même fut obligée
« de respecter la modération de ces mêmes princes,
« dont la rébellion ne cessa de fatiguer les vertus. Il
« faut lui dire qu'un petit nombre de conjurés sou-
« leva les peuples, en flattant bassement toutes les
« passions de la multitude ou plutôt tous ses crimes.
« Il faut lui dire que les nations les plus agitées n'eu-
« rent alors à reprocher aux princes que d'avoir mon-
« tré un désintéressement excessif de puissance, et
« d'avoir oublié que l'autorité du trône, qui n'est qu'un

« dépôt pour les souverains, est une propriété com-
« mune et nécessaire à leurs sujets. Il faut lui dire
« que, loin d'avoir à se plaindre du despotisme, les
« insurgents profitèrent au contraire de l'absence des
« despotes pour énerver l'autorité légitime des rois.
« Il faut lui dire enfin et lui redire que le blé envoyé
« par le pape aux Avignonnais pour les empêcher de
« mourir de faim, fut vendu au profit d'une faction
« qui en employa le produit à fomenter une insurrec-
« tion contre le pape, et que l'argent du souverain
« forma le premier trésor des rebelles. »

En parlant de l'inestimable prix de la ville d'Avignon pour le siége apostolique, de cette possession
enclavée dans l'intérieur de la France, et par conséquent garantie au pape contre toute invasion étrangère, l'abbé Maury disait ces mots dont on pourrait
être particulièrement frappé dans ces temps où Rome
garde si mal ses pontifes : « Cette cité est l'asile as-
« suré et inviolable des vicaires de Jésus-Christ. Com-
« ment pourraient-ils jamais oublier que leurs prédé-
« cesseurs n'ont trouvé dans le XIVe siècle que cet
« honorable refuge, et que la souveraineté d'Avignon
« est peut-être encore aujourd'hui pour eux le garant
« le plus assuré de la souveraineté de Rome ? »

L'assemblée, qui deux fois avait écarté la motion ou
ajourné sa décision sur Avignon, voulut ajourner encore. Trois défaites ne découragèrent point ce que
Maury appelle la coalition de l'intrigue et les infatiga-

bles poursuites de l'esprit de parti; en mai 1791, on
espéra la majorité des voix qu'on n'avait jamais pu
obtenir, et la question reparut, portée au bout des pi-
ques d'une députation des clubs d'Avignon : ces mandataires et les bandes nombreuses recrutées dans
Paris, demandaient à grands cris et sous peine de
mort que l'assemblée décrétât la réunion d'Avignon à
la France. « L'argument est en forme, » disait Maury
qui monta à la tribune le 24 mai 1791, et qui était accoutumé à entendre sans émotion de pareils syllogismes, « et j'avoue que la liberté de nos opinions ne
« saurait être mieux constatée. » Le 24 mai 1791, cent
voix de majorité, à l'appel nominal, s'étaient prononcées pour les droits du saint-siége; le soir, tandis que
des bandes poursuivaient Maury et ses amis, la minorité, réunie au club des jacobins, combinait une petite
campagne pour le lendemain à la lecture du procès-
verbal, et, le 5 mai, réussissait à faire réformer le décret de la veille en l'absence d'un nombre considérable
de membres de l'assemblée.

Maury, dans la séance du 24 mai, répondant à un
rapport de Menou, qui déjà avait été rapporteur de la
même question le 30 avril 1791, commence par dévoi-
ler toutes les circonstances de l'escamotage du 5 mai;
puis il prend corps à corps Menou, *sophistique militaire
qui ne sait faire des conquêtes qu'avec des décrets,* relève sa doctrine sur le droit du peuple de se débarrasser d'un souverain chaque fois que la fantaisie lui en

prend, bafoue son système tendant à ménager les forts
et à frapper les faibles, système trop semblable aux
théories de Mandrin, caractérise *le vœu de la ville d'A-*
vignon réduite au tiers de sa population ordinaire,
avec une municipalité entourée de potences, présidée
par des bourreaux, et trace une peinture de l'armée
avignonnaise marchant sous les ordres de Jourdan
coupe-tête, régicide en espérance, que l'échafaud rede-
mande à Paris. Cette municipalité avait porté en dé-
pense, dans un état imprimé, une somme de soixante-
six mille quatre cent quatre-vingt-quatre livres pour
ce qu'elle appelait l'*affaire du* 10 *juin* (1790), c'est-à-
dire pour le supplice de quatre citoyens honorables
qu'elle fit pendre à la porte de l'hôtel de ville, moyen-
nant une somme de dix-sept mille livres par tête! Ce
Jourdan faisait circuler une formule de proscription
et de mort ainsi conçue : *Ceux qui voudront que les*
ci-après nommés soient pendus n'auront qu'à signer.
Maury triompha de nouveau, et, le 24 mai 1791, à la
suite d'un appel nominal, l'assemblée nationale décida
que la ville d'Avignon ne serait pas réunie à la France.
Le 14 septembre suivant, elle devait décréter la réunion. On sait qu'une des conditions imposées au pape
dans le traité de Tolentino, signé le 19 février 1797,
fut la renonciation à la souveraineté d'Avignon et du
comtat Venaissin. Le traité de Vienne, qui restitua les
légations au saint-siége, laissa définitivement le Comtat à la couronne de France. Pendant que Louis XV

occupait Avignon comme gage, il avait offert au pape cinq millions qu'il croyait être le *prix juste de ce petit pays* [1]. Mais les révolutions n'y mettent pas tant de façons.

Maury, à l'assemblée constituante, étonna par son courage; mais dans cette grande affaire d'Avignon, où il se trouvait en face de la révolution vivante, hideuse et couverte de sang, il dénonça les crimes et brava la mort, non pas une fois, mais souvent avec une vaillance superbe, une verve audacieuse qui grandissait sous les poignards, une magnifique fureur d'attaque dont la vie civile d'aucun homme ne montra jamais peut-être un exemple aussi soutenu. Ses discours sur la souveraineté d'Avignon, sans compter leur haute valeur oratoire, ont une valeur historique; ce sont des monuments sans lesquels il est impossible de bien connaître cette page moderne qu'on appelle la réunion d'Avignon à la France.

---

[1] Lettre du duc de Choiseul à M. de Bernis, du 12 novembre 1770.

CHAPITRE X,

La constitution civile du clergé; incompétence de l'assemblée. — Analyse et appréciation du discours de Maury sur la constitution civile du clergé. — La théologie de Mirabeau et la fausse érudition de Camus. — Le serment demandé au clergé. — Belle déclaration ecclésiastique en face de la persécution. — Le clergé refuse le serment. — Le cardinal de Bernis.

Lorsque, après avoir mis la main sur tous les droits, l'assemblée entreprit sur les droits spirituels de l'Église, les défenseurs de la religion refusèrent de prendre part à une délibération qui outrepassait les pouvoirs des législateurs politiques ; ils proclamèrent l'incompétence de l'assemblée en matière de juridiction ecclésiastique, demandèrent un concile national pour accomplir canoniquement les réformes nécessaires, invoquèrent en dernier lieu le recours au pape, et puis se renfermèrent dans un silence absolu. Le 27 novembre 1790, Maury, prenant la parole, annonça qu'après s'être interdit jusqu'à la discussion de la constitution civile du clergé, les membres ecclésiastiques de l'assemblée ne pouvaient pas, sans l'intervention de l'Église, concourir à son exécution. Il demanda qu'on attendît patiemment la réponse du souverain pontife, qui, dans une si grave matière, devait garder sa prudence accoutumée : « On ne va « pas si vite, quand on ne doit jamais revenir sur ses « pas. » L'affaire était soumise à vingt cardinaux, à des canonistes et à des théologiens consultants. Maury invitait l'assemblée nationale à de sages tempéraments. « Ah ! messieurs, qu'un homme dont le pouvoir « est toujours précaire et passager, doute de sa force, « et qu'il se hâte de mettre sa volonté à la place de sa « raison, je le conçois ; mais qu'une nation dont la « puissance est permanente et éternelle, craigne d'as- « socier le temps, ce grand conseiller des hommes, à « l'exécution de ses desseins, pour les accomplir sans « secousse et sans obstacle, c'est une pusillanime pré- « cipitation, une honteuse méfiance, indigne des re- « présentants d'un grand peuple qui doivent toujours « ménager l'opinion, même en opérant le bien, parce « que, pour des législateurs, la patience est le cou- « rage, et la sagesse le génie. »

Les auteurs de la constitution civile du clergé jugeaient purement arbitraire le refus d'adhésion des ecclésiastiques de l'assemblée ; ils n'y voyaient qu'une aveugle jalousie de puissance, et accusaient cette résistance de compromettre, sans aucun véritable intérêt, la tranquillité du royaume. L'abbé Maury démon-

tra que cette résistance était fondée sur le devoir,
qu'il était de l'intérêt de la religion, de l'intérêt des
peuples eux-mêmes que les ecclésiastiques n'obtempé-
rassent point, sans le concours de la puissance spirituelle, aux nouveaux décrets relatifs au clergé. L'Église
a nécessairement une discipline; il appartient à elle
seule d'en poser les règles; elle a joui de ce droit essentiel sous les empereurs païens. « Ce serait une hérésie en
« théologie et une absurdité en droit public, que de mé-
« connaître en ce genre son autorité législative, puisque,
« sans cette prérogative incontestable, il lui serait
« impossible de gouverner la société des fidèles.» Maury
fait observer la différence entre les principes généraux
et invariables de la discipline et des points particuliers
de discipline qui peuvent changer selon les temps, les
lieux et les personnes. La désignation des villes épiscopales, des cités métropolitaines ou patriarcales fut
toujours l'œuvre des canons. L'orateur rappelle que
l'Église seule a érigé toutes les chaires épiscopales de
l'univers et déterminé les juridictions, et qu'il n'y a.
d'autorité spirituelle que celle qui va prendre sa source
au centre de l'unité catholique. Supprimer des évêchés, en ériger de nouveaux, étendre les limites des
diocèses sans l'intervention du chef suprême de l'Église,
ce n'est pas seulement porter la main à l'encensoir,
c'est l'arracher avec violence des mains des pasteurs
légitimes, et se précipiter dans le schisme; il n'y a plus
ni fixité ni famille spirituelle pour l'ordre pastoral :

on pourra expulser et proscrire comme on voudra.

« Ne vous êtes-vous donc proposé, disait Maury à
« ses adversaires, que de déplacer le despotisme en
« France, et de vous l'approprier au lieu de l'anéan-
« tir?... Quoi! vous avez décrété qu'un sous-lieutenant
« d'infanterie ne pourrait être destitué de son emploi
« sans le jugement préalable d'un conseil de guerre, et
« vous prétendez refuser la même inamovibilité et les
« mêmes garanties judiciaires à nos pasteurs? Par où
« ont-ils donc mérité cette exhérédation de la loi?... »

« Vous n'exigerez pas sans doute sérieusement, di-
« sait l'orateur, que nous nous arrêtions à la misérable
« difficulté dont on a osé se prévaloir à cette tribune
« pour écarter l'invincible ascendant de ce principe de
« droit public, quand on a dit que le corps constituant
« était affranchi de toutes les règles. Si les règles
« n'existent plus, lorsque cette prétendue autorité, que
« vous vous arrogez sans titre et sans mission, se dé-
« ploie dans un État, comment avez-vous pu être cons-
« titués vous-mêmes? Si vous nous ramenez à l'origine
« de la société, si vous supposez que nous sortons des
« forêts de la Germanie, où est donc l'acte de cette
« convention qui vous a constitués corps constituant?
« Non, ce n'est pas de la nation française, c'est de vous
« seuls que vous tenez cette prétendue et extravagante
« mission. Ne voyez-vous pas qu'à force d'étendre votre
« autorité, vous la sapez par ses fondements? Nous vous
« déclarons que nous ne reconnaissons pas, que nous

« ne reconnaîtrons jamais cette autorité constituante
« dans la réunion des députés du bailliage que le roi
« seul a convoqués, sans prétendre abdiquer sa cou-
« ronne pour la recevoir de vos mains. Nous vous ré-
« pétons que si vous étiez un corps constituant, vous
« auriez le droit de définir, de diviser et de déléguer
« tous les pouvoirs, mais que vous ne pourriez en re-
« tenir aucun, parce que la réunion des pouvoirs est
« l'essence du despotisme et que le despotisme n'a
« jamais pu être institué légalement. Vous ne serez
« plus dangereux, messieurs, le jour où vous déclare-
« rez à la nation que cette autorité despotique vous est
« dévolue. Il vous suffira que vous manifestiez fran-
« chement vos prétentions pour établir invinciblement
« la nullité radicale de tous ces décrets. Pardonnez,
« messieurs, si ma raison ne fléchit pas ici devant la
« logique des murmures. Je n'entends pas la langue
« que vous me parlez en tumulte, lorsque vous n'arti-
« culez aucun mot. C'est ainsi qu'on arrête un opinant,
« je le sais bien, ce n'est pas ainsi qu'on le réfute....

« .... S'il est vrai que vous puissiez supprimer de
« plein droit les cures et les évêchés du royaume et
« qu'une loi générale opère ces extinctions parti-
« culières, vous agissez à la fois en législateurs, en
« pontifes, en juges, et il ne manque plus à votre ma-
« gistrature universelle que le manifeste des huissiers.
« Ah! si l'on disait, à cinq cents lieues de Paris, qu'il
« existe dans le monde une puissance à laquelle sont

« dévolues les fonctions de pontife, de législateur et de
« juge, ce ne serait pas sans doute dans cette capitale,
« ce serait dans le divan de Constantinople ou d'Is-
« pahan que l'on croirait devoir en chercher le mo-
« dèle. »

Maury dénonce l'action usurpatrice des comités de
l'assemblée établis pour l'assemblée seule, et qui, enva-
hissant toutes les prérogatives, correspondaient avec
les provinces et réglaient les destinées du royaume ; il
dénonce le comité ecclésiastique, où l'on ne trouvait
pas un seul évêque, où l'on rencontrait à peine un petit nombre de curés dont on connaissait les sentiments
haineux et jaloux ; ce comité excitait une fermentation
dangereuse par ses correspondances sans mission
avec les bénéficiers, avec les corps ecclésiastiques,
avec les municipalités et les départements ; il leur
transmettait des ordres que l'assemblée elle-même
n'avait pas le droit de donner. « C'est lui, disait Maury,
« qui, par l'organe d'un chef de bureau qu'il appelle
« fastueusement son président, a écrit aux corps ad-
« ministratifs : *Osez tout contre le clergé, vous serez*
« *soutenus.* Vous avez beau m'interrompre, vous ne
« perdrez pas un mot de ma censure. Vous demandez
« à répondre ? vous avez en effet grand besoin d'une
« apologie. Attendez donc que l'accusation soit en-
« tière, car je n'ai pas encore tout dit, et il faut tout
« dire aujourd'hui pour n'y plus revenir. Je veux tirer
« enfin de vous la justice que me promet l'opinion pu-

« blique en révélant à cette assemblée l'esprit dont
« vous êtes animés. C'est votre comité ecclésiastique,
« messieurs, qui a usurpé le pouvoir exécutif, et qui
« s'est fait modestement roi de France, en préjugeant
« à son profit la vacance du trône, pour toute la par-
« tie des décrets qui nous concernent. C'est lui qui
« a écrit dans toutes nos provinces des lettres aussi
« fastueuses que barbares, dans lesquelles, manquant
« aux lois les plus communes de la décence, il a adopté
« les formules les plus hautaines des chancelleries
« allemandes. C'est lui qui s'est érigé en mandataire
« de l'assemblée nationale, qui s'est chargé de faire
« exécuter vos décrets sous vos ordres, qui a prévenu
« la réponse du saint-siége que vous sembliez attendre
« avec tant de modération, lui qui a provoqué les
« persécutions et les soulèvements populaires qui vous
« sont dénoncés, lui qui s'est emparé de toutes les
« autorités, qui a aggravé la rigueur de ses décrets en
« enjoignant aux municipalités de fermer les églises
« des chapitres, d'interdire aux chanoines l'habit ca-
« nonial, l'entrée du chœur, et les fonctions de la
« prière publique. Qu'il parle donc maintenant ce co-
« mité, et qu'il nous dise en vertu de quel droit il a
« donné de pareils ordres, qu'il nous dise quel est le
« décret qui l'a autorisé à renouveler les horreurs des
« Huns, des Visigoths et des Vandales en condamnant
« à la solitude d'un vaste désert ces sanctuaires d'où
« les lévites sont bannis comme des criminels d'État,

« et autour desquels les peuples consternés viennent
« observer, avec une religieuse terreur, les ravages
« qui attestent votre puissance : comme on va voir,
« après un orage, les débris d'une enceinte abandon-
« née qui vient d'être frappée de la foudre. »

L'orateur attaque ce qu'il appelle la théologie de
Mirabeau, la chicane et la fausse érudition de Camus.
Mirabeau, qui, dans son livre sur la *monarchie prus-
sienne,* ne reconnaissait pas à la puissance politique le
droit de toucher à la hiérarchie ecclésiastique, avait lu
à la tribune une dissertation théologique où il professait des principes contraires ; il y soutenait que, chaque évêque tenant sa juridiction de son ordination, et
le caractère divin ne souffrant aucune limite, le pouvoir épiscopal ne pouvait pas être circonscrit par les
bornes d'un diocèse ; il invoquait à cet égard, avec un
parfait aplomb d'ignorance, le premier article de la
déclaration du clergé en 1682. L'évidente conclusion de
son raisonnement faisait de chaque évêque dans l'É-
glise un évêque universel. Maury saisit ici Mirabeau
qui l'avait interrompu de son banc aux grands applaudissements des tribunes ; il le frappe des coups de sa
logique, de son savoir et de son esprit, l'étreint et le
cloue dans une silencieuse défaite. Il se tourne ensuite
vers Camus, le principal inspirateur de la constitution
civile, Camus, ci-devant avocat du clergé, fort attaché
à cette utile clientèle jusqu'au jour où l'Église fut dé-
pouillée de ses biens ; Maury lui rappelle qu'il a sou-

tenu le pour et le contre, et que, *puisqu'il a deux avis, il ne lui en reste aucun*. Camus avait montré avec force la nécessité de l'intervention du pape pour procéder à la réunion des évêchés de Digne et de Sénez, et maintenant qu'il est question de la suppression de cinquante-trois évêchés, le même Camus juge inutile l'intervention du souverain pontife.

« Il faut être bien étrangement encouragé par le dé-
« sir de nuire, disait l'orateur, pour se montrer ver-
« satile dans son opinion. Pour nous, messieurs, qui,
« au lieu de nous faire des principes au besoin dans
« chaque cause, sommes persévéramment fidèles à la
« doctrine de nos pères, nous vous avons déclaré,
« dès que ces projets nous ont été connus, que les
« suppressions et les unions de diocèses ne pouvaient
« pas s'opérer sans l'autorisation formelle du vicaire
« de Jésus-Christ... Quand nous professons cette doc-
« trine, nous n'innovons rien, nous nous conformons
« aux principes qui nous ont été transmis par l'anti-
« quité, aux principes que nos adversaires eux-mêmes
« ont constamment réclamés jusqu'à nos jours ; aux
« principes qui ont toujours été et qui sont encore en
« vigueur dans la discipline de l'Église universelle ;
« aux principes qui ont servi de base au contrat entre
« l'Église et l'État ; et vous aurez beau, messieurs,
« vous déclarer corps constituant, vous aurez beau
« vous arroger tous les pouvoirs, il en est un qui ne
« dépend ni de vos commettants, ni de vos systèmes.

9.

« ni de vos invasions, c'est le pouvoir divin de l'É-
« glise. Voilà la borne où votre puissance doit s'arrê-
« ter !..... Le tumulte de cette assemblée pourra bien
« étouffer ma voix, mais elle n'étouffera point la vé-
« rité. La vérité, ainsi repoussée et méconnue, reste
« toute vivante dans le fond de mon cœur, et la na-
« tion m'entend quand je me tais ! »

Après avoir justifié contre Camus la discipline de
l'Église par les monuments de l'antiquité ecclésiastique et par le bon sens lui-même, Maury venge M. de
La Laurencie, évêque de Nantes, et M. de Juigné, des
injures d'un obscur rapporteur. Chacun sait comment
M. de Juigné, archevêque de Paris, fut payé de son
dévouement aux pauvres dans l'hiver de 1788 à 1789 :
sa vaisselle vendue, son patrimoine engagé, un emprunt de trois cent mille francs généreusement garanti
par son frère aîné le marquis de Juigné, attestaient
l'étendue des libéralités du pieux archevêque. De tels
souvenirs n'avaient pas trouvé grâce devant la multitude au mois de juin 1789, et, plus tard, n'arrêtèrent
pas de téméraires reproches contre le prélat forcé de
chercher un refuge à Chambéry. « Quoi ! disait Maury,
« M. l'archevêque de Paris, ce prélat si régulier, si
« doux, si exact à tous ses devoirs, et dont les ennemis
« du bien public n'ont que trop bien calculé le carac-
« tère pacifique et la trop facile résignation ; ce bien-
« faiteur du peuple, que ses pieuses largesses ont en-
« core plus appauvri que vos décrets ; ce représen-

« tant de la nation qui, dès le mois de juin 1789, a été
« lapidé impunément en plein jour, au milieu de Ver-
« sailles, à l'issue de l'une de ces séances, entre l'as-
« semblée nationale et le trône, sans qu'il se soit per-
« mis de rendre aucune plainte contre ses bourreaux,
« sans qu'aucun procès-verbal ait constaté un attentat
« si mémorable, sans qu'il vous ait dénoncé cette
« proscription effrayante qui a donné à l'Europe en-
« tière de si terribles doutes sur la liberté de vos opi-
« nions ; ce prélat, qui, durant trois mois entiers, a
« pris part à vos délibérations après une pareille ca-
« tastrophe, et qui, ne trouvant plus de protection suf-
« fisante dans les tribunaux, s'est vu obligé, malgré
« son inviolabilité, de demander à cette assemblée un
« congé qu'il a obtenu, et d'aller chercher sa sûreté
« dans une terre étrangère, c'est ce même homme que
« vous osez accuser de s'être éloigné de son diocèse !
« c'est cette retraite, c'est cet exil involontaire qui lui
« a fait verser tant de pleurs que vous lui reprochez !
« et sans respect pour ses vertus, pour ses malheurs,
« pour son silence du moins qui devait vous être si
« précieux, vous le traduisez devant vous comme le
« prévaricateur des lois de la résidence ! »

L'abbé Maury jugeait ainsi le nouveau serment demandé au clergé pour la constitution civile :

    « Remarquez, messieurs, que les serments semblent
« se multiplier parmi nous à mesure que l'esprit de la
« religion s'éteint dans le royaume ; comme on ne

« parle jamais tant de fanatisme que lorsqu'il n'y a
« plus de foi, et de despotisme que lorsqu'il n'y a
« plus d'autorité. Il semble, en effet, que l'on veuille
« faire dans la nation une cérémonie purement ver-
« bale de cet acte religieux, qui est le plus ferme lien
« des sociétés humaines. Une inquiétude vague exige
« tyranniquement que la liberté s'établisse dans le
« royaume par les mêmes précautions que l'on pren-
« drait pour y naturaliser le despotisme. Quoi ! cette
« constitution qui devait assurer le bonheur des Fran-
« çais, cette constitution qui, en remplissant tous les
« vœux des peuples, ne semblait appeler dans ce
« sanctuaire que des bénédictions et des actions de
« grâces, a-t-elle donc besoin que chacun de vos dé-
« crets aille chercher dans le ciel un garant qu'il ne
« saurait trouver dans la reconnaissance de la na-
« tion ? Pourquoi n'osez-vous donc plus vous fier à
« l'opinion de vos concitoyens ? Pourquoi tant de ser-
« ments pour nous lier à nos intérêts ? Craignez-vous
« que nous ne puissions pas être heureux par vos nou-
« velles lois, sans avoir fait à Dieu la promesse la plus
« solennelle ? Louis XI exigeait sans cesse des serments
« de ses sujets. Henri IV ne leur en demandait point ;
« il ne tourmentait pas la conscience de son peuple ;
« il était juste et bon, il se confiait à la sienne. Ah !
« laissez, laissez aux tyrans ces ombrageuses inquié-
« tudes du remords qui voudrait, à force de serments,
« s'associer la religion même pour complice ! »

La constitution civile du clergé fut une coupable erreur ; la parole de Maury, qui ne fut jamais plus belle que dans cette cause, en a été le jugement : le génie du bien venait en aide à son propre génie. Écoutons la fin de ce célèbre discours de Maury ; c'est l'Église de France elle-même qui ce jour-là parlait par sa bouche :

« Le règne de la justice n'est pas encore arrivé ;
« mais le moment de la vérité est venu, et vous allez
« l'entendre. Nous dirons donc que, lorsque vous vîn-
« tes inviter le clergé, *au nom d'un Dieu de paix*, à
« prendre place dans cette assemblée parmi les repré-
« sentants de la nation, il ne devait pas s'attendre à s'y
« voir livré du haut de cette tribune au mépris et à la
« rage des peuples. Nous dirons qu'il y a autant de
« lâcheté que d'injustice à attaquer des hommes qui
« ne peuvent opposer aux outrages que la patience, et
« à la fureur que la résignation. Nous dirons à nos
« détracteurs que si le tombeau, dans lequel ils croient
« nous avoir ensevelis, ne leur paraît pas encore as-
« sez profond pour leur répondre de notre anéantisse-
« ment, ce seront leurs persécutions qui nous en fe-
« ront sortir avec gloire pour reconquérir l'estime et
« l'intérêt de la nation, et que la pitié publique nous
« vengera bientôt du mal que nous a fait l'envie. Vous
« demandez qu'on me rappelle à l'ordre ? Eh ! à quel
« ordre me rappellerez-vous ? Je ne m'écarte ni de la
« question, ni de la justice, ni de la décence, ni de la

« vérité. Les orateurs qui m'ont précédé dans cette
« tribune n'ont pas été rappelés à l'ordre quand ils ont
« insulté sans pudeur et sans ménagements nos supé-
« rieurs dans la hiérarchie ; je ne dois donc pas être
« rappelé à l'ordre quand je viens décerner au corps
« épiscopal une juste et solennelle réparation. Tous
« les vertueux ecclésiastiques du royaume s'empres-
« seront de ratifier cet hommage public de respect,
« d'attachement et de confiance que nous devons à
« nos évêques. Nous avons vécu sous leur gouverne-
« ment paternel, que l'on ose nous dénoncer comme
« un gouvernement despotique. Pour nous, nous dé-
« clarons que nous avons toujours chéri leur autorité
« douce et bienfaisante, qu'il est bien plus facile de
« calomnier que d'imiter. Nous désavouons hautement
« les éloges insultants que l'on a prodigués au second
« ordre du clergé, en déprimant le premier. Le piége
« est trop grossier pour nous tromper. Nous ne nous
« séparerons jamais de nos chefs et de nos guides ;
« nous nous ferons gloire de partager tous leurs mal-
« heurs..... L'Europe et la postérité confirmeront ce
« témoignage incontestable que je leur rends en votre
« présence..... Vous verrez par l'exécution même du
« fatal décret que vous êtes prêts à prononcer, si vous
« ne devez pas regarder comme des ennemis de la pa-
« trie les fanatiques persécuteurs qui oppriment et
« tourmentent sans intérêt de faibles pasteurs accou-
« tumés à prier pour ceux qui les insultent, et dont la

« patience a dû vous apprendre, dans la séance d'hier
« au soir, ce qu'ils savent souffrir en silence, quand ils
« défendent les intérêts de la religion. Nous imiterons
« avec enthousiasme le bel exemple de fermeté sacer-
« dotale que vient de donner à toute la France le brave
« et bon clergé de Quimper... Nous retrouverons cette
« énergie de courage qui ne compte plus pour rien le
« sacrifice de la fortune et de la vie quand il faut s'im-
« moler au devoir. Prenez garde, messieurs, il est
« dangereux de faire des martyrs ; il est dangereux de
« pousser à bout des hommes qui ont une conscience,
« des hommes qui sont disposés à rendre à César ce
« qui appartient à César, mais qui veulent aussi ren-
« dre à Dieu ce qu'ils doivent à Dieu ; et qui, en préfé-
« rant la mort au parjure, vous prouveront, par l'effu-
« sion de leur sang, que s'ils n'ont pas été assez
« heureux pour se concilier votre bienveillance, ils
« savent du moins mériter et forcer votre estime. »

Le monde n'a pas ignoré comment le clergé de
France s'honora par l'héroïsme de sa résistance à des
décrets contraires aux lois de l'Église. Il est beau de pouvoir répéter que sur cent trente évêques français, il ne
s'en rencontra que quatre qui se soumirent à la constitution civile: l'un de ces quatre évêques est mort à Cha-
renton. Un homme du grand air et de beaucoup d'esprit
qui, pendant plusieurs années, fit à Rome les honneurs
de la France à toute l'Europe, qui composa le poëme
de la *Religion vengée* pour faire oublier la légèreté peu

ecclésiastique des poésies de sa jeunesse, et qui perdit plus de quatre cent mille livres de rente aux décrets de la constituante et au refus du serment, le cardinal de Bernis écrivait de Rome, à la date du 17 novembre 1790 : « Je me souviendrai que, dans un âge avancé, « on ne doit s'occuper qu'à rendre au Juge suprême « un compte satisfaisant de l'accomplissement de ses « devoirs. »

CHAPITRE XI.

En lisant les discours de Maury à la constituante, ce
grand théâtre de sa gloire, on sent l'homme qui travaille toujours, qui veille sur tous les points, qui est
prêt pour toutes les questions ; il parle avec la même
abondance de faits et d'idées, avec la même force subs-
tantielle, avec la même plénitude lumineuse, soit qu'il
touche aux études de son état ou à la politique générale, soit qu'il aborde les matières de finances, d'administration, d'économie, d'ordre judiciaire. Mais, en
dehors des hautes et graves questions de religion, il
semble se plaire à dominer quand il s'agit d'évoquer
le passé à l'appui de ce qu'il avance. Les exemples des
âges écoulés, les citations heureuses font toujours de
l'effet sur une assemblée, parce qu'une assemblée, dans
la disposition générale de ceux qui la composent, ne se

donne pas le temps et n'a pas la volonté de s'appliquer
aux profondeurs historiques d'une question. Le discours de Maury sur la régence, le 22 mars 1794, frappa
surtout l'attention par les témoignages de l'histoire. Le
projet, présenté au nom du comité de constitution,
excluait les mères des rois, proposait de conférer la
régence au premier prince du sang qui serait majeur,
et déférait le choix du régent aux assemblées primaires
de la nation, dans le cas où aucun parent du roi n'aurait atteint l'âge de majorité. Maury combattit les deux
mesures, et fit voir tout ce qu'il y avait de superficiel
et d'imprévoyant, d'incomplet et de faux dans l'œuvre
du comité. En traitant cette grande question de droit
public, il s'éleva bien au-dessus des auteurs du projet.
Ce fut au milieu des marques d'une extrême surprise
qu'il cita vingt-quatre exemples de régences de femmes
dans notre pays. « C'est précisément parce qu'une loi
« fondamentale de l'État, disait Maury, exclut à jamais
« du trône les mères de nos rois, et qu'elles ont moins
« de droit pour y monter que le dernier des Français,
« que la nation, rassurée par cette exhérédation même,
« les a toujours vues sans inquiétude, chargées d'ad-
« ministrer l'autorité royale pendant la minorité de
« leurs enfants. Notre amour naturel pour nos rois
« nous invitait à mettre leur enfance sous la garde du
« sentiment le plus profond du cœur humain. » L'orateur ne supportait pas l'idée qu'on enlevât à une mère
la tutelle de son fils. « Nous croirions l'égaler, la sur-

« passer en tendresse, en vigilance ; nous oserions
« entrer en concurrence avec son cœur et soustraire
« à l'œil maternel le berceau de son enfant ! Eh ! mes-
« sieurs, ne voyez-vous pas que si vous accoutumiez
« votre roi à ne pas connaître la première des vertus
« domestiques, la piété filiale, il n'aurait jamais au-
« cune vertu publique ?... Ah ! il lui reste une mère, et
« vous voudriez en faire un orphelin !... Vous avez eu
« tous une mère, et vous ne décréterez jamais une loi
« qui outragerait la nature. »

Le discours de Maury sur la régence fut une grande
et mémorable improvisation ; après la lecture du rapport de Thouret, Mirabeau malade avait demandé l'a-
journement de la discussion ; Cazalès l'avait appuyé,
rappelant avec une courtoisie qui honorait Mirabeau,
que le parlement d'Angleterre décida l'ajournement
d'une importante question pour attendre le rétablissement de la santé de Fox ; Maury s'était joint à eux ; il
déclarait, en passant, son intention d'attaquer le projet de tout point ; plusieurs voix du côté gauche le
pressèrent aussitôt de prendre la parole, lui lancèrent
les provocations et les défis ; Maury n'était jamais plus
fort que sous le coup de ces défis passionnés ; avec la
permission de l'assemblée, il alla chez lui prendre ses
notes, revint dans moins d'un quart d'heure, et, montant à la tribune au milieu d'une vive et curieuse attente, prononça le discours très-applaudi dont nous
n'avons pu donner qu'une bien faible idée.

Le lendemain du jour où il avait attaqué le projet du
comité de constitution sur la régence, Maury reparais-
sait à la tribune; le comité militaire menaçait l'hôtel
des Invalides, monument d'un grand roi et d'un grand
siècle; il voulait supprimer cette institution qui naquit
d'une noble pensée, d'un généreux respect pour de
vivants débris. Maury ne perdait jamais l'occasion de
défendre Louis XIV; il y avait ici à défendre plus que
le prince et le patriotisme de ses longues pensées :
c'était la gloire même de notre pays qu'on allait atteindre. Elle inspira Maury, et la journée du 23 mars est
une de ses plus belles journées. L'orateur démontra
les avantages et l'indispensable nécessité d'un établissement pareil dans une grande monarchie, fit l'histoire
de l'hôtel des Invalides et reconnut la majesté de la
France dans la majesté du monument. Mais laissons
Maury répondre aux détracteurs de Louis XIV :

« Oh! s'il existait des hommes assez malheureux
« pour être contristés du bien même qu'un grand roi
« fit à la France, si leur lâche jalousie se flattait de
« faire oublier à la nation française l'âme de Louis XIV
« en renversant tous les monuments de son règne,
« comme on vit, dans le dernier siècle, les ennemis de
« Le Sueur se flatter d'étouffer le génie de ce peintre
« à jamais célèbre, en essayant d'effacer ses immor-
« tels travaux, ne vous flattez pas, leur dirions-nous,
« non, ne vous flattez pas, dans votre superbe délire,
« de retrancher ce nom glorieux de nos annales. Plus

« vous ferez d'efforts pour le dévouer à l'oubli, plus
« vous lui susciterez des panégyristes et des vengeurs.
« Sa gloire n'a plus besoin de tous ces monuments que
« vos mains sacriléges veulent renverser. Vous ne pou-
« vez plus rien lui ôter ; car il est retranché dans sa
« tombe contre vos attentats. Vous n'ôteriez donc qu'à
« sa nation ce qu'il a fait pour elle, et ce qu'elle n'ou-
« bliera jamais. Mais, que dis-je? ce beau nom et sa
« vaste influence tiennent à tout ce qui est grand dans
« cet empire. L'innombrable multitude des établisse-
« ments de Louis XIV échappera toujours au vain pro-
« jet que vous avez formé de conquérir sa renommée
« et d'envahir sa gloire. La discipline militaire, la créa-
« tion des corps de l'artillerie, de la marine et du gé-
« nie ; la construction de tant de forteresses qui for-
« ment un rempart autour de la France pour la cein-
« dre comme une seule cité ; les six provinces qu'il a
« réunies à son empire, les routes qu'il a ouvertes dans
« ses États, et cent autres monuments indestructibles
« qu'il n'est plus au pouvoir ni des hommes ni du
« temps de séparer de son nom, vous condamneront
« à le laisser jouir en paix de ce titre de grand qui
« l'accompagnera jusqu'à la postérité la plus reculée.
« Eh! que gagneriez-vous ? Eh ! que perdrait-il si vous
« chassiez vos anciens guerriers de cet asile auguste
« où l'on croit voir errer partout son ombre? Malheu-
« reux ! quand vous auriez détruit l'hôtel des Inva-
« lides, iriez-vous combler le canal du Languedoc et

« ensuite les ports de Toulon, de Brest et de Roche-
« fort ! »

Maury cite le témoignage de Montesquieu, contem-
porain de ces détracteurs *qui croyaient prouver que
Louis XIV n'avait pas été grand en démontrant qu'il
n'avait pas été parfait :* « Je fus hier aux Invalides,
« disait l'illustre publiciste dans sa 84ᵉ lettre persane ;
« j'aimerais autant avoir fait cet établissement, si
« j'étais prince, que d'avoir gagné trois batailles. On
« y trouve partout la main d'un grand monarque. Je
« crois que c'est le lieu le plus respectable de la terre.»
Voilà, s'écriait l'orateur, voilà comment les grands
hommes se sentent et se jugent les uns les autres !

« Mais, ajoutait Maury, le témoignage d'un Fran-
« çais, quel qu'il soit, doit disparaître ici auprès du
« jugement qu'a porté l'Europe entière sur cette su-
« blime institution. L'Europe l'a donc jugée, ou plutôt
« elle a bien mieux fait : elle a voulu l'imiter : c'est le
« suffrage en action, c'est cette glorieuse émulation
« des nations les plus éclairées qui repousse à jamais
« tous les ingrats détracteurs, obstinés à ne voir dans
« l'hôtel des Invalides qu'un monument du faste et de
« la vanité de Louis XIV. Quand les Anglais, qui certes
« ne flattent guère les rois, se hâtèrent d'imiter et d'é-
« galer la magnificence de l'hôtel des Invalides, à
« Greenwich et à Chelséa ; quand le roi d'Angleterre,
« Guillaume d'Orange, l'éternel rival de Louis XIV, fit
« à sa nation le sacrifice de ce beau château de Green-

« wich, qu'il se plaisait tant à habiter, sur les bords
« de la Tamise, à deux lieues de Londres, pour en
« former l'asile de dix mille matelots, les Anglais et le
« roi Guillaume cherchaient-ils donc à flatter la vanité
« de Louis XIV? Quand la Russie, après avoir pris
« place, au commencement de ce siècle, parmi les
« nations policées, a fait construire sur les bords de la
« Néva ce même monument d'hospitalité militaire,
« dont elle avait trouvé le modèle sur les rives de la
« Seine, l'impératrice de Russie cherchait-elle à flatter
« la vanité de Louis XIV? Enfin, quand le roi de Prusse
« Frédéric, qui a créé une nouvelle école dans l'art
« de la guerre; qui avait passé sa vie à la tête de ses
« soldats, et qui connaissait si bien tout ce qui était
« relatif à l'administration militaire, a fait construire
« à Berlin un hôtel des Invalides sur le même plan
« qu'avait adopté Louis XIV, avec cette belle inscrip-
« tion : *Læso sed invicto militi ;* lorsqu'il élevait dans
« la ville de Werdel, près de sa résidence de Postdam,
« un asile particulier pour les Invalides de ses gardes,
« ce prince si peu imitateur, si économe, si habile dans
« l'art de conduire les hommes par le ressort de l'es-
« pérance, et accoutumé, disait-il, à exiger d'eux
« l'impossible; pour en obtenir tout ce qui était vrai-
« ment possible ; ce héros, ce grand roi, ce grand
« homme, qui s'est ouvert de nouvelles routes dans
« toutes les carrières de la gloire, chercha-t-il à flatter
« la vanité de Louis XIV? Eh! messieurs, en sera-t-il

« donc de nos monuments comme de nos modes, et
« suffira-t-il que l'Europe entière les imite, pour que
« notre inconstance se hâte de les abandonner? »

L'orateur discute le plan du comité militaire avec
un esprit pratique, une sûreté d'aperçus et un lumineux bon sens; le comité concluait à transformer
l'hôtel des Invalides en hôpital commun pour tous les
malades pauvres de Paris; Maury prouve que ce projet n'est ni dans l'intérêt des malades, ni dans l'intérêt
de la ville de Paris, ni dans l'intérêt de la nation; il en
signale les vues étroites et bornées, et parle de l'*im-
patiente vanité de détruire, qui ne se donne pas le
temps de réfléchir quand elle s'avise de créer;* il dit
encore avec une intention qui porte coup, que ces
projets qu'il combat *n'ont pas même toujours, comme
les systèmes du bon abbé de Saint-Pierre, l'insuffisant
mérite d'être au moins les rêves d'un homme de bien.*
Dans sa dernière partie, consacrée à la réforme des
abus aux Invalides, Maury parle le langage de l'administration, langage ferme, substantiel et précis, et sous
sa main les détails perdent leur aridité. Ce discours
sur l'hôtel des Invalides, un des plus remarquables
par le savoir, l'éloquence, l'esprit et l'habileté mo-
dérée, surprend aussi par l'abondante diversité des
faits qui s'y trouvent exposés; il atteste les recherches
sérieuses et les soins complets dont s'était armé l'abbé
Maury pour sauver une institution magnifique. L'orateur finissait ainsi :

« Le plus profond et le plus immoral publiciste des
« temps modernes, Machiavel, a observé qu'il fallait
« revenir de temps en temps aux premiers éléments
« de toutes les institutions humaines, et revoir de
« distance en distance les établissements publics, les
« associations et les lois. Soumettons donc cet asile
« national à un examen sévère, et donnons-lui, après
« plus d'un siècle d'expérience, toute la perfection
« que Louis XIV voulait y établir : plus nous exami-
« nerons les bases de cet établissement, plus nous
« nous convaincrons de la nécessité de le conserver.
« Des soldats accoutumés à la discipline militaire ont
« besoin de ce frein qui devient en quelque sorte, par
« l'habitude, toute leur morale sociale. Il faut donc
« les contenir par ce lien d'autorité dont ils ont con-
« tracté le besoin, et les soumettre dans leur vieillesse
« à une discipline douce, mais observée avec la plus
« invariable exactitude. Il est d'autant plus important
« de ne pas confier leur subsistance à leur aveugle
« prodigalité qu'il ne leur resterait plus aucune res-
« source s'ils dépensaient à l'avance le traitement qui
« leur serait assigné. Ne nous dissimulons pas que la
« source des grandes aumônes est tarie dans le
« royaume par la suppression des monastères...

« Déjà deux fois l'opinion seule des bons citoyens a
« protégé cet établissement contre les systèmes mi-
« nistériels qui en sollicitaient la suppression. Nous
« avons vu ce noble asile, dont la splendeur intéresse

« essentiellement la gloire de la nation française,
« nous l'avons vu deux fois ébranlé jusque dans ses
« fondements! Un cri universel s'est fait entendre
« pour proscrire tous ces novateurs qui ne parlaient
« que d'économie à une nation à laquelle il faut aussi
« parler d'honneur; et qui, en dernier résultat, après
« avoir fatigué notre patriotisme par leur misérable
« parcimonie, n'avaient pas même pour eux l'autorité
« des calculs... Conservez et améliorez l'établisse-
« ment, et j'ose vous promettre les bénédictions de
« cette grande famille, dont vous êtes les protecteurs
« et les pères. Hélas ! à peine avais-je annoncé dans cette
« assemblée le projet de m'opposer à cette suppres-
« sion sollicitée, avec une ardeur très-suspecte, par le
« rapporteur de votre comité, qu'un très-grand nom-
« bre de ces braves invalides, rassemblés et pressés
« sur mon passage, ont daigné m'en manifester leur
« reconnaissance, avec une sensibilité si touchante
« qu'il ne m'est permis ni de l'oublier ni de l'expri-
« mer. »

Le décret de l'assemblée nationale fut conforme aux
conclusions de ce discours; l'abbé Maury sauva l'hôtel des Invalides, et, plus tard, lorsque, après de longues années passées à l'étranger, il rentrera dans sa
patrie, il retrouvera encore la vive gratitude de ces
braves dont les acclamations reconnaissantes avaient
déjà salué en mars 1791, comme un triomphe de leur
cause, la seule promesse de sa parole! La conservation

de l'hôtel des Invalides demeure inséparable du nom de Maury, et rien au monde ne doit pouvoir diminuer le souvenir des services qui tiennent si fortement à la grandeur nationale.

A très-peu de jours de la séance du 23 mars 1791, Maury entrait dans la chambre de Mirabeau mourant, s'approchait doucement du lit d'agonie, serrait la main de son puissant adversaire et puis s'éloignait les larmes aux yeux : on raconte que Mirabeau aux portes de la mort, très-ému, très-touché à la vue de son fier rival, avait fait un grand effort pour se soulever et lui avait ouvert ses bras. La visite de l'abbé Maury, à cette dernière heure, lui fut plus douce, dit-on, que celle de Barnave. On sait que les Lameth ne parurent pas. Pendant que Maury ému s'en allait de la chambre du moribond, on entendit Mirabeau qui disait : « Voilà qui « l'honore plus que ses meilleurs discours. »

CHAPITRE XII.

Maury à la constituante; hommage des contemporains; lettre de
Burke sur l'abbé Maury; jugement de M. de Bonald; sentiment de
Marmontel sur l'abbé Maury. — Parallèle de l'abbé Maury et de
Mirabeau. — Les bons mots de l'abbé Maury. — Les pamphlets
contre l'abbé Maury. — Jugement sur la constituante.

La grandeur d'une cause fait la grandeur de l'homme
intrépide qui la défend. Maury à la constituante nous
apparaît comme sur les cimes sociales, luttant contre
une immense destruction, s'épuisant en efforts, trop
souvent inutiles, pour barrer le chemin à l'ouragan.
Les hommages des contemporains de tous les pays ne
manquèrent point à ces combats dont le *Moniteur* ne
fut pas toujours le narrateur fidèle, et dont la postérité
ne connaîtra qu'un faible écho. Parmi ces témoignages, il en est un qui les résume tous, celui de Burke,
bon juge en éloquence et en courage Dans une lettre
de Londres le 11 février 1791 [1], il se félicitait d'avoir
pu lire un certain nombre de discours de l'abbé Maury

---

[1] Lettre à M. Woodfort, aide-major des gardes de Sa Majesté Bri-
tannique.

10.

qu'il ne connaissait jusque-là que par morceaux déta-
chés et altérés : « J'y vois partout, disait-il, une élo-
« quence fière, mâle et hardie, haute et dominatrice,
« libre et rapide dans ses mouvements, pleine d'au-
« torité, et abondante dans ses ressources. Mais en
« admirant, comme je le fais, un si beau talent, j'ad-
« mire plus encore sa persévérance infatigable, sa
« constance invincible, son inébranlable intrépidité,
« et son indomptable courage à braver noblement
« l'aveugle opinion et les clameurs populaires. Ce sont
« là, monsieur, de solides fondements d'une grande
« gloire. Dites-lui de ma part que lorsqu'il pourra se
« soustraire aux dangers dont son inviolabilité l'en-
« vironne, et qu'il voudra prendre quelque repos, et
« trouver quelque délassement dans la libre commu-
« nication d'un commerce intime, je le prie de venir
« jouir de sa renommée dans ce pays d'esclavage où
« il n'aura rien à redouter d'un comité des recher-
« ches, ni de l'excellente loi contre les crimes de lèse-
« nation. Je lui donnerai d'un cœur franc et sincère
« l'accolade chevaleresque qu'il veut bien recevoir de
« moi, car je vois en lui un preux chevalier, et un
« vaillant champion de la cause de l'honneur, de la
« vertu, de tous les sentiments nobles et généreux, de
« la cause de son roi et des lois, de la religion et de la
« liberté de son pays. » Comme Burke en des années
précédentes avait reçu Mirabeau dans sa maison, il
promettait de la faire purifier avant d'en ouvrir la

porte à son nouvel hôte, et d'y employer toutes les cérémonies expiatoires, connues depuis Homère jusqu'à
nos jours. A la fin de sa lettre, il mêlait au nom de
Maury le beau nom de Cazalès.

M. de Bonald, dans son premier ouvrage [1] publié à
Constance sous le directoire, la même année où paraissaient à Neufchâtel les *Considérations sur la révolution
française*, par M. de Maistre, a jugé le rôle de Maury à la
constituante en des termes qui méritent d'être rappelés :

« L'abbé Maury déploya une puissance de talent,
« une force et surtout une prestesse d'éloquence, une
« force de caractère qu'on n'avait vues jusqu'à pré-
« sent dans aucune assemblée politique, ancienne et
« moderne. Démosthène parlait devant le peuple d'A-
« thènes, de tous les peuples le plus difficile à fixer,
« mais le plus aisé à entraîner ; Cicéron devant un
« sénat grave, instruit, prévenu presque toujours
« pour l'orateur ; l'un et l'autre n'avaient à parler que
« sur de grands intérêts politiques, ou dans de gran-
« des causes particulières. Mais raisonner devant des
« sophistes! avoir des philosophes à émouvoir et de
« beaux esprits à persuader! Parler avec éloquence,
« avec grâce sur la vente exclusive du tabac, sur les
« assignats, sur la constitutiou civile du clergé, sur
« l'impôt, sur la succession, etc. ; résister pendant

[1] *Théorie du pouvoir politique et religieux dans la société civile,*
1796.

« deux ans à des assauts de tous les jours, à des dan-
« gers de tous les instants, à des contradictions de
« tous les genres ! Surmonter l'insurmontable dégoût
« d'une lutte opiniâtre, où la raison et le génie étaient
« condamnés d'avance, où l'orateur persuadait sans
« convaincre, touchait sans émouvoir, ébranlait sans
« entraîner : c'est ce qu'on n'avait jamais vu ; c'est
« sans doute ce qu'on ne verra plus. »

Grâce à de nouvelles révolutions, cela s'est vu encore ; elles nous ont donné le spectacle de l'éloquence
solitaire [1] *ébranlant sans entraîner*, et bien souvent
condamnée à avoir inutilement raison.

Il y a dans les *Mémoires* de Marmontel deux pages [2]
sur Maury dont le souvenir nous revient ; Marmontel,
qui aimait le talent, s'était attaché à Maury, l'avait défendu contre ses ennemis, l'avait beaucoup aidé à entrer à l'Académie, avait joui avec enthousiasme de ses
grands succès à la tribune, et, jusqu'à la fin de sa vie,
demeura de tout cœur son ami ; témoin de ses travaux
et de son éloquence, de ses luttes de chaque jour et
même de ses habitudes, il a laissé une appréciation et
des détails d'un véritable intérêt.

« En vous parlant de lui (de l'abbé Maury), dit Mar-
« montel, je ne vous ai donné, mes enfants, que l'idée
« d'un bon ami, d'un homme aimable ; je dois vous le

---

[1] M. Berryer sous le gouvernement de juillet.
[2] *Mémoires* de Marmontel, livre XVIII.

« faire connaître en qualité d'homme public, et tel que
« ses ennemis eux-mêmes n'ont pu s'empêcher de le
« voir : invariable dans les principes de la justice et de
« l'humanité ; défenseur intrépide du trône et de l'au-
« tel ; aux prises tous les jours avec les Mirabeau et
« les Barnave ; en butte aux clameurs menaçantes du
« peuple des tribunes ; exposé aux insultes et aux poi-
« gnards du peuple du dehors, et assuré que les prin-
« cipes dont il plaidait la cause succomberaient sous
« le plus grand nombre ; tous les jours repoussé, tous
« les jours sous les armes, sans que la certitude d'être
« vaincu, le danger d'être lapidé, les clameurs, les
« outrages d'une populace effrénée l'eussent jamais
« ébranlé ni lassé. Il souriait aux menaces du peuple ;
« il répondait par un mot plaisant ou énergique aux
« invectives des tribunes, et revenait à ses adversaires
« avec un sang-froid imperturbable. L'ordre de ses
« discours, faits presque tous à l'improviste, et, durant
« des heures entières, l'enchaînement de ses idées, la
« clarté de ses raisonnements, le choix et l'affluence
« de son expression juste, correcte, harmonieuse et
« toujours animée, sans aucune hésitation, rendaient
« comme impossible de se persuader que son élo-
« quence ne fût pas étudiée et préméditée, et cepen-
« dant la promptitude avec laquelle il s'élançait à la
« tribune et saisissait l'occasion de parler, forçait de
« croire qu'il parlait d'abondance.

« J'ai moi-même plus d'une fois été témoin qu'il

« dictait de mémoire le lendemain ce qu'il avait pro-
« noncé la veille, en se plaignant que dans ses souve-
« nirs sa vigueur était affaiblie et sa chaleur éteinte.
« *Il n'y a*, disait-il, *que le feu et la verve de la tribune*
« *qui puissent nous rendre éloquents.* Ce phénomène,
« dont on a vu si peu d'exemples, n'est explicable que
« par la prodigieuse capacité d'une mémoire à laquelle
« rien n'échappait, et par des études immenses ; il est
« vrai qu'à ce magasin de connaissances et d'idées
« que Cicéron a regardé comme l'arsenal de l'orateur,
« Maury ajoutait l'habitude et la très-grande familia-
« rité de la langue oratoire : avantage inappréciable
« que la chaire lui avait donné.

« Quant à la fermeté de son courage, elle avait pour
« principe le mépris de la mort et cet abandon de la
« vie sans lequel, disait-il, une nation ne peut avoir de
« bons représentants, non plus que de bons militaires.

« Tel s'était montré l'homme qui a été constamment
« mon ami, qui l'est encore et le sera toujours, sans
« que les révolutions de sa fortune et de la mienne ap-
« portent aucune altération dans cette mutuelle et so-
« lide amitié.

« Le moment où, peut-être pour la dernière fois,
« nous embrassant, nous nous dîmes adieu, eut quel-
« que chose d'une tristesse religieuse et mélancolique.
« *Mon ami*, me dit-il, *en défendant la bonne cause, j'ai*
« *fait ce que j'ai pu ; j'ai épuisé mes forces, non pas*
« *pour réussir dans une assemblée où j'étais inutile-*

« *ment écouté, mais pour jeter de profondes idées de*
« *justice et de vérité dans les esprits de la nation et de*
« *l'Europe entière. J'ai eu même l'ambition d'être en-*
« *tendu de la postérité. Ce n'est pas sans un déchire-*
« *ment de cœur que je m'éloigne de ma patrie et de mes*
« *amis, mais j'emporte la ferme espérance que la puis-*
« *sance révolutionnaire sera détruite.* »

Ces paroles de Maury sont de nobles paroles, et bien à la hauteur de la position morale qu'il s'était faite en 1791.

Avant de mettre en scène l'abbé Maury à l'assemblée des états généraux, nous avons essayé de le peindre en quelques lignes comme orateur, et nous avons rapproché son nom de celui de Mirabeau ; en plus d'une rencontre nous avons caractérisé son éloquence ; mais en achevant le récit, trop imparfait, de cette partie éclatante de la carrière de Maury, de ce bel endroit de sa vie, il importe d'insister sur les différences de génie et de renommée des deux plus grands lutteurs de la constituante. « On ne peut parler de l'abbé Maury sans « rappeler son rival Mirabeau, dit un témoin de leurs « mémorables combats de tribune [1], pas plus qu'on ne « peut faire l'histoire de Charles XII et du czar Pierre, « sans que l'une ne rentre dans celle de l'autre. »

Nous avouons qu'il est malaisé d'apprécier avec une complète exactitude les grands orateurs qu'on n'a pas entendus, parce que l'éloquence ne se sépare pas de

---

[1] L'abbé de Pradt, dans *les Quatre Concordats*, t. II, p. 39.

l'action oratoire ; mais apparemment les orateurs ont
l'ambition de vivre par delà l'heure qui les écoute, et
doivent se résigner au jugement de ceux qui n'ont pu
que les lire. Nous ne connaissons pas autrement les
orateurs de l'antiquité grecque et romaine, les premiers orateurs sacrés de la chaire française, et cependant chaque jour nous les apprécions et nous mar-
quons leur rang.

Mirabeau, nature fougueuse, âme de feu, doué d'un
organe qui tantôt roulait comme le tonnerre, et tantôt,
souple et varié, retentissait comme une magnifique
musique ; Mirabeau dont la prononciation si belle était
un enchantement, et dont la massive et repoussante
personne resplendissait à la tribune ; Mirabeau, ce
prodige de passion et d'audace, remuait l'assemblée
par son action oratoire. Elle était plus belle que sa parole ; la postérité doit donc l'admirer moins que ses
auditeurs. Ses discours parlés étaient une merveille ;
imprimés, ils n'étonnent ni n'entraînent. L'œuvre de
Mirabeau, réduite à elle-même, ne frappe pas vivement.
Nous estimons trop l'éloquence pour ne pas y chercher autre chose que le geste, le son de la voix, les
rayonnements de la physionomie ; nous voulons y trouver la beauté du langage et le sérieux de la pensée, la
puissance de la dialectique et l'étendue du savoir ; ces
grandes qualités se rencontrent peu chez Mirabeau.
Lorsque, à quarante ans, il prit place aux états généraux, il n'avait pas connu les tranquilles loisirs de la

méditation et de l'étude ; il avait lu et travaillé au hasard au milieu des tortures, des cachots et des inquiétudes de l'exil : après ce qu'il appelait lui-même l'*infamie de sa jeunesse,* il ne tira aucun noble fruit de la maturité des années ; ses travaux, toujours précipités, étaient encore une manifestation de ses vices ; génie esclave des appétits grossiers, appétits monstrueux dans cette ardente et vaste nature, il ne montait pas vers la région des aigles ; mais, aux heures où il échappait aux délires des sens, il allait, chargé de ses vices qui ne l'écrasaient pas, il allait contre l'obstacle et contre l'adversaire. Député, il se rua sur un monde qui le méprisait et sur des institutions qui ne déplaisaient pas à sa vanité ; ce ne sont pas des convictions, mais des blessures qui firent de Mirabeau l'Hercule de la Révolution.

La flamme de la parole ne suffit pas à qui veut aborder les grandes questions religieuses, politiques et sociales ; Mirabeau, cet ignorant superbe, si habile à faire croire qu'il savait, ne pouvait pas se cacher à lui-même, et s'entoura d'auxiliaires instruits et laborieux. De plus, un grand nombre de députés de son opinion compulsaient les auteurs ou écrivaient pour lui. Un collègue de Mirabeau disait que le célèbre orateur *était une espèce de tronc où beaucoup de personnes déposaient leurs productions.* Mirabeau marquait de son empreinte ce qu'on lui fournissait, mais le fond de beaucoup de ses discours a été l'œuvre d'autrui ; on lui apportait

des faits et des témoignages, des raisons et des idées ;
il les pétrissait, soufflait dessus, et tout cela devenait
de l'éloquence. Remarquons du reste qu'il n'eut besoin
de personne pour ses succès les plus éclatants, et que
sa réponse à Barnave, dans la question du droit de paix
et de guerre, sortit de son génie et non pas du travail
des fournisseurs.

L'abbé Maury a pu, dans sa jeunesse, ne pas toujours garder la sévérité de son état, mais le mandat
dont il fut investi, en 1789, ne tomba point sur une vie
incertaine, flottante et dévastée ; il dut à son éducation
ecclésiastique les précieuses habitudes de la réflexion,
les fortes études et le goût des sujets graves ; il connaissait bien les génies de Rome et de la Grèce, l'histoire des temps anciens et modernes, les lettres fran-
çaises et étrangères, les législations de l'Europe et le
droit public, tous les rouages des gouvernements, et,
quoiqu'il ne fût pas un grand théologien, il possédait
assez les matières religieuses et ecclésiastiques pour
les défendre contre la brutale ignorance ou l'habileté
rusée des agresseurs. Malgré l'obscurité de son origine, il appartenait par ses goûts, par les penchants de
son esprit, par ses croyances, à la société dont on méditait la ruine ; son amour pour la monarchie s'accrois-
sait de tout son culte pour le XVIIᵉ siècle ; les lettres,
qui étaient les joies de sa vie, lui avaient inspiré l'horreur du désordre et de la destruction. Comme nous
l'avons dit déjà, Maury semblait créé pour la lutte ; le

catholicisme et la royauté à défendre, c'étaient là deux clients bien dignes de tenter les plus grands cœurs.

Maury, qui, dans sa fougue studieuse, dévorait les livres, avait beaucoup lu et n'avait rien oublié. Son esprit facile et pénétrant était richement approvisionné pour toute question lancée dans l'immense arène de la constituante ; il en naissait de nouvelles chaque jour, et l'orateur n'était jamais pris au dépourvu ; nul auxiliaire autour de lui ne suppléait à l'insuffisance du savoir ou à l'inexpérience ; nulle main ne s'ouvrait pour enrichir son incompétence de ces travaux préparatoires qui représentent la grande besogne du fond ; il tirait de lui-même toutes les lumières et tous les arguments pour des débats qui se renouvelaient sans cesse. Ces trésors de faits et de vérités s'échappaient ensuite de la tribune en un fier et noble langage, que ne déparaient ni fautes de grammaire, ni mauvaise construction de phrase, et que relevaient une voix sonore, des formes robustes et d'intrépides regards.

Mirabeau appelait les passions à son aide ; à ses heures de tribune, il était comme soulevé par l'enthousiasme frénétique des factieux ; Maury avait toujours à triompher de ces flots mugissants ; il n'était pas soutenu, mais outragé et menacé ; à force de courage, d'esprit et d'éloquence, il lui fallait dominer les murmures de la gauche, les huées et les imprécations des tribunes. On a dit que Maury ne voyait dans les hommes qu'un auditoire, que Mirabeau, dans un auditoire, ne voyait que des hommes et des machines de guerre, et on a ajouté : Voilà l'homme d'État !... Tout en avouant que Mirabeau est plus homme d'État que Maury, ce n'est point par de telles raisons que nous lui reconnaissons cet avantage. Il était dans le rôle de Mirabeau, grand entrepreneur de ruine, de ne voir dans les hommes que des machines de guerre ; la passion était son génie, et les passions son instrument. Tel n'était pas le rôle de Maury ; orateur de l'ordre, il avait pour génie la raison, pour appui le bon sens, l'expérience et l'autorité des siècles ; on ne peut pas dire de lui qu'il ne voyait dans les hommes qu'un auditoire, car jamais éloquence ne ressembla plus que la sienne à un combat, et jamais orateur ne paya plus constamment de sa personne. Maury, à la constituante, est un magnifique souvenir de notre histoire. On prête à Mirabeau ce mot sur son antagoniste : *Quand il a raison, nous nous battons ; mais quand il a tort, je l'écrase.* Il y a, dans ce mot, moins de vérité que d'orgueil. Lorsque Maury avait raison, Mirabeau ne le battait pas ; on n'a qu'à comparer les discours des deux orateurs dans les questions où ils ont vigoureusement lutté l'un contre l'autre ; le vainqueur dans les assemblées n'est pas nécessairement celui qui l'est au scrutin, mais le vainqueur est celui qui ne laisse debout aucun des syllogismes de son adversaire et qui a raison devant l'histoire, la logique et le bon droit. Quant aux questions où Maury *avait tort*, elles ne se présentent pas en grand nombre. Mirabeau avait plus d'originalité, d'imagination et de poésie; Maury, une parole plus parfaite, de plus abondantes ressources littéraires, plus de science et de justesse, une plus grande force de raisonnement. Mirabeau avait une plus grande sûreté de coup d'œil pour juger les hommes; Maury était plus improvisateur et mieux armé pour une discussion inopinée. Tous les deux avaient beaucoup d'esprit; Maury avait l'esprit plus prompt.

Pourquoi, à l'heure qu'il est, Mirabeau jouit-il de plus de renommée que l'abbé Maury? Parce que Mirabeau est mort en 1791, et que Maury a trop vécu pour sa gloire. La renommée du tribun a été autant l'ouvrage de la révolution que l'ouvrage de son propre génie; il est devenu lui-même une grande image de la révolution, et comme celle-ci a été triomphante, elle a tenu victorieusement par la main l'homme à qui elle devait tant. L'âge où nous sommes n'ayant pas cessé d'être révolutionnaire, a gardé bon souvenir à Mirabeau; c'est un chef de race qui fit son œuvre avec un diadème d'iniquités autour du front, mais les démolisseurs en ce monde ne sont pas exigeants pour leurs ancêtres. Ajoutons que Mirabeau, semblable à cet artiste de l'antiquité qui eut peur de son œuvre, ayant dévoué, à deniers comptants il est vrai, mais enfin ayant dévoué les derniers mois de sa vie à des pensées d'ordre et de réparation; ce suprême et inutile effort

lui a valu, de la part des amis de la monarchie, je ne
sais quels ménagements indulgents. Maury a eu contre
lui la popularité des idées et des conquêtes révolutionnaires, les persistantes rancunes de ses adversaires
et celles du noble parti dont il n'a pas suivi jusqu'au
bout la destinée : c'est ainsi que la solitude s'est faite
autour de son nom. Ce qui l'a surtout diminué, c'est
sa défection, dont le récit viendra trop tôt affliger notre
plume : la dignité du caractère n'est donc pas inutile à
la gloire.

Durant ce combat de deux ans, qui plaça l'abbé
Maury sous le coup de tous les factieux, les bons mots
furent une des formes de son courage et entrèrent
dans ses moyens de défense. On en a beaucoup cité
sans les citer tous assurément, et sans doute aussi on
a libéralement ajouté au vocabulaire de ses soudaines
reparties ; lorsqu'il s'agit d'un homme si riche en saillies, il semble qu'on ne lui prête pas, mais qu'on lui
rend ; toutes les saillies possibles semblent lui appartenir. M. de Pradt a dit qu'un bon mot valait à Maury
un mois de sécurité ; il ne faut voir ici qu'un bon mot
de M. de Pradt lui-même ; à ce compte, l'abbé Maury
eût trouvé sa position trop aisément tenable et ses
jours trop facilement protégés. Il avait cru prudent de
ne jamais sortir sans une paire de pistolets ; un jour, à
l'issue d'une séance, il traversait les Tuileries, suivi
d'une foule vociférant contre lui ; soudain un misérable,
armé d'un couperet, s'approche et s'écrie : *Où est cet*

abbé Maury, je vais l'envoger dire la messe aux enfers.
L'abbé s'arrête, et, saisissant ses deux pistolets : *Tiens,
lui dit-il, si tu as du cœur, voilà les burettes pour la
servir.* L'homme, épouvanté, s'échappa, et la multitude
battit des mains autour de celui qu'elle huait auparavant. Un autre jour, les cris : *A la lanterne ! à la lanterne !* partent d'un groupe de bandits ; ceux-ci commençaient les sinistres préparatifs, quand l'abbé Maury
leur dit : *Eh ! si vous me mettiez à la lanterne, y verriez-vous plus clair ?* Les bandits se mirent à rire, et
l'orateur, qui allait être leur victime, continua librement son chemin. Tiré violemment par derrière en
montant les escaliers de l'assemblée, au milieu d'une
foule épaisse, il n'avait dû son salut qu'à la rupture
des cordons de son petit manteau ; furieux, il s'était
retourné, bien décidé à châtier ; mais l'acte brutal
avait été l'œuvre d'une femme : *Oh ! madame !* lui dit
Maury d'une voix tout à coup radoucie, *que vous êtes
heureuse !* Le 21 juin 1791, jour du départ de la famille
royale pour Montmédy, la tranquille apparition de
l'abbé Maury dans la salle de l'assemblée, vivement
agitée, frappa tous les assistants. Mirabeau ne l'intimida jamais ; Maury le bravait, le harcelait, lui portait
des défis de tribune qui n'étaient pas toujours acceptés, et ne lui épargnait aucune flèche de son esprit ; il
lui lançait quelquefois, de son banc, des traits qui excitaient les rires de l'assemblée. Mirabeau, du haut de
la tribune, lui ayant annoncé qu'il allait l'enfermer

dans un cercle vicieux : *Vous voulez donc m'embrasser ?* lui dit Maury qui l'interrompait de sa place.

Quelque chose eût manqué à la gloire de Maury à la constituante, si les pamphlets, si les outrages en vers et en prose et sous toutes les formes n'avaient pas poursuivi la popularité de son nom. Parmi ces écrits, il en est dont on peut juger par les titres, et ces titres seuls les vouent au mépris; les citer c'est en faire justice; par là aussi on reproduit quelques couleurs de la physionomie d'une époque :

La Descente de l'abbé Maury aux enfers, ou *sa Lettre au clergé chez Pluton.*

Le Père Duchesne en vendange, ou *sa Rencontre avec l'abbé Maury à Suresne.*

Complainte de l'abbé Maury.

Cazalès, Malouet, Mounier, Mallet-Dupan, Calonne, M. de Juigné, sont enveloppés dans les mêmes outrages.

Couplets sur le bruit qui court de la prochaine excommunication que l'on va nous lancer au commencement de la semaine sainte; le *Triomphe de l'abbé Maury.*

Le Gardien des capucins, ou *l'Apôtre de la liberté; Brouillerie de l'abbé Maury avec quarante-cinq aristocrates; Dispute de M. le curé Dillon et l'archevêque d'Aix; Libraires et auteurs soudoyés par les aristocrates, saisis et dénoncés; Fable, épigramme, charade;* le mot de cette charade est *lanterne.*

Détail du combat qui a eu lieu ce matin au bois de Boulogne entre M. l'abbé Maury et M. de Mirabeau.

Correspondance secrète entre l'abbé de Vermont, l'abbé Maury et madame de Polignac.

Messe du 14 juillet 1790, célébrée par l'abbé Maury, de fameuse mémoire. C'est une abominable profanation des mystères chrétiens au profit des passions révolutionnaires de ce temps.

Testament de J.-F. Maury, prêtre de la sainte Église romaine, etc., *mort civilement. De l'imprimerie des excalotins.*

Lettre de l'abbé Maury à l'incomparable demoiselle Suzette Labrousse, prophétesse périgourdine, résidente à Paris, chez madame la duchesse de Bourbon. On date cette lettre de Rome, *au palais de S. E. Mgr le cardinal Zelada, 10 janvier 1792.*

L'abbé Maury figure avec Philippe d'Orléans, Cazalès et Barnave, dans un proverbe intitulé : *A qui sera pendu le premier par notre jury.*

La *Lettre de l'abbé Maury au vicomte de Mirabeau ; à son régiment,* offre quelques traits assez piquants. Dans cette lettre, adressée au frère de Mirabeau, on fait parler Maury sur les affaires, sur la cour, les partis, le clergé, les principaux personnages de la scène politique; l'écrivain révolutionnaire lui prête un langage de fantaisie dont l'épigramme fait tous les frais.

Le plus important des pamphlets de cette époque contre le célèbre orateur de la droite de l'assemblée est l'écrit intitulé : *Petit Carême de l'abbé Maury*, ou *Sermons prêchés dans l'assemblée des enragés.* Les *Sermons*, publiés chacun séparément, sont au nombre de dix : le premier est pour le premier dimanche de carême de l'année 1790 ; le dernier est un *sermon de la résurrection de l'aristocratie pour le jour de Pâques.* Le tout comprend un *Cours complet de morale aristocratique à l'usage des jeunes gentilshommes de ce siècle.* Voici les sujets de chacun de ces petits discours : *Causes de la chute des grands ; les grands considérés sous les rapports d'autorité et de religion ; malheurs des grands ; humanité des grands envers le peuple ; instabilité des choses humaines ; exemples des grands ; Sermons de controverse entre l'abbé Maury et l'abbé Fauchet sur la suppression des cours de justice ; motifs présents de consolation et d'espérance des grands ; la passion de l'aristocratie ; triomphe de l'aristocratie.* Ce qu'il y a de plus coupable dans ces discours d'une forme sérieuse, c'est l'emploi irrespectueux des saintes Écritures, c'est le mélange des plus solennelles vérités, des plus augustes souvenirs du christianisme avec de menteuses paroles sur des intérêts humains.

La *Vie privée de l'abbé Maury, écrite sur des mémoires fournis par lui-même, pour joindre à son Petit Carême,* est un inlisible tissu d'ignobles et de plates inventions. La *Suite de la vie privée* est du même ton ; il y avait alors des plumes qu'on taillait avec des poignards et qu'on trempait dans la fange.

Dans cette foule d'écrits dirigés contre un homme qui, pendant deux ans, fut en butte à des fureurs extraordinaires, nous remarquons un *Portrait historique du cardinal Maury, par le citoyen Car...,* publié à Paris en 1798. C'est une brochure républicaine écrite avec une certaine modération et où domine un sentiment d'admiration pour Maury, sentiment mêlé de regrets et de récriminations. L'auteur, jetant un coup d'œil sur la carrière du grand orateur, exalte les travaux de sa jeunesse et surtout ses panégyriques, loue son courage, son éloquence à la tribune, qu'il trouve trop vive et provocante ; il lui reproche de s'être opposé à la vente des biens du clergé, qui *devait amener le retour des vertus évangéliques,* de n'avoir combattu les assignats que pour combattre à l'avance l'établissement de la république, d'avoir porté des pistolets comme le cardinal de Retz portait un poignard, et de ne s'être pas résigné à la pauvreté ; il le félicite en passant d'avoir sauvé l'hôtel des Invalides. « Il se vit « à peine revêtu de la pourpre romaine, dit la bro- « chure, qu'il commença par regretter Paris, cette vie « indépendante qui a tant d'attraits pour un philo- « sophe. » Ce *regret de Paris,* qui tombe là sous la plume de l'écrivain de 1798, est comme un présage des défaillances politiques de 1804. Mais ne devançons pas les temps ; nous sommes ici aux jours les plus brillants de l'abbé Maury.

Les belles journées se pressent pour Maury à l'épo-

que de la constituante ; il en est une où l'éloquence
et le courage ne furent pour rien, et que nous ne devons pas oublier, parce qu'elle eut sa grandeur et
qu'elle honora ce qu'il y a de plus excellent dans
l'homme : le cœur. Le vieux père de Maury vivait encore quand la tribune de la constituante apparaissait
aux regards du monde comme le piédestal de sa gloire ;
il avait voulu, avant de mourir, embrasser une dernière fois ce fils dont la renommée remplissait l'Europe ; arrivé à Paris, il frappe à la porte de celui qu'il
cherche avec tant d'amour ; c'était le soir ; l'abbé
Maury n'était pas chez lui ; le père ne peut se résigner
à attendre, et demande qu'on lui indique la maison où
il trouvera son fils. Le cordonnier de Valréas, bien
renseigné, s'inquiétant peu de la simplicité de son costume, va droit à la maison où le célèbre orateur passait la soirée ; il dit aux serviteurs qu'il est le père de
l'abbé Maury, et prie qu'on avertisse son fils. A peine
est-il informé de la nouvelle, que Maury quitte précipitamment le salon, va se jeter dans les bras de son
père et l'amène avec une joie triomphante au milieu
d'une nombreuse et brillante compagnie ; il présente
à ses amis son vénérable père, qu'il tient par la main,
qu'il environne de témoignages de tendresse et de respect, et tous les assistants laissent voir une vive et
sympathique émotion. Cette scène retentit beaucoup
dans les journaux, et le public, qui admirait l'orateur,
se plut à admirer le bon fils.

Au moment où va disparaître cette assemblée nationale où l'abbé Maury s'est fait une place magnifique, il conviendrait de juger son œuvre politique et législative. La postérité, qui aura ses passions, mais qui n'aura pas les nôtres, qui contemplera les hommes et les faits avec la tranquille sérénité de la distance, n'acceptera point la plupart des jugements portés jusqu'ici sur la constituante ; dans notre *Histoire de la Révolution française*, publiée en 1848, peu de semaines avant la révolution de février et au milieu des entraînements de l'opinion excitée par des livres d'un coupable éclat, nous avons apprécié les travaux de la célèbre assemblée en quelques lignes rapides qui nous semblent exprimer assez la vérité : nous demandons la permission de les reproduire :

« L'assemblée nationale traduisit par des actes les
« idées du xviiie siècle ; elle se précipita sur le vieil
« édifice social comme un taureau dans une maison de
« verre, et bientôt tout vola en éclats. *On ne va jamais*
« *si loin que lorsqu'on ne sait pas où l'on va ;* c'est
« Cromwell qui a dit cela. 93 était caché derrière 89
« mal dirigé. Le magnifique élan de 89 était profondé-
« ment monarchique ; s'il y avait eu à la tête du gou-
« vernement de véritables hommes d'État, l'initiative
« de la royauté accomplissait toute réforme, et rendait
« impossible toute révolution. A défaut d'un gouver-
« nement régulateur, l'assemblée prit elle-même l'ini-
« tiative à chaque question, gouverna, usurpa, se jeta

« en avant tête baissée ; et, comme il n'est rien de
« plus rapide que la pente des théories, elle y roula à
« d'incalculables profondeurs.

« L'assemblée nationale, qui fut un si grand specta-
« cle pour l'Europe, et dont l'élan embrassait les des-
« tinées de l'humanité tout entière, renfermait de
« beaux talents et de nobles cœurs. Nous lui devons
« de la reconnaissance pour beaucoup d'utiles chan-
« gements et beaucoup d'actes réparateurs en matière
« administrative et civile. Mais n'oublions point que ce
« qu'elle a fait de bon est tout simplement la réalisa-
« tion des vœux de la majorité des cahiers de 89, tels
« que nous les avons exposés ; elle aurait pu l'obtenir
« par des moyens paisibles, raisonnables et légaux.
« Elle avait affaire non pas à un tyran, mais au plus
« libéral des rois ; en procédant avec prudence et me-
« sure, elle eût rempli sa mission sans ébranler le
« monde.

« En religion, l'assemblée marchait avec Voltaire,
« en politique avec Rousseau ; c'était se condamner
« aux erreurs et aux chimères. L'assemblée se plongea
« dans les utopies et s'y noya ; il n'y a pas de gloire à
« détruire, c'est une œuvre trop facile ; il n'y a de la
« gloire qu'à fonder. Or, la constituante constitua peu
« et démolit beaucoup. Nous le répétons, le bien
« qu'elle décréta ne fut que l'exécution du mandat
« des électeurs. Elle viola ce mandat pour ce qui
« touche l'Église et le roi, et cette violation la con-

« duisit à d'énormes fautes. En créant le schisme re-
« ligieux, elle créa un trouble profond ; en réduisant
« la royauté à je ne sais quel rouage inutile, elle bâtis-
« sait dans les airs sa constitution. La souveraineté
« populaire inscrite dans le Code constitutionnel était
« une excitation dangereuse. Ce Code, qui exagérait
« tous les droits, n'atteignait qu'un pouvoir, celui
« du prince ; et c'est au prince seul qu'on rappelait
« les devoirs. Cette spoliation de la royauté, vice ra-
« dical de la constitution de 91, préoccupait l'assem-
« blée dans les derniers moments de son existence ;
« les constituants reculaient devant leur œuvre ; Bar-
« nave, Chapelier et Malouet auraient voulu une révi-
« sion sévère. Mais les passions ne se laissent pas
« facilement corriger, et l'assemblée s'en alla sans
« avoir pu réparer ses fautes, produites par l'oubli des
« mœurs, des traditions et de l'histoire nationale. Elle
« s'en alla après avoir follement décrété que nul de
« ses membres ne pourrait faire partie de la prochaine
« législature. L'assemblée constituante laissait ainsi le
« champ libre à l'ignorance, à l'incapacité, à la déma-
« gogie et aux tempêtes. Le jour de la clôture, le
« peuple avait en main des couronnes de chêne ;
« mais il les décerna à Robespierre et à Pétion [1]. »

---

[1] Voir notre *Histoire de la Révolution française*, t. 1, chap. IX.

CHAPITRE XIII.

Maury quitte la France après la clôture de la constituante; lettre de
Louis XVI à l'abbé Maury. — Le pape Pie VI l'appelle à Rome ; son
voyage est un long triomphe ; il est nommé archevêque de Nicée *in
partibus*. — Sa mission à Francfort; accueil qu'il reçoit de l'empereur d'Autriche et du roi de Prusse. — Il est nommé cardinal
et évêque de Monteflascone; l'Europe s'associe à son élévation ;
lettres des rois et des princes. — Le cardinal Maury à Monteflascone. — Il est persécuté par le Directoire. — Ses services au conclave
de Venise en 1800. — Élection de Pie VII.

L'assemblée constituante ayant mis fin à son œuvre,
Maury songe à quitter Paris. Il ne pouvait plus y rendre des services, et ne s'y trouvait pas en sûreté. Il n'y
avait alors rien de plus grand que lui dans l'opinion
européenne. Une lettre de Louis XVI, du 3 février 1791,
lui payait magnifiquement sa dette de reconnaissance.
Voici cette lettre :

« Monsieur l'abbé, vous avez le courage des Am-
« broise, l'éloquence des Chrysostome. La haine de
« bien des gens vous environne. Comme un autre

« Bossuet, il vous est impossible de transiger avec
« l'erreur ; et vous êtes, comme le savant évêque de
« Meaux, en butte à la calomnie. Rien ne m'étonne de
« votre part. Vous avez le zèle d'un véritable ministre
« des autels, et le cœur d'un Français de la vieille
« monarchie. Vous excitez mon admiration ; mais je
« redoute pour vous la haine de nos ennemis com-
« muns ; ils attaquent à la fois le trône et l'autel, et
« vous les défendez l'un et l'autre. Il y a quelques
« jours, sans votre imperturbable sang-froid, sans vos
« ingénieuses reparties, je perdais un Français totale-
« ment dévoué à la cause de son roi, et l'Église un de
« ses défenseurs les plus éloquents. Daignez songer
« que nous avons besoin de vous, que vous nous êtes
« nécessaire, et qu'il n'est pas toujours utile et tou.
« jours bien de s'exposer à des périls certains. Usez
« avec modération de ces talents, de ces connais-
« sances, de ce courage, dont vos amis et moi tirons
« vanité. Sachez temporiser ; la prudence est bien né-
« cessaire ; votre roi vous en conjure : trop heureux
« s'il peut un jour s'acquitter envers vous, et vous
« prouver sa reconnaissance, son estime et son ami-
« tié ! »

Quel honneur qu'une telle lettre ! qu'il eût été beau
de maintenir sa vie politique à la hauteur d'un pareil
souvenir ! Ce n'est pas seulement à la tribune que
Maury avait servi le malheureux roi ; il l'avait conseillé dans des mémoires fort bien faits, qui eurent

inutilement raison et qui furent inutilement énergiques. Dans un de ces mémoires il examinait l'influence
du papier-monnaie sur l'abolition de la puissance
royale. Le pape honorait, comme le roi, tant de luttes
éclatantes; il lui appartenait surtout de reconnaître
les services religieux. Pie VI adressait à Maury les témoignages les plus expressifs. Par son ordre, le cardinal Zelada, secrétaire d'État, le proclamait au-dessus
de toute louange, et lui reconnaissait *un droit absolu*
à l'estime de l'Europe entière. Pie VI parlait avec émotion de ce qu'il appelait un *dévouement héroïque.* « Sou-
« venez-vous, écrivait à Maury le cardinal secrétaire
« d'État, qu'il (le pape) brûle d'envie de vous voir,
« que sa reconnaissance lui en fait un besoin, et que
« vous ne pourrez jamais vous refuser à son impa-
« tience, sans faire semblant de méconnaître, je dirai
« de mépriser presque ses bontés. » Le souverain
pontife lui offrait une noble hospitalité, une patrie.

Le voyage de l'abbé Maury, depuis Bruxelles et Coblentz jusqu'à Rome, fut un long triomphe, et son entrée
dans la ville des pontifes fut celle d'un roi. Il présenta
le même jour ses devoirs au pape et à mesdames Victoire et Adélaïde, tantes de Louis XVI. Le cercle de
mesdames de France le mit tout d'abord en relation
avec les personnages les plus considérables de Rome;
les cardinaux et les princesses romaines se disputaient
l'honneur d'avoir l'abbé Maury dans leurs assemblées;
c'était une fête de le voir et de l'entendre. Les dignités

l'attendaient. Il fut nommé archevêque de Nicée *in partibus* le 17 avril 1792. Pie VI, en lui annonçant son élévation à l'épiscopat, lui dit : « Vi chiediamo scuse « di levarvi il nome ; ma velo restituiremo presto (nous « vous demandons excuse de vous ôter votre nom, « mais nous vous le rendrons bientôt). » C'était lui faire pressentir sa prochaine promotion au cardinalat. Les ineffables bontés du pape pour Maury ne s'épuisaient pas ; le cardinal Garampi, évêque de Montefiascone, étant mort, Pie VI fit acheter une bague et une croix enrichie de diamants, qui avaient appartenu à ce cardinal, et les donna à celui qu'il appelait son *cher Maury ;* en lui mettant l'anneau au doigt, « Voici l'an- « neau, lui dit le pontife avec une grâce charmante, « nous vous destinons l'épouse. *Vi diamo l'annello, vi* « *destiniamo la sposa.*» L'abbé Maury fut sacré le 1er mai à l'autel de la Chaire de saint Pierre par le cardinal Zelada, en présence de mesdames Victoire et Adélaïde, et au milieu d'un nombreux concours de Français.

Une diète allait s'assembler à Francfort pour l'élection de l'empereur François II ; le pape donna au nouvel archevêque la mission de l'y représenter. Maury reçut à Francfort un accueil enthousiaste ; l'empereur François et le roi de Prusse le comblèrent de bontés ; ils remerciaient le souverain pontife de leur avoir envoyé un tel nonce, et regardaient cette nomination comme une marque de l'*intérêt que prenait le pape à la cause de tous les souverains.* Quand Maury, à sa sortie de France, avait visité les princes à Coblentz, six cents gentilshommes français s'étaient placés sur deux rangs pour battre des mains à son passage ; les mêmes hommages se renouvelèrent à Francfort dans la galerie de l'électeur de Mayence. Pie VI chargea aussi l'abbé Maury d'une mission à Dresde. Le nonce extraordinaire trouvait partout de l'empressement, mais le génie diplomatique n'était pas le sien ; il n'avait pas la tenue réservée qui sied à un ambassadeur. Son retour à Rome devait être marqué par les témoignages les plus solennels que lui gardait le cœur de Pie VI. Maury fut décoré de la pourpre, sous le titre de la Sainte-Trinité, au mont Pincius, et nommé en même temps évêque de Montefiascone et de Corneto, dans le consistoire du 21 février 1794. Son élévation au cardinalat eut un immense retentissement ; quelques mesquines jalousies qui éclatèrent en épigrammes dans la ville de Rome n'ôtèrent rien à la popularité européenne de cet événement ; c'était la récompense des grands services rendus à la cause de l'Église et à la cause des rois ; c'était comme un triomphe pour tant d'illustres proscrits et tant de gens de bien qui souffraient. Les lettres de satisfaction et de reconnaissance adressées au souverain pontife nous font comprendre le degré de considération auquel Maury était alors monté ; ces lettres étaient écrites par le comte de Provence (Louis XVIII), par le comte d'Artois, par le prince de Condé, par Frédéric-Guillaume, roi de

Prusse, et ces princes avaient aussi adressé directement au nouveau cardinal leurs félicitations. Le comte de Provence lui disait, de Turin, à la date du 19 février 1794, qu'il avait demandé pour lui cette grâce, mais que l'abbé Maury ne la lui devait pas pour cela, qu'il la devait à l'intrépidité de ses luttes.

« Vous êtes maintenant, disait encore le prince, à
« portée de servir notre patrie (car tout né sujet de Sa
« Sainteté que vous êtes, la France vous revendiquera
« toujours) d'une manière peut-être moins brillante
« pour vous, parce qu'elle sera moins dangereuse,
« mais non moins utile pour elle, et je suis sûr que
« vous continuerez à lui conserver les grands talents
« que Dieu vous a donnés. Ils lui sont plus néces-
« saires que jamais, et l'église de Montefiascone ne
« doit pas seulement vous occuper en entier. L'em-
« pressement de jouir d'une chose si désirée m'avait
« fait penser à adresser cette lettre *à mon cousin M. le*
« *cardinal Maury,* et à l'écrire en conséquence ; mais
« la date [1] m'en a empêché, et quoique je sache bien
« qu'elle sera reçue par M. le cardinal Maury, c'est
« encore à M. l'archevêque de Nicée qu'elle doit être
« adressée. »

Le comte d'Artois, écrivant de Hamm, le 25 février

[1] A cette date l'abbé Maury n'était pas encore cardinal ; mais le pape Pie VI avait chargé le cardinal de Bernis d'annoncer au comte de Provence qu'il allait décorer de la pourpre le célèbre orateur de la constituante.

1794, à son *cousin* le cardinal Maury, disait que « le
« vicaire de Jésus-Christ sur la terre est le digne mi-
« nistre de ses volontés, lorsqu'il récompense le vrai
« courage autant que le vrai talent. » Dans une seconde lettre, à la même date, où il ne lui écrivait pas
en cérémonie, mais où il l'appelait *mon cher cardinal,*
le comte d'Artois *veut reprendre tout de suite avec lui
la manière qu'il ne quittera pas.* Il lui dit que, *dans
toutes les occasions, il comptera sur lui comme sur un
de ses amis fidèles.* « Plaignez-moi, ajoutait l'auguste
« frère de Louis XVIII, tant que je resterai dans la
« cruelle inaction où je gémis encore; mais bénissez
« Dieu le jour où vous saurez que je suis en activité.
« C'est ce à quoi je travaille de tout ce que j'ai d'âme
« et de forces, et, si je ne m'aveugle pas, l'horizon
« commence un peu à s'éclaircir. »

Nous citerons, pour la grandeur et l'énergie du langage, la lettre que le prince de Condé adressa au pape
à l'occasion de l'événement dont tous les proscrits
prenaient leur part. Ne perdons pas de vue la date : la
lettre est écrite de Rothembourg-sur-le-Necker le
15 mars 1794, et c'est la noblesse de France qui parle :

    « Très-Saint-Père,

  « J'espère que Votre Sainteté me permettra de lui
« présenter, à titre de prince, de gentilhomme et de fi-
« dèle sujet, l'hommage de mes remerciements parti-
« culiers de la grâce qu'elle vient d'accorder à M. l'abbé
« Maury. Il n'est point de ministre des autels, de prince

« sur la terre, de nobles dignes de l'être, de gens hon-
« nêtes de tous les états, qui ne doivent regarder ce
« bienfait de Votre Sainteté comme leur étant person-
« nel. Grâces lui soient rendues ! ce Dieu terrible qui
« nous accable de son courroux, laisse percer par elle
« un rayon consolateur de sa justice : c'est un soula-
« gement à nos maux. Il semble nous permettre d'es-
« pérer que le bras de ce Dieu vengeur cessera de
« s'appesantir sur nous, et fera bientôt rentrer dans le
« néant les impies, les régicides et les scélérats qui
« couvrent de sang et de crimes le patrimoine des
« Bourbons et le superbe royaume du fils aîné de l'É-
« glise. La noblesse qui m'entoure, très-Saint-Père, me
« charge de mettre aux pieds de Votre Sainteté sa vive
« et respectueuse reconnaissance de l'éminente dignité
« qu'elle vient de conférer au courageux défenseur de
« son roi. Cette noblesse, si pénétrée de l'amour de ses
« devoirs, forme, ainsi que moi, les vœux les plus ar-
« dents pour le rétablissement d'une religion si indi-
« gnement outragée, pour celui d'un trône si cruelle-
« ment ravagé, pour la splendeur du saint-siége que
« Votre Sainteté occupe si dignement, et dont, au mi-
« lieu des plus violents orages, elle sait si bien soute-
« nir l'éclat par la sagesse de ses choix, la prudence
« de sa conduite et la constance de son inaltérable
« fermeté. »

Dans sa lettre au cardinal Maury, à la même date,
le prince de Condé lui disait : « Enfin nous voyons

« donc une fois la pureté des principes et l'énergie
« récompensées. Qu'il soit à jamais béni, ce juste et
« pieux souverain qui décore de la pourpre romaine
« l'éloquent défenseur de l'Église, de la royauté, de la
« noblesse et de la vertu souffrante!.... La noblesse
« française, armée pour la cause de son roi, pénétrée
« comme moi de reconnaissance et d'admiration pour
« vos mâles vertus, me charge de dire à Votre Émi-
« nence que sa nomination lui fait sentir un moment
« de bonheur : depuis longtemps elle n'en connaissait
« plus d'autre que celui de verser son sang pour son
« roi. Comme elle, monsieur, vous avez risqué plus
« d'une fois votre vie pour le servir, et, par des cir-
« constances rares dans votre état, vous avez su join-
« dre à tous les titres que vous vous êtes acquis à
« notre vénération, celui du plus grand courage dans
« les dangers qui vous menaçaient tous les jours. Ce
« mérite de plus est vivement senti, comme vous pou-
« vez le croire, par des gentilshommes français, à qui
« le crime n'a laissé pour patrie que des camps, pour
« fortune que l'honneur, pour ressource que leur
« épée. »

On lit ces belles lettres avec émotion et tristesse : la
grandeur de ces divers témoignages retombe sur la
mémoire de celui qui ne sut pas en rester digne !

C'est à Rome que Maury avait appris les sanglantes
horreurs de 1793, tant de fois annoncées dans ses discours comme les conséquences d'abominables prin-

cipes. Lorsque le nouveau cardinal prit possession de
son siége de Montefiascone, il voyait de loin, comme
il le leur avait prédit, les chefs de la révolution se dévorer entre eux ; il voyait son ancien collègue Robes-
pierre, dont il avait deviné la froide scélératesse, pousser sous la hache les victimes et les bourreaux, en
attendant que le dictateur couvert de sang roulât lui-
même dans l'abîme. En allant de Sienne à Rome par
Viterbe, quand on a dépassé Bolsène, on aperçoit, à
quelque distance, une petite cité bâtie au sommet
d'une montagne : c'est Montefiascone. La ville est peu
de chose et n'a pour elle que la renommée de ses vins,
mais son site dominateur semble commander à de
vastes contrées ; du haut de ce sommet, le regard embrasse de magnifiques horizons : d'un côté, le lac et le
pays de Bolsène qui forment un des plus beaux tableaux du monde ; de l'autre, la vieille cité de Viterbe
avec son riche territoire, et, vers un autre point, les
Apennins. Un génie contemplatif aurait pu se trouver à
sa place dans cette humble résidence sans bruit et en
face de ces éternelles beautés d'une grande nature ; il
était à craindre que Maury, esprit actif et ardent, esprit
du monde, ne finît par regretter quelque chose sur sa
montagne.

Le cardinal Maury, dans ses premières visites pas-
torales à travers son diocèse, étonna les assistants par
sa facilité d'improvisation en différentes langues ; à
Valentano, il reçut les compliments du gouverneur en

français, les compliments de l'archiprêtre en italien,
et des félicitations en latin., prononcées en chaire ;
il répondit successivement dans ces trois langues, au
grand ébahissement des auditeurs. Chaque fois qu'il
officiait à Montefiascone, il prêchait en italien ; il s'était
fait une petite patrie avec une colonie d'ecclésiastiques
français. Un de ses frères, ancien curé de Saint-Brice
et ancien prieur de Boves, en Picardie, remplissait auprès de lui les fonctions de vicaire général. Parmi les
prêtres français qui entouraient le cardinal Maury à
Montefiascone, il y en avait un dont le nom rappelait
les premiers crimes de la révolution : c'était l'abbé
Foulon, fils de la victime du 22 juillet 1789. Ainsi
placé sur la route de Rome, Maury ne manquait pas
de visiteurs de notre nation ; sa demeure passait pour
hospitalière ; il eut l'honneur de recevoir à Montefiascone le duc de Berry et le roi de Sardaigne. La prise
de Rome par les Français, en 1798, amassa des orages
sur sa tête. Il partagea avec les cardinaux Albani,
d'York et Busca les honneurs d'une persécution particulière, et lui-même fut plus maltraité que les autres
par les représentants du Directoire, qui saisirent tout
ce qu'il possédait dans son diocèse de Montefiascone.
Parti précipitamment pour la Toscane, il n'échappa
que de quelques heures aux dragons chargés de l'arrêter. Arrivé à Sienne, il espérait pouvoir y trouver un
asile, mais le bruit se répand que le pape captif doit y
être transféré, et Maury s'éloigne ; il ne trouve pas à

Florence l'abri qu'il s'est promis, et se sauve à Venise, déguisé en domestique d'un courrier de cabinet expédié par le grand-duc Ferdinand III. Les biographes qui l'ont fait voyager en Russie ont été induits en erreur ; le comte Mocenigo, ministre de Russie à Florence, lui fit des offres au nom de l'empereur Paul Ier, mais le cardinal ne les accepta pas. Louis XVIII lui écrivit à la date du 12 août 1798 : « L'offre généreuse que l'empe- « reur vous a faite me cause une grande satisfaction, « mais je crois qu'il n'en faut pas profiter en ce mo- « ment. Ce n'est pas à jouir tranquillement de votre « gloire que vous êtes appelé, ce bonheur est réservé « pour votre vieillesse. L'âge du saint père, ses infir- « mités, les cruelles épreuves auxquelles il est soumis, « tout annonce que sa carrière ne sera pas longue, et « c'est au choix de son successeur que vous devez veil- « ler. » Tels étaient les sentiments et les illusions de Louis XVIII à l'égard de Maury, qu'il avait souhaité de le voir devenir pape. Mais le cardinal rendit d'importants services religieux dans ce conclave de Venise, qui nous apparaît comme un miracle à cette époque de perturbation profonde, et d'où sortit l'élection de Pie VII, réservé à des épreuves dont la grandeur ne surpassa point ses intrépides vertus.

Voyons la part de Maury dans ce conclave de Venise, composé de trente-cinq cardinaux, et qui dura cent quatre jours. Deux *factions* (c'est la désignation reçue) s'étaient dessinées autour du scrutin : l'une, conduite

par le cardinal Braschi, neveu de Pie VI, l'autre, par
le cardinal Antonelli, préfet de la Propagande ; la première réunissait vingt-deux voix qui, pendant près
de deux mois, se portèrent sur le cardinal Bellisomi,
évêque de Césène et originaire de Pavie ; la seconde
réunissait treize voix qui, pendant tout ce temps, de-
meurèrent fidèles au cardinal Mattei, né à Rome, archevêque de Ferrare, signataire du traité de Tolentino,
par lequel trois légations étaient cédées à la république
cispadane. Il avait donné la mesure de sa piété courageuse, lorsque, répondant aux menaces de Bonaparte,
il demanda un quart d'heure pour se préparer à mourir. Les épreuves au scrutin se renouvelaient chaque
jour, sans qu'elles devinssent profitables à l'un des
deux vénérables candidats. Deux voix manquaient au
cardinal Bellisomi ; il fut un jour à la veille de les obtenir ; son élection paraissait certaine ; comme le sacré
collége était réuni dans une ville des États de l'empereur d'Allemagne, il crut devoir, avant le vote définitif,
faire une politesse à l'empereur et lui confier le choix
qui semblait arrêté. On expédia le courrier ; on pensait que ce serait l'affaire de quelques jours ; mais un
mois s'écoula sans réponse. Ces longs jours d'attente
ne servirent point la candidature du cardinal Bellisomi ;
il perdit la moitié de ses suffrages, et le cardinal Mattei, dont on aimait la piété, mais dont on jugeait le caractère un peu faible, ne gagnait rien au scrutin. Ce
fut alors que le prélat Consalvi, secrétaire général du

conclave, homme d'une habileté rare et qui s'est fait
sa place comme négociateur dans l'histoire de cette
époque, frappé de la longue impuissance des *factions*
et des inconvénients des diverses candidatures proposées, frappé aussi des dangers de l'Église, conseilla
victorieusement le choix du cardinal Chiaramonti, évêque d'Imola, humble fils de saint Benoît. Consalvi ne
triompha des résistances du modeste et saint évêque
d'Imola qu'après quinze jours de lutte ; il s'était assuré
de dix-neuf voix ; il en fallait quelques-unes de plus ;
le cardinal Maury se trouvait à la tête d'une petite *faction* de six voix, mais il ne présentait aucun candidat.
Son concours pouvait faire l'élection du cardinal Chiaramonti ; Consalvi tenta une démarche auprès de l'é-
minence française[1]. Nous laissons parler ici l'historien
de Pie VII, toujours si bien renseigné et si respectueu-
sement exact :

« Après avoir parlé avec lui (avec le cardinal Maury)
de la situation de l'Europe et de ses rapports avec le
saint-siége, terrain sur lequel Maury, ancien nonce à
Francfort, n'avait pas de peine à le suivre parce qu'il
étudiait depuis longtemps ces matières avec toute la
force de son génie ; après avoir parlé de la France avec
un tel interlocuteur plutôt sur le ton de la crainte que
sur celui de l'espérance : « Laissons l'Europe et la

[1] Les cardinaux de La Rochefoucauld, de Rohan, de Montmorency-
Laval n'avaient pas pu se rendre au conclave de Venise.

« France, avait-il dit, parlons de Votre Éminence ; d'ail-
« leurs elle a tant de tact que j'aime mieux arriver tout
« à coup que de lui laisser le plaisir de me voir venir.
« J'arrive donc. Vous, du comtat Venaissin, comment
« n'êtes-vous pas encore avec nous ? que devez-vous
« à l'empereur d'Allemagne ? vous l'avez vu couronner.
« Ah ! ce devait être un beau spectacle ! mais c'est
« Rome qui vous a envoyé à ce couronnement.

« Les choses ici sont plus avancées que vous ne
« croyez, nous avons des traditions de conclave qui
« vous manquent, à vous autres, nés loin de l'Italie !
« Ici l'on s'aperçoit très-vite qu'un pape va être élu...
« Ainsi voulez-vous tout savoir de moi ? On jette Chia-
« ramonti là, malgré lui, parce qu'on ne veut pas des
« hommes de l'empereur, ni de celui de Pavie, ni de
« tant d'autres, et on a raison ; Chiaramonti doit avoir
« cessé de résister aujourd'hui ; on lui a représenté
« qu'il ne devait pas se manquer à lui-même. Ce n'est
« pas un ambitieux que nous vous amenons, mais un
« esprit pieux, modéré et résigné qui obéit.. Vous, et
« avec vous vos six voix, vous ne présentez personne ;
« quel est votre secret ? Accordez-nous la confiance
« dont je vous donne l'exemple ; avec cela, je suis dé-
« couragé ; j'ai appris à l'instant que Joseph Doria, qui
« est un de vos six parce qu'il a été en France, et qui
« croit conduire votre *escadron* formé depuis peu, et
« que vous conduisez très-habilement vous-même, je
« le sais ; j'ai appris que Joseph Doria doit vous parler

« pour ce que nous désirons ; je lui rends cette jus-
« tice, il est convaincu ; mais, quand on a gâté les
« affaires des autres, comme il a gâté les nôtres à
« Rome, on croit se faire moins coupable et plus grand
« en prenant trop tôt un air assuré qui a ses dangers ;
« j'ai dû venir vous parler le premier ; après cela vous
« prendrez avec lui le ton que vous voudrez : moi,
« j'aurai d'abord traité avec le général. Enfin, nous
« désirons Chiaramonti ; cependant, je parlerais peut-
« être mieux si je disais que nous le désirions, car je
« suis si déterminé à ne plus rester dans cette incerti-
« tude, que je joindrai aux vôtres les voix dont nous
« disposons si vous nous révélez un choix ; je m'ex-
« prime ici en honnête homme, en ami du saint-siége.
« La guerre va ravager de nouveau l'Italie, ou peut-être
« se trouver portée même en France. Si l'Autriche s'a-
« vance dans la Provence, plus que jamais elle n'or-
« donnera pas à Naples de nous rendre Rome ; si l'Au-
« triche est repoussée, elle nous laissera encore moins
« sortir de Venise, à moins que Thugut n'ait une grande
« peur ; encore une fois, Votre Éminence n'a en vue
« ni les sujets soutenus à Vienne, ni les Italiens de la
« Lombardie ; voilà aussi ce que nous repoussons. Un
« chef tel que vous a des idées arrêtées. — Combien
« avez-vous de voix ? répondit vivement Maury. — Mais
« seulement, après nous être adressés aux deux par-
« tis, seulement dix-neuf. — Non, reprit le spirituel
« Français, vous en avez vingt-cinq, nos six voix sont

« à vous. A présent quiltons-nous, et allons annoncer
« à Chiaramonti ce dont nous sommes convenus; et
« puis cette fois-ci, ce sera *sans courrier à Vienne*,
« n'est-ce pas[1] ? »

Le cardinal Chiaramonti fut élu pape le 14 mars 1800.
Maury avait vu dans cette élection l'honneur et l'intérêt de l'Église; il lui donna un assentiment aussi prompt
que décisif. Chiaramonti devait, sous le nom de Pie VII,
montrer au monde la force morale aux prises avec la
force brutale à son degré le plus terrible : il devait être
trouvé invincible dans la persécution.

[1] *Histoire de Pie VII*, par le chevalier Artaud de Montor, tome I,
chap. V.

CHAPITRE XIV.

Lettre de Louis XVIII au cardinal Maury; il le nomme son ministre
auprès de Pie VII. — Une conversation du cardinal Maury avec le
comte de Maistre à Venise; réflexions à ce sujet; ce qu'on a dit de
l'avarice du cardinal Maury. — Son retour à Rome et à Montefiascone; belle et curieuse lettre inédite qu'il adresse en 1800 à M. de
Boisgelin. — Le premier consul obtient du pape que le cardinal Maury
ne paraisse plus à Rome.

Louis XVIII, à la date du 21 avril 1800, écrivait à
Maury pour le féliciter de sa conduite au conclave de
Venise, et lui disait ensuite en noble et touchant langage : « Le roi mon frère est mort sans avoir pu recon-
« naître le courage héroïque avec lequel vous avez
« défendu ses droits. Je n'ai pas plus de puissance
« qu'il n'en avait; mais du moins je suis maître de ma
« confiance, et je vous la donne. » Maury recevait, en
même temps que cette dépêche, la réponse du roi au
nouveau pape qui lui avait annoncé son avénement au
pontificat, et les lettres de créance qui l'accréditaient
auprès de Pie VII en qualité de ministre de Louis XVIII.

Pendant les derniers jours qu'il passa à Venise, il eut l'honneur de présenter au pape le duc de Berry, le prince de Condé et le jeune duc d'Enghien, dernier rejeton du grand Condé, qui devait tomber dans les fossés de Vincennes sous le plomb des bourreaux.

Le séjour de Maury à Venise nous rappelle un piquant morceau du comte de Maistre dans ses *Lettres et opuscules*. L'auteur des *Considérations sur la France*, tombé dans une pénible vie et réduit à des ressources précaires, passa l'hiver de 1799 à Venise, où les émigrés se rencontraient en foule, où Maury était l'objet de l'empressement universel. « A la première visite « que je lui fis, dit M. de Maistre, il me parla avec in-« térêt de ma position embarrassante et toujours avec « le ton d'un homme qui pouvait la faire cesser. En « vain je lui témoignai beaucoup d'incrédulité sur le « bonheur dont il me flattait : *Nous arrangerons cela,* « me dit-il.

« Peu de jours après, je le vis chez la baronne de « Juliana, Française émigrée qui avait une assemblée « chez elle. Il me tira à part dans une embrasure de « fenêtre ; je crus qu'il voulait me communiquer quel-« que chose qu'il avait imaginé pour me tirer de « l'abîme où je suis tombé. Il sortit de sa poche trois « pommes qu'on venait de lui donner, et dont il me fit « présent pour mes enfants. »

« Après avoir vu ma femme et mes enfants, il en fit « des éloges si excessifs qu'il m'embarrassa. *Je n'es-*

« *time jamais à demi*, me dit-il un jour en me parlan

« de moi (je ne comprends pas cependant pourquoi

« l'estime ne serait pas graduée comme le mérite).

	« Le 16 février (j'ai retenu cette date), il vint me

« voir et passa une grande partie de la matinée avec

« moi. Le soir, je le revis encore ; nous parlâmes lon-

« guement sur différents sujets qu'il rasa à tire d'aile ;

« j'ai retenu plusieurs de ses idées. Les voici mot à

« mot ; » et M. de Maistre reproduit avec une fidélité

inexorable cette conversation de Maury, décousue,

étourdie et tranchante sur l'*Académie française* et

l'*Académie des sciences*, sur les *langues*, sur les *An-*

glais et les *Français*, les *bibliothèques* et les *livres*.

On comprend que cette manière de parler et de

juger ait surpris et dérouté M. de Maistre ; l'idée qu'il

s'était faite du célèbre orateur de la constituante se

trouvait soumise à une rude épreuve ; mais, quand on

connaît Maury, il faut bien convenir qu'il était supé-

rieur à cette conversation de 1799. Maury portait un

grand talent dans une nature grossière ; les salons de

Paris et le commerce des gens de lettres l'avaient fa-

çonné sans toutefois lui donner jamais une parfaite

mesure ni la délicatesse de l'esprit ; arrivé en Italie

dans tout l'éclat de son nom, il n'avait qu'à se montrer

pour recueillir des hommages ; l'admiration guettait

toutes ses paroles ; on l'écoutait et il n'écoutait per-

sonne ; il avait beaucoup à dire, on ne se lassait pas

de l'entendre, et ses conversations depuis son départ

de Paris n'étaient plus guère qu'un monologue; ses
défauts primitifs, que plus rien ne retenait et ne com-
battait, trouvèrent le champ libre. Lorsque M. de Maistre vit Maury, les huit ans passés hors de la France
avaient rendu au cardinal ces allures libres et origi-
nales qui mettaient tout en dehors et ne prenaient
pas la peine de se régler. Quant à l'histoire des trois
pommes, est-ce un trait qu'on doive ajouter à la comé-
die de l'*Avare?* Nous ne le pensons pas. Il y avait au
fond de Maury, malgré les ardeurs et l'orgueil brutal
de sa nature, quelque chose de profondément simple;
il donna les trois pommes par un mouvement de bonté
familière qui sentait beaucoup plus Valréas que l'habitude du monde, et c'est surtout le laisser-aller du bonhomme qui domine dans cette anecdote. On a dit que
Maury était avare; peut-être y avait-il chez lui plus de
bizarrerie que d'avarice. Il combla sa famille, et quand
une de ses nièces se maria, il mit deux cent mille francs
dans la corbeille; il rendit quelquefois service à des
évêques émigrés, fit présent à l'église de son lieu natal
de beaux vases sacrés et d'ornements que l'on conserve
encore, et fonda ou enrichit de ses deniers une bibliothèque au séminaire de Montefiascone : le clergé de ce
diocèse garde la mémoire *de ses grands bienfaits;* ce
sont les expressions mêmes d'une lettre italienne qui
nous a été adressée. Le cardinal de Clermont-Tonnerre,
évêque de Châlon, s'en allant à Rome en 1803, s'arrêta
chez son collègue de Montefiascone; celui-ci s'étant

aperçu que le prélat voyageur n'avait pas d'anneau épiscopal, lui présenta son écrin, et M. de Clermont-Tonnerre choisit une topaze orientale : un avare accompli aurait, en pareille occurrence, soigneusement caché son écrin.

Le cardinal Maury avait suivi de près le pape Pie VII se dirigeant, non sans obstacles, vers Rome pour aller prendre possession de la chaire de saint Pierre ; il fut témoin de l'entrée du nouveau pontife dans la ville éternelle le 3 juillet 1800, au milieu des acclamations et de l'attendrissement du peuple. Les Romains, opprimés par la domination napolitaine, saluaient à la fois dans Pie VII le vicaire de Jésus-Christ et leur libérateur : il passa sous un arc-de-triomphe, à cette même place *del Popolo* où une couronne avait été présentée à Berthier.

Rentré à Montefiascone, Maury reprit l'administration de son diocèse et ses habitudes laborieuses. Il allait souvent à Rome, où le rappelaient ses devoirs envers le saint-siége, ses relations et ses amitiés ; il y recourait aux magnifiques ressources des bibliothèques et s'y occupait des intérêts de l'Église de France que l'échafaud ou l'exil avait privée de la plupart de ses pasteurs ; il était auprès de Pie VII l'intermédiaire de beaucoup de nos évêques proscrits. La correspondance du cardinal Maury avec ces prélats, si nous en jugeons par les fragments qui nous sont connus, était digne de l'ancien défenseur du saint-siége et de la religion à l'assem-

blée constituante. Nous avons sous les yeux une très-
curieuse et très-belle réponse à M. de Boisgelin, datée
de Montefiascone le 26 octobre 1800 ; M. de Boisgelin,
archevêque d'Aix, où il marqua son passage par des
bienfaits, collègue de Maury à la constituante et son
confrère à l'Académie, vivait alors en Angleterre comme
d'autres évêques de France; nous n'avons pas sa lettre au cardinal Maury, et nous ne pouvons pas dire
avec une pleine vérité quel était son contenu ; mais la
réponse nous l'indique suffisamment ; nous nous hâ-
tons de la reproduire et parce qu'elle mérite les regards, l'attention de la postérité, et parce qu'elle n'a
jamais vu le jour ; c'est à la fois de l'éloquence et de
la biographie, et l'on est heureux de retrouver encore, à la date de 1800, le beau caractère de l'orateur
de 1791.

 « La lettre, mon très-cher seigneur, dont vous avez
« bien voulu m'honorer, le 9 du mois dernier, exige,
« de ma reconnaissance autant que de ma franchise,
« une réponse détaillée et à cœur ouvert. Je viens
« m'acquitter de ce devoir avec l'empressement d'un
« homme qui vous respecte, vous aime et vous admire
« de toute son âme, et qui n'a rien à dissimuler avec
« vous..... D'abord, monseigneur, vous ne me devez
« aucun remercîment pour avoir fait expédier en fa-
« veur des religieuses de votre diocèse le même indult
« que j'ai obtenu pour tous les évêques de France qui
« occupent de grands siéges. Depuis l'année 1755, les

« membres de notre illustre clergé ont eu, plus d'une
« fois, le tort ou la maladresse de préjuger, et même
« de se diviser entre eux sur des questions qu'ils sa-
« vaient être soumises à l'examen du pape, ou qu'ils
« déféraient eux-mêmes à son jugement. La raison ne
« permet pas de décider quand on consulte, et la saine
« politique suffit pour conseiller aux membres d'un
« grand corps de ne pas se prononcer d'avance et sans
« nécessité quand ils ne sont pas tous d'accord. C'est
« une erreur très-déplorable et très-commune de
« croire qu'attendre c'est perdre du temps ou du ter-
« rain, surtout quand un sage délai, loin d'étouffer la
« vérité, ne tend qu'à lui mieux assurer son triomphe.
« Je regrette que notre clergé n'ait pas ainsi calculé
« les véritables intérêts de sa gloire, en s'imposant
« une circonspection inaltérable sur la *promesse de*
« *fidélité,* dès que le pape eut annoncé à toute l'Église,
« immédiatement après son exaltation, qu'il s'occupait
« de cet examen et qu'il donnerait une décision...

« Personne ne vous conteste la gloire d'avoir parfai-
« tement bien exposé les véritables principes de l'É-
« glise; mais on a été affligé de voir que vous vous sé-
« pariez de la très-grande majorité de vos collègues
« dans les conséquences pratiques que vous en tiriez...
« Mais, dites-vous, je n'ai jamais voulu composer que
« sur les moyens. C'est là, monseigneur, la question.
« Est-ce donc un simple moyen, et un moyen légitime
« de composition, ou bien n'est-ce pas sacrifier les

« principes que de promettre fidélité à une constitu-
« tion[1] qui autorise l'action des lois les plus contraires
« à l'Évangile et à la discipline générale de l'Église ?...
« Je vous avais demandé à quoi avaient servi les
« conciliations. Vous rétorquez cet argument contre
« moi, et vous me demandez à quoi ont servi les plus
« fortes oppositions?... Elles ont servi à nous sauver
« de toutes les capitulations absurdes et infâmes qui
« nous auraient déshonorés gratuitement. Elles ont
« servi à faire reculer honteusement devant nous tous
« ces perfides hypocrites que nous avons chassés de
« poste en poste, toutes les fois qu'ils ont feint de se
« rapprocher de nous pour nous tromper, nous oppri-
« mer et nous avilir. Elles ont servi à sauver notre
« honneur, avec lequel, tôt ou tard, on sauve tout.
« Elles ont servi à retenir ou à mettre dans 'nos inté-
« rêts l'opinion publique qui se serait totalement sé-
« parée de nous, si nous nous étions lassés de porter
« partout nos désastres en témoignage de la vérité
« dont nous étions les martyrs, si nous avions cessé
« de combattre pour cesser de souffrir, si nous avions
« été les dupes intéressées des accommodements les
« plus illusoires, les plus absurdes et les plus infâmes. '
« Elles ont servi à nous conserver debout au milieu
« des ruines qui nous environnaient, et nous acca-
« blaient sans pouvoir nous abattre. Enfin elles ont

[1] Il s'agit ici de la constitution de l'an VIII.

« servi à mûrir le catholicisme renaissant au fond de
« tous les cœurs, à nous reconquérir l'estime, la pitié,
« l'amour des Français, à nous conserver notre vie
« politique; car nous serions anéantis depuis long-
« temps, et la religion aurait péri en France avec nous,
« si par notre fermeté, notre courage, notre patience,
« notre invincible fidélité à nos devoirs, nous n'avions
« donné à nos concitoyens, trop malheureux pour
« n'être pas personnels sous le régime qui les écra-
« sait, le temps de se souvenir de nous, après s'être
« soustraits à l'oppression, de s'intéresser à notre sort,
« et de rappeler avec nous la religion qui semblait
« anéantie, et qui, heureusement associée à notre sort,
« n'a plus été pour les Français qu'une émigrée vers
« laquelle tous les cœurs heureux ou malheureux ont
« été entraînés par admiration, par pitié, par intérêt
« et par amour. On oublie un tronc renversé qui lan-
« guit tristement sur la terre; mais on contemple
« avec respect la dernière poutre qui résiste encore,
« et soutient seule un édifice qui s'écroule de toute
« part.

« Voilà, monseigneur, à quoi ont servi nos opposi-
« tions.

« Vous avez la bonté de me parler ensuite, avec
« beaucoup d'intérêt et de satisfaction, de ma fortune,
« et vous me dites que je dois sentir mieux que per-
« sonne que vos travaux et vos services n'ont pas ob-
« tenu la plus faible récompense.

« Vous avez certainement beaucoup trop d'esprit
« pour ne pas vous être expliqué la différence de notre
« sort. Je ne songeais aucunement à la fortune, quand
« je me dévouais, durant le cours de notre première
« assemblée, à la défense de tous les droits légitimes.

« L'avenir, qui se réduisait alors pour moi à chaque
« jour ou tout au plus au lendemain, ne me montrait
« qu'une mort inévitable, à laquelle je m'attendais, et
« dont la Providence m'a préservé par une affluence
« de miracles journaliers. Le sacrifice de ma vie était
« fait de très-bonne foi dans le fond de mon cœur, et
« ce n'est pas celui qui m'avait le plus coûté. Si j'attri-
« buais mon inconcevable conservation à des moyens
« humains, je croirais fermement que c'est à mon mé-
« pris franc et continu pour la mort, que je suis rede-
« vable de ma vie. J'ai vu la lanterne et les poignards
« levés sur moi d'assez près pour me souvenir des plai-
« santeries et du sang-froid dont je me servais pour
« désarmer la multitude. J'étais étonné moi-même de
« cette présence d'esprit qui me venait du parti bien
« pris et bien arrêté de ne compter ma vie pour rien.

« Surpris de me trouver encore vivant à la fin de
« nos séances, je ne le fus pas moins quand je sus que
« l'immortel Pie VI m'appelait auprès de lui pour me
« créer cardinal. Je ne suis donc nullement respon-
« sable de ma fortune. L'heureuse circonstance d'être
« né sous la domination temporelle du saint-siége me
« mettait dans une classe à part, et cette considéra-

« tion était décisive en ma faveur dans l'esprit de
« Pie VI qui, sous ce rapport, ne voyait personne en
« France sur ma ligne. Je me souviens que, touché,
« dans mon premier entretien avec lui, de ma confu-
« sion et de ma reconnaissance, il me rappela que son
« prédécesseur, saint Pie V, avait créé cardinal Tho-
« mas Soucher, abbé de Clairvaux, pour avoir été l'un
« des plus illustres et des plus utiles théologiens du
« concile de Trente. Ce qu'il fit pour un Français, ajou-
« ta-t-il, nous le ferons, à plus forte raison, pour un
« sujet de l'Église romaine. Voilà le mot de l'énigme et
« l'explication de la préférence que j'ai obtenue.

« Quant à vous, monseigneur, vous ne pouviez rece-
« voir des récompenses qu'en France ou par la France.
« Cette seule différence, qui ne saurait échapper à
« votre sagacité, ne me permet pas de douter que vous
« n'ayez applaudi sincèrement à mon bonheur, qui
« aurait doublé de prix à mes yeux, si j'avais pu le par-
« tager avec vous et plusieurs de vos collègues. J'ai
« pris souvent la liberté de plaider auprès du feu pape
« vos droits communs à ses faveurs les plus signalées.
« Je vous ai, plus d'une fois, défendu auprès de lui.
« On lui avait donné, de longue main, des impressions
« défavorables contre vous, et j'en connaissais l'ori-
« gine. Il se plaignait... Mais j'ajoute que je l'avais ra-
« mené sur votre compte, et que je lui avais persuadé
« enfin, comme je le crois, que vous méritiez une
« grande récompense. Il vous l'aurait accordée, s'il

13.

« eût assez vécu pour pouvoir vous décorer, sans être
« obligé de vous doter, ce qui lui était véritablement
« impossible. *Veneficia mea hæc sunt Quirites.* »

M. de Boisgelin fut nommé cardinal deux ans après
cette lettre. Il est vraisemblable que les bons offices du
cardinal Maury, alors très-influent à Rome, le servirent beaucoup auprès du souverain pontife. On aura
remarqué, dans cette lettre, avec quelle grande vigueur
de parole Maury explique *à quoi ont servi les oppositions*, et ce n'est pas sans un vif intérêt qu'on l'aura entendu lui-même parler de ses jours de lutte périlleuse
en face de la révolution.

En 1801, pendant que Consalvi, devenu cardinal et
secrétaire d'État du gouvernement pontifical, négociait
à Paris le concordat avec le premier consul, et que
M. Cacault, habile ministre de Bonaparte à Rome, attendait à Florence le résultat des négociations, le cardinal Maury sentit autour de lui la main du nouveau
maître de la France. Il nous faut ici donner la parole
au secrétaire de légation, que M. Cacault avait laissé à
Rome, car le secrétaire est l'historien même de Pie VII.

« Ce fut alors, dit M. Artaud, qu'il arriva, on ne sait
« comment, que des agents étrangers à la diploma-
« tie écrivirent au premier consul contre le cardinal
« Maury, qui, de Montefiascone, venait quelquefois
« passer plusieurs jours à Rome pour des raisons fort
« innocentes, souvent pour acheter des livres. Bona-
« parte, animé par ces rapports, et déjà dévoré d'une

« grande haine contre la maison de Bourbon, voulut
« que le pape défendît à ce cardinal de paraître désor-
« mais à Rome. Il est pénible de dire que le gouver-
« nement romain donna, à ce sujet, toute satisfaction
« aux ennemis du cardinal Maury, malgré quelques
« bonnes paroles en faveur de cette Éminence, que
« M. le cardinal Consalvi avait essayé de dire à Paris.
« A ce sujet le cardinal Joseph Doria m'écrivait offi-
« ciellement, le 22 juillet, que le cardinal Maury était
« retourné à son évêché de Montefiascone; ce qui si-
« gnifiait, m'avait-il dit verbalement d'avance, que
« cette Éminence ne viendrait plus à Rome. Le cardi-
« nal allait jusqu'à m'assurer que le cardinal Maury
« était parti à huit heures et demie, ce qui veut dire,
« pour le mois de juillet, d'après la manière de comp-
« ter des Italiens, quatre heures du matin. Je ne con-
« naissais pas le cardinal Maury; mais j'avais de l'ad-
« miration pour lui, et je pensais avec peine qu'il
« venait d'éprouver un chagrin. Ce cardinal n'avait ja-
« mais eu une conduite reprochable, même dans le
« sens de ses opinions alors opposées à celles de Bo-
« naparte. La correspondance avec Louis XVIII avait
« presque cessé, et ce cardinal, qui venait de rendre
« de grands services dans le conclave, et à qui on
« adressait alors des promesses magnifiques, méritait
« que l'on parût se souvenir de ces circonstances. »

Depuis qu'un ambassadeur du premier consul avait
été accrédité auprès du saint-siége, Maury ne se pré-

sentait plus à Pie VII comme ministre de Louis XVIII ; un moment il espéra voiler cette qualité sous le titre de *protecteur des églises de France* à Rome ; la difficulté restait la même : la cour de Rome craignait de déplaire au jeune vainqueur de l'Italie. Maury se trouvait ainsi placé entre la prudente circonspection du pape et les susceptibilités impérieuses de Bonaparte. Nous voici près de l'écueil où l'honneur politique de Maury va faire naufrage.

CHAPITRE XV.

Il était d'usage que chaque année, à l'occasion ... fêtes de Noël et du jour de l'an, le Sacré-Collége écriv... aux souverains ; en 1803, les cardinaux songeaient à adresser au premier consul les compliments d'usage, comme ils l'avaient déjà fait en 1802 ; chacun d'eu... reçut du pape un formulaire pour le *trattamento* adopt... à l'égard du premier consul. Maury écrivit à Louis XVIII pour lui exposer son embarras. Il ne devait pas y avoir d'embarras pour un homme fermement décidé à rem-

plir son devoir ; l'hésitation de la part de celui que le
roi avait honoré de sa confiance était déjà presque une
désertion. Voici la réponse que lui adressa Louis XVIII
à la date du 22 octobre 1803 : « Le roi voit avec une
« peine bien vive la position personnelle du cardinal
« Maury. Il faudrait être sur les lieux pour bien juger
« des sacrifices que cette position et l'unanimité des
« démarches du Sacré-Collége peuvent imposer au car-
« dinal Maury. Ce qu'il y a de sûr, c'est que le roi n'en
« sera pas plus scandalisé qu'il ne le fut jadis de lui
« voir porter un ruban *tricolore*. » Ce ruban tricolore
était un souvenir de la fête de la fédération ; on avait
pu le porter sans se compromettre ; mais il était tout
simple que Louis XVIII en eût gardé une impression
différente.

Maury n'adressa aucune lettre à Bonaparte en 1803 ;
au mois d'août de l'année suivante, ayant reçu, par
ordre du pape, comme tous les autres cardinaux, une
lettre officielle qui lui annonçait que le Saint-Père
venait de reconnaître la souveraineté de Napoléon, il
écrivit au nouveau maître de la France une lettre de
félicitation. On va la lire :

« Sire, c'est par sentiment autant que par devoir,
« que je me réunis loyalement à tous les membres du
« Sacré-Collége pour supplier Votre Majesté Impériale
« d'agréer avec bonté et confiance mes sincères féli-
« citations sur son avénement au trône. Le salut public
« doit être, dans tous les temps, la suprême loi des

« esprits raisonnables. Je suis Français, Sire ; je veux
« l'être toujours. J'ai constamment et hautement pro-
« fessé que le gouvernement de France était, sous tous
« les rapports, essentiellement monarchique. C'est
« une opinion à laquelle je n'ai cessé de me rallier
« avant que la nécessité de ce régime nous fût géné-
« ralement démontrée par tant de désastres, et que
« les conquêtes de Votre Majesté, qui ont si glorieuse-
« ment reculé nos frontières, eussent encore augmenté
« dans un si vaste empire le besoin manifeste de cette
« unité de pouvoir. Nul Français n'a donc plus que
« moi le droit d'applaudir au rétablissement d'un
« trône héréditaire dans ma patrie, puisque j'ai tou-
« jours pensé que toute autre forme de gouvernement
« ne serait jamais pour elle qu'une intermittente et
« incurable anarchie. Je me trouve ainsi à la fin de
« notre révolution sur la même ligne des principes
« que j'ai défendus au fréquent péril de ma vie depuis
« le premier jour de son origine et durant tout son
« cours. Je sens vivement, Sire, dans ce moment sur-
« tout, le bonheur de n'être que conséquent et fidèle à
« mon invariable doctrine, en déposant aux pieds de
« Votre Majesté Impériale l'hommage de mon adhé-
« sion pleine et entière au vœu national qui vient de
« l'appeler à la suprême puissance impériale, et d'as-
« surer solidement la tranquillité de l'avenir, en assi-
« gnant à son auguste famille un si magnifique héri-
« tage. Un diadème d'empereur orne justement et

« dignement à mes yeux le front d'un héros qui, après
« avoir été si souvent couronné par la victoire, a su se
« soutenir par son rare génie dans la législation, dans
« l'administration et dans la politique, à la hauteur de
« sa renommée toujours croissante, en rétablissant la
« religion dans son empire, en illustrant le nom fran-
« çais dans tous les genres de gloire, et en terrassant
« cet esprit de faction et de trouble qui perpétuait les
« fléaux de la révolution en la recommençant tou-
« jours. »

Il y a dans cette lettre de grands efforts pour paraître *conséquent et fidèle;* mais cette continuité de
sentiment monarchique, en changeant d'objet, était
tout simplement une défection. Il n'appartenait pas à
l'ami des princes, à l'ambassadeur de Louis XVIII à
Rome d'oublier qu'il y avait encore en Europe une
maison de Bourbon : on aurait pu croire, à la lecture
de cette lettre, que les descendants de saint Louis et de
Louis XIV étaient effacés de la terre.

Le *Moniteur* se hâta de la reproduire ; Bonaparte en
fit trophée; le retentissement en fut immense. Les
royalistes de France stupéfaits refusèrent d'abord de
croire à l'authenticité de la lettre, et n'y virent qu'une
imposture. L'Europe s'étonna, et, dès ce jour, le nom
de Maury cessa d'être prononcé avec respect[1]. Les

---

[1] Un bon mot fit alors fortune à l'occasion d'un portrait du cardinal
Maury : « Je l'aime mieux *avant la lettre.* »

beaux caractères sont comme un patrimoine d'honneur pour tous les gens de bien ; leur chute soudaine est une sorte de banqueroute faite aux âmes honnêtes. Maury craignait de se « sacrifier sans espérance, sans « nécessité, comme sans fruit..., par un refus isolé, « inutile et très-désastreux pour lui dans sa solitude, « où il se trouvait à la merci de la France alors toute- « puissante en Italie¹. » Si, à cette époque, il s'était sacrifié *sans espérance*, ce n'eût pas été *sans nécessité ni sans fruit* ; il est toujours *nécessaire* de rester fidèle, et l'on n'a pas souffert *sans fruit* quand on a gardé l'honneur de son nom. Dans une lettre à un ami, où il exposait les motifs de sa nouvelle attitude, Maury parlait de *salut public*, *d'assentiment universel* au nouveau pouvoir ; ce sont les éternels prétextes aux défaillances, ce ne sont pas des justifications. Le cardinal répétait souvent qu'il n'avait écrit à Napoléon que pour obéir à un ordre du pape, soit ; mais le pape ne lui avait pas commandé l'expression d'un enthousiasme si vif et d'un dévouement si ardent et si nouveau.

D'ailleurs Maury, dans ses laborieux efforts pour se faire absoudre, n'a pas voulu, n'a pas osé dire le vrai mot : il s'ennuyait à Montefiascone ! il regrettait ce Paris où s'était écoulée sa brillante jeunesse, Paris, où il avait trouvé la gloire et les joies de l'esprit. « Je ne

---

¹ Mémoire de Maury, imprimé en 1814.

« connais pas d'autre bonheur que mes souvenirs,
« écrivait-il de Montefiascone, et je me regrette sou-
« vent moi-même dans mon exil solitaire. » Maury,
prince de l'Église, honoré de l'estime et de l'amitié du
pape et des rois, jouissant d'une gloire conquise par
le noble emploi d'un grand talent, que pouvait-il désirer ? A quel sentiment d'ambition pouvait-il s'abandonner ? Il ne lui manquait rien, excepté Paris; c'est à
Paris que le ramenait sa pensée; et, quand Paris lui
sembla habitable, sous la puissante main qui avait rétabli l'ordre, Maury chercha l'occasion d'en reprendre
le chemin. Il avait d'ailleurs peu de goût pour les Italiens. L'ennui triompha misérablement de cette âme
que n'avaient pu vaincre ni émouvoir les plus terribles menaces de la révolution; plus patiente dans
l'épreuve, elle aurait mieux compris les desseins de la
Providence au milieu des événements qui ébranlaient
l'univers.

C'est à Aix-la-Chapelle que Napoléon reçut la lettre
de Maury; il lui répondit pour « l'assurer de l'intérêt
« qu'il prendrait dans tous les temps à sa satisfaction,
« et de l'estime particulière qu'il avait pour lui. »

Lorsque Pie VII, en route pour venir sacrer Napoléon, arriva à Radicofani, le 3 novembre 1804, il y
trouva le cardinal Maury, qui était venu le complimen-
ter à la tête de son clergé. « Ils s'entretinrent long-
« temps ensemble, » dit l'historien de Pie VII. « Le
« cardinal pria le pape d'aller un jour, sans prévenir

« personne, dire la messe dans l'église des Carmes, à
« Paris, où avaient péri tant de prêtres ; il lui dit
« qu'une telle visite, en un tel lieu, produirait un effet
« très-remarquable sur l'esprit des catholiques. Il
« paraît que le pape ne put pas donner suite à cette
« pensée si grande, si religieuse. Malheureusement,
« dans le cours de cet entretien, en parlant des griefs
« que le cabinet de Paris assurait avoir contre Rome,
« le pape dit au cardinal : *Ma perchè ? voi siete tanto*
« *odiato da questi Francesi* [1]. » Cette détestation, dont
parle ici le saint-père, est celle qui poursuivait officiellement toute hostilité contre le gouvernement de Napoléon ; le pape oubliait en ce moment que le cardinal
Maury n'était plus un ennemi du gouvernement français, et que sa lettre de félicitation à Napoléon faisait
le tour du monde.

Maury, après sa soumission à l'empereur, ne se hâta
point de revenir dans sa patrie ; il fit une réponse éva-
sive à la première invitation de Napoléon, et ne se
rendit même pas à des instances répétées ; il semblait
vouloir reculer le moment où devait s'achever sa défection. Au mois de juin 1805, Cambacérès lui écrivit
que l'empereur, après son couronnement à Milan,
s'arrêterait à Gênes, qu'il *ferait ainsi la moitié du chemin*, et qu'on espérait que le cardinal Maury *ferait
l'autre moitié*. Ce fut donc à Gênes que le cardinal

---

[1] *Histoire de Pie VII*, par M. Artaud de Montor, t. I, ch. XXXVIII.

présenta en personne ses premiers hommages à Napoléon, le 1ᵉʳ juillet 1805. Napoléon, ce grand fascinateur, n'eut pas besoin d'un long effort pour séduire Maury. « Après cinq minutes de conversation, » disait plus tard le cardinal, « je fus ébloui et je me sentis « tout à lui. » L'hostilité de Maury contre Bonaparte avait plus d'une fois attiré des plaintes à la cour de Rome de la part du gouvernement français ; sa nouvelle démarche lui assurait des droits auxquels le ministère de Napoléon donna officiellement satisfaction. M. de Talleyrand, dans une lettre adressée au cardinal Consalvi, et datée de Gênes, le 4 juillet 1805, s'exprimait ainsi :

« Votre Éminence a su que Mgr le cardinal Maury « se rendait à Gênes ; elle ne sera pas surprise d'ap- « prendre que Sa Majesté, à qui il a été présenté le « 11 de ce mois (le 11 messidor), et qui aime à rap- « procher tous les partis, dès qu'on se montre Fran- « çais, l'a reçu avec beaucoup de bienveillance. Les « événements qu'il a traversés et les honneurs qu'il a « mérité d'obtenir du saint-siége, ne pouvaient que « faire paraître encore plus recommandables les ta- « lents qu'il a constamment montrés. J'ai eu person- « nellement grand plaisir à me retrouver avec l'un « des membres distingués d'une assemblée où la diffé- « rence d'opinion n'a pas empêché qu'on ne s'aimât « et qu'on ne s'estimât. »

Le ministre termine sa lettre en recommandant avec

insistance au cardinal Consalvi le neveu du cardinal Maury, qui avait été élevé, à Rome, au collège de l'Académie ecclésiastique.

Maury se retrouva dans Paris à la fin de mai 1806 ; ses amis d'autrefois ne lui cachèrent point leur surprise. Mais la présence de ce fameux abbé Maury, dont le nom avait tant retenti, et qui, depuis quinze ans, vivait hors de France, excita une très-grande curiosité ; le peuple se rassemblait pour le voir et suivait sa voiture. Trois mois après son retour, il était nommé aumônier de Jérôme, et recevait ensuite le traitement de cardinal français. Maury n'appartenait plus à l'Académie ; il n'avait pas été compris parmi les membres de l'Institut à l'époque de sa formation, en 1796 ; et, dans la nouvelle organisation de 1803, il fut le seul membre de l'ancienne Académie française laissé en dehors de la deuxième classe. Une nouvelle élection lui rouvrit les portes de l'Institut ; il remplaçait Target, son confrère avant la révolution, et qui n'était entré qu'après lui à l'Académie.

Sa réception occupa beaucoup le public. A l'Académie, on pratique l'égalité de la république des lettres, égalité qui n'est menaçante pour personne et qui est honorable pour tous ; le maréchal de Beauveau disait que les premiers personnages de l'État venaient y *briguer l'honneur d'être les égaux des gens de lettres*. Mais le cardinal Maury voulut être appelé *Monseigneur* et *Éminence* dans la réponse du président de l'illustre corps littéraire ; l'Académie, se retranchant derrière son règlement, ne consentait pas à lui donner ce titre; ce fut à cette occasion qu'un de ses confrères, Regnault-de-Saint-Jean-d'Angely, se permit de lui demander en public *ce qu'il pensait donc valoir :* « Très-« peu quand je me considère, » répondit Maury avec calme, « mais beaucoup quand je me compare. » L'Académie céda à la suite d'un article du *Moniteur,* qui laissait voir la volonté de l'empereur. Elle vengea son indépendance un peu compromise en chargeant un simple ecclésiastique, l'abbé Sicard, de répondre à l'exigeant et superbe cardinal. Le bon abbé prit, du reste, son rôle fort au sérieux, ne crut pas faire acte de complaisance, et si Maury avait eu de la modestie, elle eût bien souffert de tant de louanges que lui décerna l'habile instituteur des sourds-muets.

Le discours de réception du cardinal eut peu de succès ; il parla trop de lui, et exalta sans mesure l'homme aux pieds de qui il avait renié sa foi politique. Il disait que, *désenchanté de toute illusion*, il n'avait pu se défendre de se réunir à ses concitoyens *las du désordre et fatigués d'une tyrannique liberté* ; il prétendait s'être rapproché du nouveau gouvernement *avec l'intégrité de ses principes.* Maury louait Napoléon de s'être *allié à la révolution pour en détruire tous les principes désorganisateurs après avoir sagement transigé avec ses inévitables conséquences.* Il trouvait dans *l'ensemble de son étonnante destinée je ne sais quoi de plus grand que nature,* et appelait cette vie, si remplie de journées historiques, une *vie classique.* C'était en 1807, et les motifs d'enthousiasme ne manquaient pas à l'imagination du nouvel ami de Bonaparte. Il osa demander que le *héros de la paix* devînt le *noble rival du héros de la guerre;* on n'entendait pas souvent alors, dans un discours public, des mots tels que ceux-ci : *C'est assez de victoires, assez de triomphes, assez de prodiges.* Les souvenirs de la constituante faisaient dire à Maury avec vérité : « On croyait avoir tout fait « parce qu'on avait tout détruit. » Il fut heureux en rappelant les jours de l'ancienne Académie française, « ces jours, disait-il, où vos séances particulières con- « servaient, avec les principes du goût et la pureté de « la langue, les longs et classiques souvenirs du grand « siècle dont j'ai fréquenté parmi vous les derniers « contemporains. » Il y a dans ce discours une partie intéressante, celle qui, à propos de Target, touche au barreau français, à l'éloquence judiciaire, aux rela- tions du corps des avocats avec l'Académie, à l'ori- gine des visites des candidats exigées par le règle- ment.

Maury lut dans la même séance l'éloge de l'abbé de Radonvilliers, qui fut successivement jésuite, secrétaire du cardinal de La Rochefoucauld dans son ambassade à Rome et durant son ministère de la feuille des béné- fices, sous-précepteur des enfants de France, succes- seur de Marivaux à l'Académie française et conseiller d'État. L'abbé de Radonvilliers avait reçu à l'Académie Delille, Ducis et Malesherbes ; dans sa réponse à Ducis, qui succédait à Voltaire, il eut le courage, tout en louant ce vaste et brillant esprit, de déplorer des écarts peu profitables à sa gloire ; il le blâma de *n'avoir pas dédaigné, comme les grands auteurs du siècle de Louis XIV, et abandonné à des écrivains sans génie, cette triste célébrité qui s'acquiert malheureusement par l'audace et par la licence.* Le fauteuil laissé vacant par sa mort, en 1789, n'avait pas été rempli ; l'hommage académique avait manqué à sa mémoire ; Maury lui paya un tribut tardif et mérité dans cette séance du 6 mai 1807. Les biographes ont légèrement parlé de cet éloge de l'abbé de Radonvilliers. C'est un important morceau littéraire, très-habilement écrit, très-bien pensé, plein de vues ingénieuses ; Maury ne tenait pas sous la main un de ces sujets dont la richesse inspiratrice remue l'imagination ; son héros se recommandait par la vertu et le talent, mais il avait passé sans grand éclat ; le cardinal devait rendre compte d'une *Méthode d'étudier les langues,* d'*Opuscules* et de *Fragments* oubliés. Il féconda ce sujet d'une ingrate apparence, ramassa les meilleurs, les plus beaux souvenirs de son ancien confrère et en fit autant de tableaux ; il entra avec une force supérieure dans les secrets de la langue et de la grammaire, et, tandis qu'il peignait l'abbé de Radonvilliers, *dévoilant,* dans ses nouvelles méthodes, *les beautés les plus cachées de l'art d'écrire*, lui-même en parlait magistralement et en offrait des modèles. Après avoir fait revivre l'esprit et les œuvres de cet homme modeste et distingué dont on ne se souvenait plus, Maury s'attachait à mettre sa vertu en lumière ; il s'était livré à des recherches sur ses pieuses et abondantes libéralités ; il s'animait au récit de ses aumônes, et c'est avec enthousiasme qu'il louait sa charité.

On sait qu'à l'époque du mariage de Napoléon avec Marie-Louise, les vingt-deux cardinaux, présents à Paris, n'assistèrent pas tous à la cérémonie religieuse, qui eut lieu au Louvre le 2 avril 1810 ; quatorze s'abstinrent d'y paraître, se fondant sur l'incompétence de l'officialité qui avait prononcé la nullité du lien spirituel, et attribuant au pape seul le droit de délier ; huit ne partagèrent point ces scrupules et occupèrent un fauteuil à la chapelle ; parmi ceux-ci figurait le cardinal Maury. Il vit les quatres reines de Westphalie, de Hollande, de Naples et d'Espagne porter la queue de la robe de l'impératrice ; il y eut un moment assez prolongé d'hésitation de leur part, quand il leur fallut se baisser pour remplir cet office derrière Marie-Louise qui se dirigeait vers l'autel pour les premières oraisons où l'épouse reçoit l'anneau ; mais un regard terrible lancé par l'empereur soumit tout à coup les royales fiertés, qui eussent bien voulu se dérober à ce rôle. Nous n'avons pas besoin de rappeler que les cardinaux absents ne tardèrent pas à être punis de leurs scrupules religieux ; l'empereur leur interdit de porter la pourpre, et on les appela les cardinaux noirs.

Les défaillances politiques ne mènent pas toujours, Dieu merci, aux défaillances en matière de religion ; mais l'histoire nous apprend à quelles extrémités peut exposer les hommes, même les hommes revêtus d'un caractère sacré, le parti pris de s'abaisser devant la domination. Nous avons vu Maury manquer à ses devoirs envers la royauté dont il avait été le serviteur ; il va manquer à d'autres devoirs.

CHAPITRE XVI.

Situation du pape, obligé de recourir au refus de l'institution canonique comme à un moyen légitime de défense. — Le cardinal Maury,
nommé archevêque de Paris, reçoit du chapitre de Notre-Dame le
titre et les pouvoirs d'administrateur capitulaire; il est félicité par le
chapitre. — Comment il débute dans son administration. — En quoi
l'acceptation du cardinal Maury violait la règle ecclésiastique; ré-
sumé historique de la question des administrations capitulaires;
erreur commune à cet égard en 1810. — Quels furent les premiers
torts du cardinal Maury dans son acceptation. — Sa lettre à Pie VII.
— Relations secrètes entre Savone et Paris. — Réponse du pape le
5 novembre 1810. — Prétextes sous lesquels le cardinal Maury résiste au bref du 5 novembre.

Un décret de Napoléon, daté du 17 mai 1809, au
camp de Vienne, avait spolié le pape et réuni ses États
à l'empire français : on connaît la belle protestation
de Pie VII. Usant des seules armes qui fussent en son
pouvoir, il fulminait, le 10 juin 1809, une bulle d'excommunication contre l'envahisseur de ses domaines;
cet acte solennel de la plus haute autorité spirituelle
remuait moins les âmes que dans les siècles de foi,
mais il ne pouvait être indifférent à Napoléon qu'on

appelait le *restaurateur de la religion en France*. La
bulle d'excommunication ne fut pas, comme on l'a dit,
le trait du vieux Priam contre le fils d'Achille; il ne
demeura pas suspendu au bouclier de Pyrrhus, mais
alla plus avant qu'on n'a cru. Napoléon en riait? Non,
il n'en riait pas. Ne dit-il pas un jour à Fontainebleau
ce mot profond: *Je ne puis me rétablir, j'ai choqué les
peuples?* La gloire du vainqueur de Wagram reçut une
rude atteinte des ordres par lesquels le saint vieillard
de Rome fut arraché à sa demeure du Quirinal et traîné
de ville en ville jusqu'à Savone, dont on fit sa prison.
La captivité du pape et la dispersion des congréga-
tions romaines suspendaient violemment les rapports
du pontife avec l'Eglise universelle : l'administration
religieuse du monde catholique échappait aux mains
garrottées du Père commun. Après le grand coup qu'il
avait frappé le 10 juin, il lui restait un autre moyen légitime de défense: le refus de l'institution canonique
aux évêques nommés par Napoléon. Le siége de Paris
étant devenu vacant par la mort du cardinal de Belloy
(le 10 juin 1805), Napoléon y appela le cardinal Fesch,
archevêque de Lyon, dans l'espoir de trouver en lui
un souple instrument de sa volonté; l'oncle de l'empereur n'accepta qu'avec répugnance, ne répondit
rien ou presque rien au chapitre de Notre-Dame qui
vint lui offrir les pouvoirs d'administrateur capitulaire,
s'abstint d'officier dans la métropole, et, après plusieurs mois de situation incertaine et de réserve, il en-

voya sa démission au ministre des cultes, se fondant
sur les liens qui l'attachaient à l'Eglise de Lyon et
dont le pape ne l'avait point affranchi. Ce fut à Fontainebleau que Napoléon connut cette démission; il laissa
éclater sa colère, et songea tout de suite à Maury;
celui-ci se trouvait à Fontainebleau; il est mandé dans
le cabinet du maître, qui lui demande son serment
d'archevêque de Paris avant même de lui annoncer sa
nomination [1]; il prêta le serment en habit et manteau
courts. On dit que Maury, qui pourtant avait connu
les tempêtes, fut si ému de cette scène soudaine, du
son de voix et de l'air terrible de Napoléon en ce mo-
ment-là, qu'il faillit s'évanouir. Le chapitre de la métropole de Paris, placé sous le coup d'une invitation
formelle qui équivalait à un ordre, conféra à l'archevêque nommé le titre et les pouvoirs d'*administrateur
capitulaire du diocèse;* ce ne fut pas à l'unanimité, mais
à la majorité, car l'archevêque nommé n'inspirait pas
une entière confiance. L'abbé d'Astros, le jeune vicaire
général du diocèse, président de l'assemblée capitulaire, vota avec la minorité. Il crut que sa qualité de
président ne lui permettait pas de se dérober à la démarche de convenance par laquelle le cardinal reçut
les félicitations du chapitre. « Monseigneur, lui dit
« l'abbé d'Astros en tête de la députation, nous ve-

---

[1] *Vie du cardinal d'Astros, archevêque de Toulouse,* par le
R. P. Caussette. Ce livre substantiel, plein de faits nouveaux, est
écrit avec talent et fermeté.

« nous, au nom du chapitre métropolitain de Paris,
« vous féliciter de votre nomination à ce siége, et prier
« Votre Eminence de prendre en main l'administration
« du diocèse. Il n'est personne qui ne se rappelle en
« ce moment, monseigneur, avec quelle éloquence et
« avec quel courage vous avez défendu, dans le
« temps, la cause de la religion et du clergé. » Le cardinal pâlit et parla de son attachement au saint-siége.
« Je n'irai m'asseoir sur la chaire épiscopale de Paris,
« répondit-il, qu'autant que le pape me prendra par la
« main pour m'y faire monter [1]. » Le discours du vicaire général était expressif dans sa brièveté ; Maury
en comprit la portée ; il comprit aussi qu'il aurait à
compter avec ce jeune prêtre qui venait de lui adresser la parole.

Depuis son retour à Paris, le cardinal Maury, peu
recherché dans la société dont il avait déserté les affections politiques, mais toujours épris du monde, fréquentait beaucoup les salons officiels et allait partout
où l'esprit suffit pour se faire écouter ; les anecdotes
sur le xviiie siècle et les récits de l'émigration s'échappaient de sa bouche en flots intarissables ; conteur
animé, plus près du gros sel que de la fleur délicate de la pensée, et parfois poussant la verve jusqu'à
l'invention, il intéressait, égayait et charmait dans ses
dîners en ville, et rarement il dînait chez lui. Dès que

---

[1] *Vie du cardinal d'Astros*, par le R. P. Caussette, p. 175.

le cardinal fut nommé archevêque de Paris, il se traça un plan de conduite dont il ne garda pas le secret pour sa conscience, mais qu'il prétendit avoir confié à l'empereur et qu'il crut devoir ne laisser ignorer à personne : c'était le plan d'une vie plus retirée avec toute l'exactitude épiscopale, avec d'abondantes aumônes et la prière en commun. L'archevêque nommé se proposait pour modèles MM. de Beaumont et de Juigné dont il avait vu de près les vertus et la piété. Il marqua sa première apparition au conseil par une faute ; au lieu d'abriter sa position équivoque sous l'autorité incontestable des grands vicaires capitulaires, il se mit assez audacieusement en relief et ne se fût pas posé autrement s'il avait été en possession de l'institution canonique ; le cardinal annonça au conseil que les actes ne porteraient que sa seule signature !

Maury, en se plaçant, dans ces conditions, à la tête de l'administration du diocèse de Paris, servait les desseins de Bonaparte, qui voulait se passer du pape ; le premier consul, dans les *articles organiques*, avait refusé de reconnaître le droit des chapitres ; l'empereur, changeant d'avis selon ses besoins, s'attachait à ce droit. En quoi Maury, instrument de la volonté impériale, violait-il la règle ecclésiastique ? C'est ce qu'il faut examiner et préciser.

L'ancienne discipline, conforme aux saints canons, veut que les diocèses, pendant la vacance des siéges, soient gouvernés par les vicaires généraux capitulaires ;

elle ne permet pas aux chapitres de déléguer leurs pouvoirs à l'évêque nommé ; celui-ci n'a pas le droit de se mêler de l'administration du diocèse tant qu'il n'est pas muni de ses bulles. Il y a un sens profond dans cette loi qui tient à la constitution même de l'Eglise catholique. Elle marque la distinction entre le spirituel et le temporel, les limites où finit le droit du prince, où commence un autre droit. Si les chapitres, obéissant aux injonctions du souverain, pouvaient déléguer l'autorité aux évêques nommés, le souverain deviendait, par le fait, le maître du spirituel ; les liens avec le centre de l'unité se rompraient bien vite ; les bornes des deux puissances étant ainsi arrachées, la confusion serait facile et l'oppression inévitable. Cette question se rattache à l'ancienne grande querelle du sacerdoce et de l'empire pour les investitures ; Rome défendait son indépendance en même temps que l'indépendance de la conscience humaine. L'institution canonique c'est le droit qui descend de sa source divine et va se communiquer ; l'administration sans bulles c'est l'usurpation.

La défense faite aux évêques nommés de s'ingérer dans l'administration du diocèse est ancienne, expresse, positive ; elle était une tradition et une règle ; et comme l'Église se prononce à mesure que les besoins des temps l'exigent, elle fut amenée par des abus et des désordres à parler solennellement sur ce point dans la seconde moitié du xiiie siècle. Le canon du

second concile de Lyon, concile œcuménique tenu
en 1274, est devenu célèbre ; il a été confirmé par les
décrétales de Boniface VIII, d'Alexandre V et de
Jules II. Voici la traduction du décret :

« Une aveugle cupidité et une damnable ambition
« s'emparant de certaines âmes, les poussent à cette
« témérité, de travailler à usurper, par artifice et par
« fraude, des droits qu'ils savent bien leur être inter-
« dits par les lois. Ainsi, quelques-uns étant élus pour
« gouverner les églises, et ne pouvant, à cause de la
« défense qui leur en est faite par les lois, s'ingérer
« d'eux-mêmes, avant que leur élection soit confir-
« mée, dans l'administration des églises qu'ils sont
« appelés à gouverner, se font donner cette adminis-
« tration sous les titres de procureur ou d'économe.
« Mais comme il ne faut point conniver à la perver-
« sité des hommes, nous, voulant plus abondamment
« y pourvoir, décrétons, par cette constitution géné-
« rale, que personne désormais ne présume de pren-
« dre ou de recevoir, soit au spirituel, soit au tempo-
« rel, par soi-même ou par autrui, à titre d'économat
« ou de procuration, ou sous tout autre nouveau titre
« ou tout autre couleur quelconque, l'administration
« de la dignité à laquelle il est élu, ou de s'y immiscer,
« avant que son élection ait été confirmée, sous peine,
« pour tous ceux qui enfreindront la défense, de per-
« dre par là même tous les droits qui leur étaient
« acquis par l'élection. »

L'assemblée du clergé de France en 1595 établit la même doctrine. Le roi Henri IV, après sa réconciliation avec Rome, dans ses lettres patentes du 1er mai 1596, disait ceci : « Les troubles et les divisions qui ont 'eu
« cours en notre royaume ont donné, à notre très-
« grand regret, sujet, occasion à plusieurs ouvertures
« inusitées et non accoutumées, et entre autres que
« vacants aucuns archevêchés, évêchés, abbayes et
« autres bénéfices étant 'à nomination, nos privés et
« grands conseils, contre ce qui avait été ci-devant
« observé, auraient permis aux nommés par nous à au-
« cuns desdits bénéfices d'entrer en possession d'iceux,
« et les administrer, tant au spirituel qu'au temporel,
« en vertu de notre seule nomination, sans attendre
« qu'ils eussent obtenu leurs provisions (ou bulles de
« Rome)... Nous, désirant conserver l'Église en son
« autorité et droits, défendons auxdits nommés par
« nous.... de faire aucuns actes de la puissance et ju-
« ridiction ecclésiastique ou spirituelle, à peine de
« nullité de tout ce qui sera par eux fait, géré et admi-
« nistré, et de privation du droit prétendu par lesdits
« nommés auxdits bénéfices, auxquels nommés et éco-
« nomes dits spirituels, enjoignons en laisser la puis-
« sance et autorité aux chapitres des églises vacantes et
« autres, auxquels de droit ou coutume elle appar-
« tient [1]. »

---

[1] *Recueil des Actes, Titres et Mémoires concernant les affaires du clergé de France*, tome X, page 632.

Il résulte de ce passage des lettres patentes de Henri IV que, durant les troubles de la Ligue, des évêques nommés administrèrent sans bulles les diocèses *tant au spirituel qu'au temporel;* on a dit que les papes ne réclamèrent pas à cette époque, d'où l'on a conclu la légitimité des administrations capitulaires par les évêques nommés ; cette assertion sur le silence des papes n'est qu'une conjecture, et, quand même elle serait prouvée, on ne saurait en tirer aucune conclusion sérieuse : qui donc ignore que bien souvent les souverains pontifes, dans un esprit de prudence et de paix, ont toléré des irrégularités pour ne pas aggraver les maux de l'Église! Mais une lettre du cardinal d'Ossat, du 16 juillet 1596, nous apprend qu'il y avait eu des plaintes du saint-siége au sujet de ces situations nouvelles des évêques nommés : « Pourvu qu'on se dis-
« pose en France à bien faire pour l'avenir, écrivait
« d'Ossat, et à recevoir et favoriser la restauration de
« l'ordre et discipline ecclésiastique, on ne se forma-
« lisera guère (à Rome) pour les désordres passés ; le
« pape et son légat ne regarderont point tant à cer-
« taines particularités passées et faites en temps de
« troubles, comme à établir un bon ordre public dans
« toute l'Église gallicane pour toujours à l'avenir. »
Le cardinal d'Ossat, le négociateur illustre qui eut la gloire de réconcilier Henri IV avec le saint-siége, n'aurait pas écrit de Rome en ces termes, s'il n'y avait pas eu des réclamations de la part du pape. Dans la

même lettre, il dit que le mieux serait d'obtenir du pape
une *confirmation générale*. Il est si peu permis de croire
qu'on ait regardé comme légitimes tous les actes ecclésiastiques accomplis au temps de la Ligue, que le cardinal d'Ossat est allé jusqu'à écrire ces mots : *Le schisme étoit jà fait et formé en France* [1].

Les infractions à la loi qui règle les devoirs des
évêques nommés ne se rencontrent en France qu'aux
époques de démêlés entre le gouvernement et le pape.
Pendant les débats de la régale, de 1681 a 1693, Innocent XI refusa les bulles aux Nommés ; Louis XIV leur
disait : Allez dans vos diocèses, faites-vous donner des
pouvoirs par les chapitres, et, en attendant l'institution
canonique, faites pour le mieux. — Les Nommés
administrèrent plus ou moins réellement par délégation du chapitre. Quarante siéges devinrent vacants
durant les douze années de la querelle de la régale.
Sur ce nombre d'évêques nommés, le *Gallia chris-
tiana* n'en cite que cinq qui aient sérieusement administré les diocèses. On peut en ajouter d'autres, tels que
M. de Cosnac, nommé au siége d'Aix, et Fléchier. Il
est certain que Fléchier gouverna pendant deux ans le
diocèse de Lavaur, et pendant cinq ans le diocèse de
Nîmes sous le titre de vicaire général du chapitre. Parmi les évêques nommés, quelques-uns, las d'attendre
inutilement les bulles, renoncèrent à leur nomination.

[1] Lettre du 16 janvier 1596.

L'histoire du temps nous montre l'administration capitulaire des prélats assez souvent traversée par des
dissidences. Elle nous montre aussi une certaine vigilance d'opinion qui ne sympathisait pas avec ces déro-
gations aux lois anciennes. M. de Cosnac, nommé à
l'archevêché d'Aix, ayant pris possession de l'administration du diocèse sans institution canonique, on affi-
cha aux portes de son palais le décret du concile de
Lyon : *Avaritiæ cæcitas*, dont nous avons précédemment reproduit la traduction. Quant au consentement
tacite que Rome aurait donné à ces administrations
capitulaires de 1681 à 1693, nous répéterons ce que
nous avons dit pour les mêmes exemples du temps de
la Ligue ; le bon sens humain suffit pour nous apprendre que le pape peut supporter mais non approuver
ce qui est directement contraire à son indépendance
spirituelle ; il a des motifs pour refuser d'instituer ; on
imagine des moyens de se passer de lui ; il se tait et
vous en concluez qu'il trouve bon ce que vous faites !
Ce n'est pas là un raisonnement sérieux. Mais cette
silencieuse approbation de Rome durant les douze
années de l'affaire de la régale n'est rien moins
qu'une vérité historique ; il paraît certain, au contraire,
que le pape Innocent XI adressa à Louis XIV des réclamations à cet égard. Les exceptions qui se produisirent
aux deux époques de la Ligue et de la querelle de la
régale, voilà donc ce qu'on a appelé l'*usage* de l'Église
de France ! La mauvaise humeur de Louis XIV enjoi-

gnant aux chapitres de déléguer leur juridiction aux évêques nommés, voilà ce qu'on a transformé en *conseil* donné par Bossuet, lequel n'a jamais conseillé rien de pareil et jamais rien écrit sur les administrations capitulaires !

Non-seulement il n'y a pas trace d'une opinion de Bossuet qui autorise l'évêque nommé à administrer sans bulles le diocèse, mais il donna lui-même, comme évêque nommé de Condom, un exemple tout contraire. Ce fut le 8 septembre 1669 que Louis XIV l'appela à ce siége, en remplacement de Charles-Louis de Lorraine; Bossuet ne reçut ses bulles que vers la fin de juin 1670 ; or, durant ces neuf mois et demi, il ne se mêla par aucun acte au gouvernement de l'Église de Condom ; cette abstention doit être d'autant plus remarquée que l'administration du diocèse par les vicaires capitulaires laissait fort à désirer ; Bossuet ne reçut pas même du chapitre des lettres de vicaire général. Dans l'année qui précéda la nomination à l'évêché de Condom, le chapitre de Metz, dont il était le doyen, avait tenu une conduite dont on peut se souvenir ici. Le différend pour l'Église de Metz ayant été réglé entre la cour de France et le saint-siége, et Georges d'Aubusson de La Feuillade, archevêque d'Embrun depuis vingt ans, ayant été nommé évêque de Metz après la démission régulière de Mazarin, du duc de Verneuil et du comte Guillaume, le chapitre de cette église déclara la vacance du siége, donna par acclamation et comme marque particulière de respect, au prélat

nommé, le titre d'administrateur vicaire général, mais
il confia en réalité le gouvernement du diocèse, jusqu'à
l'arrivée des bulles, à deux vicaires généraux capitulaires élus au scrutin, et Bossuet fut un des deux vicaires généraux. Il importe aussi d'observer que le
chapitre de Metz, en conférant à l'évêque nommé les
pouvoirs d'administrateur vicaire général, avait en vue
de se conformer aux pieuses intentions de Georges
d'Aubusson de La Feuillade, pressé de mettre un terme
à une déplorable administration ; de plus, l'évêque
nommé avait, jusqu'à un certain point, commencé à
obtenir l'agrément du pape par les bulles qui, sur la
demande du roi, l'autorisaient à réunir son ancien titre
d'archevêque d'Embrun à son titre d'évêque de Metz,
et à faire porter devant lui la croix archiépiscopale
dans sa nouvelle Église.

Nous venons de résumer en quelques pages la vérité
canonique et historique sur cette question. Nous l'avons
fait en pleine lumière, grâce aux sérieuses études dont
l'administration du cardinal Maury fut l'occasion. Les
plus graves esprits parmi nous connaissaient mal cette
matière, lorsque le cardinal Fesch, nommé d'abord à
l'archevêché de Paris, reçut du chapitre de Notre-Dame
les pouvoirs d'administrateur capitulaire. La canoni-
cité de la mesure n'était mise en doute par aucun membre du chapitre, pas même par l'abbé d'Astros, qui
depuis creusa si bien la question. L'administration capitulaire des évêques nommés semblait entrée dans la

discipline de l'Église gallicane, et comme consacrée par l'ancien usage des chapitres de France d'envoyer des lettres de grand vicaire aux prélats nommés. De plus, on laissait dire que le canon du concile de Lyon n'était pas reçu parmi nous.

Quel fut donc le premier tort de Maury? Ce fut d'accepter le siége de Paris, sans être affranchi du lien spirituel qui l'unissait à l'église de Montefiascone. Cardinal et évêque d'au delà les monts, lié au saint-siége comme prince de l'Église par des serments particuliers, évêque d'Italie et d'un pays d'obédience, il méconnut ensuite la discipline de l'Église d'Italie à laquelle il appartenait, et se prévalut de ce qu'on croyait être la discipline particulière de l'Église de France, pour s'autoriser à accepter l'administration capitulaire du diocèse de Paris. Il n'ignorait pas que le pape, dépouillé, captif, réduit à se défendre avec ses seules armes, opposait le refus des bulles à de cruelles persécutions. Ébloui par l'éclat du premier siége de France, et médiocrement satisfait de la vie qu'il menait à Paris, il n'était plus frappé que de sa grandeur nouvelle et de ce qu'elle semblait lui promettre : il oublia les lois de l'Église et les malheurs de son chef. Deux jours après sa nomination au siége de Paris (16 octobre 1810), Maury l'annonça à Pie VII en protestant de son *attachement* et de sa *dévotion* à la religion, au *saint-siége* et *à la personne* du pontife; il lui annonça en même temps son élection par le chapitre, trouvant tout simple d'être nommé administrateur capitulaire ; il disait qu'il l'avait été à l'unanimité des suffrages, et sur ce point il se trompait; il désirait son institution canonique, cela se comprend.

Pie VII se trouvait à Savone comme dans un cercle étroit de vigilance ennemie ; on avait fait autour de lui la solitude ; une dure consigne ne lui permettait pas de communiquer avec le dehors ; toute relation avec l'auguste vieillard était un délit. Le zèle religieux opposait à la terreur de l'espionnage un dévouement secret et des stratagèmes intrépides ; des jeunes gens, dont plusieurs appartenaient à de nobles familles, allaient et venaient, sous les déguisements de la pauvreté, par des chemins détournés et presque toujours à pied, chargés de correspondances entre Paris et Savone ; c'est par un de ces mystérieux messagers qu'arriva le bref du pape en réponse à la lettre du cardinal Maury.

Le souverain pontife, à la date du 5 novembre 1810, commençait par exprimer la douleur que lui causait une acceptation à laquelle il était loin de s'attendre ; le cardinal Maury devait savoir les sérieux motifs qui forçaient le pape à refuser l'institution canonique aux évêques nommés par l'empereur ; il les connaissait par le bref du pape au cardinal Caprara du 26 août 1809, quand celui-ci était archevêque de Milan, et, depuis ce bref, l'autorité du saint-siége avait bien plus gravement souffert. Pie VII, s'adressant au cardinal Maury, continuait en ces termes :

« Est-ce donc ainsi, qu'après avoir si courageuse-
« ment et si éloquemment plaidé la cause de l'Église
« catholique dans les temps les plus orageux de la ré-
« volution française, vous abandonnez cette même
« Église aujourd'hui que vous êtes comblé de ses
« dignités et de ses bienfaits, et lié étroitement à elle
« par la religion du serment ? Vous en venez jusqu'à
« ne pas rougir de prendre parti contre nous, dans
« un point que nous ne soutenons que pour défendre
« la dignité de l'Eglise ! Est-ce ainsi que vous faites
« assez peu de cas de notre autorité pour oser, en
« quelque sorte, par cet acte public, prononcer contre
« nous à qui vous deviez obéissance et fidélité ? Mais
« ce qui nous afflige encore davantage, c'est de voir
« qu'après avoir mendié auprès d'un chapitre l'admi-
« nistration d'un archevêché, vous vous soyez, de
« votre propre autorité, et sans nous consulter, char-
« gé du gouvernement d'une autre église, bien loin
« d'imiter le bel exemple du cardinal Joseph Fesch,
« archevêque de Lyon, lequel, ayant été nommé avant
« vous au même archevêché de Paris, a cru si sage-
« ment devoir absolument s'interdire toute administra-
« tion spirituelle de cette église, malgré l'invitation du
« chapitre.

« Nous ne rappelons pas qu'il est inouï dans les an-
« nales ecclésiastiques qu'un prêtre nommé à un évê-
« ché quelconque ait été engagé par les vœux du cha-
« pitre à prendre le gouvernement du diocèse avant

« d'avoir reçu l'institution canonique ; nous n'exami-
« nons pas (et personne ne sait mieux que vous ce
« qu'il en est) si le vicaire capitulaire élu avant vous
« a donné librement et de plein gré la démission de ses
« fonctions, et s'il n'a pas cédé aux menaces, à la
« crainte ou aux promesses, et par conséquent si votre
« élection a été libre , unanime et régulière : nous ne
« voulons pas non plus nous informer s'il y avait dans
« le sein du chapitre quelqu'un en état de remplir des
« fonctions aussi importantes ; car enfin où veut-on
« en venir ? On veut introduire dans l'Église un usage
« aussi nouveau que dangereux, au moyen duquel la
« puissance civile puisse insensiblement parvenir à
« établir , par l'administration des siéges vacants ,
« tous les sujets qu'il lui plaira ; or, qui ne voit que
« c'est non-seulement nuire à la liberté de l'Église,
« mais encore ouvrir une large voie au schisme et aux
« élections invalides ? Mais, d'ailleurs, qui vous a dé-
« gagé du lien spirituel qui vous unit à l'église de Mon-
« tefiascone ? ou qui est-ce qui vous a dispensé à l'effet
« d'être élu par un chapitre, et de vous charger de
« l'administration d'un autre diocèse ? Quittez donc
« sur-le-champ cette administration : non-seulement
« nous vous l'ordonnons, mais nous vous en prions,
« nous vous conjurons, pressé par la charité pater-
« nelle que nous avons pour vous, afin que nous ne
« soyons pas forcé de procéder malgré nous et avec
« la plus grande rigueur, conformément aux statuts

« des saints canons : personne n'ignore les peines qu'ils
« prononcent contre ceux qui, préposés à une église,
« prennent en main le gouvernement d'une autre
« église avant d'être dégagés des premiers liens. Nous
« espérons que vous vous rendrez volontiers à nos
« vœux, si vous faites bien attention au tort qu'un tel
« exemple de votre part ferait à l'Église et à la dignité
« dont vous êtes revêtu. Nous vous écrivons avec toute
« la liberté qu'exige notre ministère : et, si vous lisez
« notre lettre avec les mêmes sentiments qui l'ont dic-
« tée, vous verrez qu'elle est un témoignage éclatant
« de notre tendresse pour vous. »

Ce langage du vieux pontife captif et mis au secret,
langage catégorique et pressant, plein de force et de
lumière, ne suffira-t-il pas pour retenir le cardinal
Maury sur la pente où il s'est engagé? Pierre a parlé,
ne l'entendra-t-il point? Hélas! non. Les situations
fausses obscurcissent tout autour d'elles; elles ont des
raisonnements, une conscience, une théologie à part;
elles ont des serres de vautour, sous lesquelles on se
débat en vain. Le cardinal Maury, ne pouvant rien répondre au bref de Pie VII, prendra le parti d'en nier
l'authenticité; il dira que ce bref ne lui est point parvenu officiellement, il dira qu'il y manque l'anneau du
pêcheur; mais si le sceau pontifical n'accompagne pas
les ordres du chef de l'Église, à qui la faute? L'anneau
du pêcheur ne lui a-t-il pas été enlevé par ses spolia-
teurs? La signature de Pie VII est là ; Maury la connaît

et la reconnaît : pourquoi donc ne pas obéir ? A quelles chicanes est descendu l'ancien défenseur du pape pour éluder ce que le pape a prescrit ! La grande lumière de la vérité l'inonde, et il cherche des recoins obscurs pour y échapper, et il met la main sur ses yeux pour ne pas voir cette lumière ! Sa résistance au bref de Pie VII, sous prétexte qu'il a lieu de le croire supposé, est le plus grave des torts du cardinal Maury.

Le prélat romain Gregorio et le P. Fontana, général des Barnabites, chargés de la direction des affaires ecclésiastiques de Paris, depuis l'exil des cardinaux noirs, avaient, par les ordres du pape, fait tenir le bref aux mains du cardinal Maury, et en avaient transmis une copie à l'abbé d'Astros ; celui-ci en donna secrètement connaissance à son cousin M. Portalis, fils du célèbre ministre des cultes, directeur général de la librairie, à l'abbé Guairard, chef de division à la même direction, à l'abbé de La Calprade, chanoine honoraire de Paris ; cette confidence devait leur coûter cher. Comme Maury ne fléchissait point devant le bref, on jugea nécessaire d'en laisser transpirer l'existence pour que les fidèles fussent avertis ; l'abbé d'Astros autorisa cette sourde divulgation qui jeta Napoléon dans de violentes colères, et tailla de la besogne à sa police.

CHAPITRE XVII.

L'abbé d'Astros. — Sa vigilance autour du cardinal Maury. — Tendances de Napoléon remarquées par l'abbé d'Astros. — Deux hommes dans Napoléon en matière religieuse. — Ses paroles à M. de Fontanes. — Nouveaux témoignages du pape, qui arrivent au cardinal Maury par le bref du 2 décembre 1810, adressé à l'archidiacre de Florence. — Les brefs et le ministre de la police. — La validité des actes de l'administration du cardinal Maury. — La réception du 1er janvier 1811, aux Tuileries, racontée par l'abbé d'Astros. — Son arrestation; le cardinal Maury ne conduisit pas l'abbé d'Astros au ministère de la police pour le livrer. — Abaissement et gloire.

Quel était cet abbé d'Astros, devenu tout à coup le supplice du cardinal Maury, et dont l'inflexible orthodoxie fut un tourment pour l'empereur, qui tenait alors le monde sous ses pieds? Né à Tourves en Provence, en 1772, il avait grandi avec les premiers orages de la révolution, aimé les autels quand les autels étaient renversés, recherché le sacerdoce quand il était un péril; chef du cabinet de son oncle Portalis, conseiller d'État *chargé d'affaires concernant les cultes*, il tra-

vailla sans bruit, mais non sans grande utilité à la
conclusion du concordat et à la restauration religieuse
de la société française ; le *Catéchisme de l'Empire* appartenait pour le fond à Bossuet, mais une soigneuse
et habile main avait passé par là, c'était la main de
l'abbé d'Astros. Une piété rare, un sentiment profond
du devoir, un tranquille courage, beaucoup de mesure, une haute aptitude administrative, voilà ce qui
le distinguait. Au commencement de 1805, il fut nommé vicaire général de l'archevêque de Paris, Mgr de
Belloy, et, trois ans plus tard, à la vacance du siége,
vicaire capitulaire. C'est là que la lutte vient le chercher en 1810. Elle prenait de la grandeur par la grandeur même des événements et des personnages qui
occupaient la scène, et le modeste vicaire général,
confesseur du vieux droit ecclésiastique, héros à son
insu, y a trouvé une belle renommée.

Le rôle de l'abbé d'Astros était la vigilance ; il montait en quelque sorte la garde pour le compte du droit
et de la vérité : il tenait les regards attachés sur le cardinal Maury. « L'abbé d'Astros, nous dit son historien [1],
« le surveillait en conscience, opposant une protesta-
« tion à chacun de ses empiétements, et se plaçant
« toujours en face de l'usurpation, comme une intel-
« ligente barrière qu'il n'était pas plus aisé de tourner
« que de franchir. Dans une société le cardinal disait,

---

[1] Le R. P. Caussette, p. 177.

« en le présentant avec ses collègues : *Voilà mes*
« *grands vicaires.* L'abbé d'Astros répondait : *Son*
« *Éminence se trompe ; ce sont les grands vicaires du*
« *chapitre et non les siens.* Pendant une ordination, le
« cardinal exigeait du timide ecclésiastique à qui il
« imposait les mains, qu'il lui promît obéissance com-
« me à son évêque titulaire. L'abbé d'Astros, prenant
« la parole à haute voix : *Monseigneur,* disait-il, *per-*
« *mettez-moi de faire observer, pour l'instruction de ce*
« *prêtre, que vous n'avez pas le droit de lui demander*
« *cette promesse.* Dans les jours de cérémonie, le car-
« dinal faisait porter devant lui la croix archiépisco-
« pale, qui est le signe d'une juridiction qu'il n'avait
« pas ; l'abbé d'Astros ordonnait au porte-croix de ren-
« trer dans la sacristie. Quand le cardinal s'obstinait
« à prendre au chœur un rang ou des fonctions qui ne
« lui convenaient pas, l'abbé d'Astros s'abstenait d'y
« mettre le pied, pour que sa présence ne pût être re-
« gardée comme une connivence. »

Les raisons ecclésiastiques auraient suffi à l'abbé
d'Astros pour déterminer ce rôle de résistance qui a été
sa gloire, mais il s'y sentait porté par une autre pensée : il était frappé des tendances de Napoléon à vouloir mettre dans sa main la religion tout entière. « De-
« puis quelque temps, dit l'abbé d'Astros dans des
« mémoires manuscrits, j'étais persuadé que le plan
« de Bonaparte était de s'emparer de l'autorité spiri-
« tuelle, et ce n'était pas sans raison. Dès l'année où il

« fit composer son *Catéchisme impérial,* les confé-
« rences qui eurent lieu pour cet objet nous firent
« soupçonner à M... et à moi, qu'il méditait de loin
« quelque projet extraordinaire. Croirait-on que quel-
« qu'un de grave d'ailleurs, mais qui pouvait avoir
« deviné son désir, osa proposer de ne donner à l'É-
« glise que les titres d'une, catholique et apostolique,
« alléguant pour raison qu'il n'est pas de foi que le
« saint-siége ne puisse pas être transféré dans une
« autre ville que Rome?... Bien des gens connaissent
« un fait remarquable que j'ai ouï raconter avec des
« circonstances qui ne me permettent pas d'en douter.
« Il sera probablement consigné quelque part, et la
« réunion de divers témoignages pourra le rendre in-
« contestable pour la postérité. Bonaparte, montrant
« à Fontanes une bague, lui dit : *Comment trouvez-*
« *vous cette bague? Elle a quelque chose de remarqua-*
« *ble.* Fontanes dit tout ce qu'il put à l'éloge de la
« bague, mais ne devina jamais ce qu'il y fallait re-
« marquer. Cette bague représentait l'empereur Au-
« guste avec une inscription qui lui donnait de plus la
« qualité de souverain pontife, *summus pontifex.* Voilà
« un pouvoir, dit Bonaparte à Fontanes, qu'Auguste
« avait et que je n'ai pas!...

« En attendant que Pie VII, cédant à ses volontés,
« vînt habiter l'archevêché de Paris, Bonaparte aurait
« possédé tout pouvoir sur le spirituel, au moins des
« églises de France, si les évêques nommés eussent

« gouverné leurs diocèses en vertu de leur seule nomi-
« nation : ce qui eût été un schisme manifeste, mais
« auquel on serait arrivé de la manière la moins sen-
« sible qu'on pût imaginer. Je ne crois nullement avoir
« besoin de prouver aujourd'hui que telle était l'inten-
« tion de Bonaparte, car il suffirait de rapporter ici ce
« que le cardinal Maury nous raconta lui-même en
« plein conseil.

« *Monsieur le cardinal*, lui dit Bonaparte en présence
« de Fouché et, je crois, de Savary, *il faudra laisser*
« *de côté votre titre d'administrateur capitulaire. Je*
« *vous ai nommé archevêque de Paris, il faut en pren-*
« *dre le titre. — Sire*, répondit le cardinal, *sous le titre*
« *d'administrateur capitulaire, j'ai tout pouvoir ; si je*
« *prends celui d'archevêque, je n'en aurai plus aucun.*
« *Bonaparte n'a pas insisté*, nous dit le cardinal en
« nous racontant le fait, *mais il n'en restera pas là.* »

En religion il y avait deux hommes dans Bonaparte :
l'homme d'un bon sens profond et l'homme superbe ;
le premier comprenait qu'une société sans base religieuse est impossible ; le second ne supportait pas
l'idée qu'il y eût au monde un pouvoir qui ne fût pas
dans ses mains. Fontanes reçut parfois les demi-con-
fidences de cet immense orgueil d'un rare génie ; on
a pu en voir quelque chose dans les deux pages de
l'abbé d'Astros que nous venons de transcrire. D'autres paroles de Napoléon méritent d'être consignées ;
en 1806, il disait à Fontanes : « Moi, je ne suis pas né

« à temps, monsieur de Fontanes ; voyez Alexandre,
« il a pu se dire le fils de Jupiter, sans être contredit.
« Moi, je trouve dans mon siècle un prêtre plus puis-
« sant que moi, car il règne sur les esprits, et je ne
« règne que sur la matière. » Une autre fois l'empereur avait dit avec amertume : « Les prêtres gardent
« l'âme et me jettent le cadavre. » Il y avait dans ces
regrets étranges un bien éclatant hommage rendu à ce
libre et invisible empire des consciences qui n'obéit
pas au commandement du plus fort, et dont les mouvements ne sont pas ordonnés comme les mouvements
d'une armée à la manœuvre ou à la bataille.

Ces préoccupations d'un grand esprit qui souffrait
de ne pas tout asservir dans l'univers, lui avaient
donné une sorte de goût violent pour les choses religieuses ; et, du reste, ce goût semblait assez naturel
chez Napoléon. Un de ses ministres disait que Napoléon
était *plus prêtre qu'on ne le pensait*. Mais il voulait l'être
à sa façon.

Le bref à l'adresse du cardinal Maury l'avait mis
pleinement à même de se reconnaître et de se juger
lui-même ; des témoignages surabondants de la pensée
du pape lui arrivèrent avec la copie d'un bref adressé
à la date du 2 décembre 1810, à l'archidiacre et vicaire
capitulaire de Florence, dont le siége était vacant.
Napoléon avait nommé à l'archevêché de Florence
Mgr d'Osmond, évêque de Nancy ; Pie VII, consulté
sur la question de savoir si l'évêque nommé pouvait

être considéré validement et légitimement élu vicaire
ou administrateur capitulaire de l'église métropolitaine
de Florence, répondait négativement en invoquant le
canon du concile œcuménique de Lyon, les décrétales
de Boniface VIII, et les constitutions des souverains
pontifes Alexandre V, Jules II, Clément VII, Jules III ; il
citait le concile de Trente, qui a déterminé et fixé les
devoirs des chapitres cathédraux. Ce second bref, qui
s'appliquait fortement à la position du cardinal Maury,
tomba dans Paris comme un second coup de foudre ;
la police impériale déploya inutilement tout son génie
pour découvrir cette poste secrète entre Paris et Savone, pour percer l'obscurité qui enveloppait l'œuvre
des correspondants : les brefs empêchaient Savary de
dormir, et Dieu sait les épigrammes qui pleuvaient sur
le ministre de la police ! Un troisième bref, en réponse
à des questions de l'abbé d'Astros, fut écrit à Savone
le 18 décembre 1810, mais celui-là n'eut pas le même
sort que les deux autres ; il tomba aux mains des es-
pions et ne fut connu qu'en 1814. Pie VII, dans ce bref,
ôtait au cardinal Maury *tout pouvoir et toute juridiction,
déclarant nul et sans effet tout ce qui serait fait de contraire, sciemment ou par ignorance.*

Il y aurait ici une délicate question à traiter ; nous
osons y toucher à peine : c'est la question de la validité des actes de l'administration du cardinal Maury
dans le diocèse de Paris. Le bref du 18 décembre 1810
ne fut bien connu que depuis la Restauration ; il ne put

donc atteindre le cardinal Maury, dont les pouvoirs
furent révoqués par le chapitre de Notre-Dame, le
9 avril 1814. La qualification d'*intrus*, dans le sens
propre de ce mot, ne se donne qu'à un homme en
possession d'une charge *sans titre certain ni même probable ;* or, tel n'était point le cas du cardinal Maury ;
ses pouvoirs d'administrateur capitulaire, qu'il tenait
du chapitre métropolitain de Paris, lui constituaient
un titre *au moins probable.* C'est un fait notoire que le
clergé de Paris communiquait sans difficulté avec lui
pour les saints mystères : on assistait à sa messe, on
recevait de lui la communion ; il administrait la confirmation dans toutes les paroisses du diocèse ; il célébrait même publiquement les ordinations, et conférait
les ordres sacrés non-seulement aux ecclésiastiques
du diocèse, mais encore aux sujets étrangers, sans que
les évêques élevassent la moindre réclamation. Assurément ce n'est pas ainsi qu'on se conduit à l'égard
d'un *intrus.* Le titre, en vertu duquel le cardinal Maury
gouvernait le diocèse, était contesté, et nous ne prétendons pas en soutenir la validité ; mais ce titre était
généralement regardé comme *probable,* même par
ceux qui blâmaient le cardinal de l'avoir accepté : il y
eut erreur, mais c'était une *erreur commune* qui suffisait pour empêcher le vice de l'*intrusion.* Les contemporains remarquèrent que Pie VII, dans son bref du
2 décembre 1810, adressé à l'archidiacre de l'église
métropolitaine de Florence, frappait d'avance de nul-

lité toute délégation ou élection qui serait faite par le chapitre en faveur de l'évêque de Nancy, nommé au siége de Florence, et que, dans son bref au cardinal Maury, le souverain pontife lui enjoignait de quitter l'administration du diocèse de Paris, sans la déclarer nulle : on croyait voir par là une différence reconnue entre l'Italie et la France, pour ce qui touche les administrations capitulaires des évêques nommés. Nous ne savons pas jusqu'à quel point Pie VII a pu admettre cette différence. Si on juge l'administration du cardinal Maury d'après les principes rigoureux du droit canonique, on ne la trouve pas valide ; ses liens spirituels avec l'église de Montefiascone subsistaient encore : sa mission n'était pas une mission légitime. Mais hâtons-nous d'ajouter que les actes d'une juridiction ecclésiastique peuvent être nuls de droit et ne pas l'être de fait ; pour les chrétiens de bonne foi l'*Église supplée* ; c'est l'opinion des meilleurs théologiens, et les consciences restent en repos.

On était à la fin de décembre, et le chapitre de la métropole de Paris devait paraître aux Tuileries à la réception du 1er janvier 1811. Bonaparte avait voulu cette année que le chapitre se présentât en habit de chœur. La saisie du bref du 18 décembre 1810 avait été une bonne fortune pour sa colère qui, depuis trois mois, cherchait un nom sur lequel elle pût éclater. Nous touchons à une scène tristement mémorable, qu'on ose à peine raconter, tant l'exacte vérité s'y

trouve formidable par elle-même! Aussi ne voulons-
nous d'autre récit que les précieuses lignes tombées
de la main de l'abbé d'Astros; quelle plume songerait
ici à se substituer à la sienne!

« Nous arrivons donc aux Tuileries[1], dit l'abbé d'As-
« tros, et nous attendons dans une salle que Bona-
« parte, après avoir passé devant les généraux, les
« corps d'officiers, le sénat, etc., etc., vienne jusqu'à
« nous.

« Monseigneur le cardinal lui présente le chapitre.
« Bonaparte n'adressa pas la parole au chapitre,
« comme le prétendent certains historiens; mais, in-
« terpellant brusquement le cardinal : *Où sont vos*
« *grands vicaires? — Voilà mon frère. Voilà M. Jala-*
« *bert.* — J'avoue que je m'étais tenu un peu à l'écart.
« Je ne voulus pas cependant me faire chercher, et je
« me présentai. *Voilà M. d'Astros,* dit alors le cardinal;
« et Bonaparte d'un ton solennel et d'un air irrité me
« dit ces paroles : *Vous êtes l'homme de mon empire*
« *qui m'êtes le plus suspect. Il faut être Français avant*
« *tout. Il faut soutenir les libertés de l'Église gallicane.*
« *Il y a autant de distance de la religion de Bossuet à*
« *celle de Grégoire VII, que du ciel à l'enfer. Du reste*
« (mettant la main à la garde de son épée), *j'ai l'épée*
« *au côté, prenez garde à vous.*

---

[1] Le cardinal Maury avait emmené dans sa voiture les trois grands
vicaires, M. Maury, son frère, M. l'abbé d'Astros et M. Jalabert.

« Rien ne me parut plus pitoyable que ces der-
« nières paroles, et cette menace d'un empereur qui
« dominait alors sur toute l'Europe contre un pauvre
« prêtre en rochet et camail, armé seulement de son
« bonnet carré. Je ne répondis rien, quoi qu'en disent
« certains historiens, et me contentai seulement de le
« regarder sans affectation. Qu'est-il devenu[1]? »

Après cette scène, Napoléon passa dans son cabinet
et fit appeler Savary qui était présent. Il lui dit ses
griefs contre l'abbé d'Astros et lui ordonna de l'arrêter. On a cru à cette époque, et on a répété dans des
livres, que le ministre de la police, répugnant à faire
mettre la main sur un prêtre en habit de chœur, et
ayant témoigné son embarras au cardinal Maury, celui-
ci lui avait proposé de lui mener l'abbé d'Astros dans sa
voiture ; l'athlète de la constituante se serait ainsi fait
le recors de Savary ; mais cette odieuse imputation
est restée sans preuve, et le vicaire général, M. Jalabert, qui était là, qui vit et entendit tout, ne crut jamais à l'intention du cardinal de livrer l'abbé d'Astros.
Celui-ci avait reçu l'ordre de s'expliquer au ministère
de la police. Le cardinal l'y conduisit dans sa voiture
en même temps que les deux autres vicaires généraux,
MM. Maury et Jalabert ; il témoigna dans le trajet, à
l'abbé d'Astros, le désir et l'espoir de calmer l'orage. Arrivé au ministère de la police, le cardinal se rendit chez

---

[1] *Vie du cardinal d'Astros.*

le ministre avec le prévenu, laissant dans sa voiture les
deux autres grands vicaires. « Nous entrons chez le
« ministre (nous laissons parler l'abbé d'Astros)[1] :
« N'avez-vous pas, me dit Savary, des correspondances
« avec le pape à Savone? — Chargé, comme grand
« vicaire, de ce qui regarde les dispenses de mariage,
« je corresponds, lui dis-je, pour cet objet avec Sa
« Sainteté. — Ce n'est pas cela. Ne correspondez-vous
« pas sur les affaires du jour? — Je n'avais écrit au
« souverain pontife qu'une seule fois et n'avais pas
« reçu de réponse; je crus pouvoir répondre au mi-
« nistre négativement. — Mais vous avez un bref du
« pape au cardinal Maury? — Oui, je l'ai vu. — Qui
« vous l'a montré? — Je ne peux pas le dire. — Oh!
« pour terminer, voilà M. l'archevêque, donnez
« entre ses mains votre démission et tout est fini. —
« Je ne le peux pas. — Votre refus prouve que vous
« voulez être chef de parti. Donnez votre démision ou
« vous êtes mon prisonnier. — Je serai votre prison-
« nier. — Vous voudriez être martyr, vous ne le serez
« pas... Il n'est pas vrai, comme on l'a dit, que l'on
« saisit sur moi le bref du pape au cardinal Maury. »
Le 4 janvier un agent de police conduisait dans un
fiacre l'abbé d'Astros à Vincennes : trois années de
captivité l'attendaient.

---

[1] Mémoire de M. l'abbé d'Astros sur les événements qui précédèrent
sa captivité.

Le cardinal Maury n'était resté que vingt minutes chez le ministre de la police ; remonté dans sa voiture il s'emporta, selon le témoignage de Jalabert [1], contre l'abbé d'Astros, qui venait d'être reconnu coupable d'avoir eu connaissance du bref du pape, et sa colère aurait pu faire croire qu'il avait appris par cet interrogatoire des choses dont il ne se doutait pas.

L'affaire des brefs eut d'autres victimes que le jeune vicaire général : l'abbé de La Calprade, l'abbé Guairard, chef de division à la direction générale de la librairie, furent exilés ; le jeune conseiller, M. Portalis, directeur général de la librairie, fils de l'ancien ministre de ce nom, perdit tous ses emplois, et eut ordre de s'éloigner de Paris à quarante lieues ; le P. Fontana, le prélat de Grégorio, les cardinaux di Pietro, Gabrielli et Oppizoni furent enfermés à Vincennes. Tous ces hommes, diversement compromis par leur amitié, leur silence ou leur fidélité au saint-siége, se trouvaient enveloppés dans la persécution que suscitaient les témoignages du pape contre le cardinal Maury. Celui qui avait mérité le bref du 5 novembre demeurait tranquille à l'archevêché de Paris, et pendant que le cardinal l'éludait en contestant son authenticité, le bref, bien réellement poursuivi par le gouvernement, avait ses martyrs.

C'est ici que Maury, prince de l'Église, donne un

---

[1] Notes manuscrites.

spectacle affligeant. Mais à côté de cette dégradation d'un caractère qui, vingt ans auparavant, faisait l'admiration du monde, un autre caractère s'élève pour consoler l'Église de Dieu ; la Providence, gardienne de l'honneur du sacerdoce catholique, tient en réserve une gloire lorsqu'elle permet un abaissement ; ici elle place en même temps sous nos yeux le cardinal Maury et l'abbé d'Astros : la défaillance de l'un s'achève en face de l'héroïsme de l'autre !

CHAPITRE XVIII.

Le surlendemain de l'arrestation du jeune vicaire général, une députation du chapitre de Notre-Dame, mandée par le ministre des cultes ; se présentait chez lui et entendait de sa bouche la lecture du premier article d'un décret impérial qui destituait l'abbé d'Astros des fonctions de grand vicaire; le ministre faisait pressentir d'autres sévérités, et ne trouvait rien de mieux, pour adoucir le courroux des régions souveraines, qu'une adresse du chapitre à l'empereur; il pensait que le chapitre devait s'entendre avec le cardinal Maury pour cette démarche; on sut plus tard que, dès le 2 janvier, Napoléon avait fait appeler le cardinal et l'avait chargé de la rédaction de cette adresse. Le ministre laissa craindre aux députés du chapitre que l'affaire de l'abbé d'Astros ne fût portée devant les tribunaux ; il crut devoir conseiller au chapitre de révoquer ses pouvoirs. Un membre de la députation fit remarquer avec plus de complaisance que de gravité, qu'en présence d'un décret de destitution pouvant paraître du jour au lendemain, le chapitre devait prononcer lui-même la révocation, afin de ne pas reconnaître à l'autorité civile le droit de destituer d'une fonction spirituelle. Le chapitre prononça donc la révocation illicite des pouvoirs de l'abbé d'Astros ; il accepta aussi l'idée d'une adresse à l'empereur, et se réunit pour l'examen d'un projet dont le cardinal avait annoncé la lecture ; voulant prudemment ne pas s'exposer à des méprises, il fit appel aux lumières de l'abbé Emery, supérieur du séminaire de Saint-Sulpice, cet homme de tant piété et de mesure, de savoir et d'autorité, qui a pris rang parmi les beaux noms de l'Église de France. Le projet de Maury renfermait des assertions hardiment erronées touchant les administrations capitulaires, et couvrait du nom de Bossuet ce qui s'était pratiqué en France à cet égard durant les douze années de la querelle de la régale. Il est inexact d'avancer, comme nous avons eu déjà occasion de le faire observer, que Louis XIV ait agi à cette époque par le conseil de Bossuet, et nous devons répéter que les écrits de l'évêque de Meaux ne renferment pas une ligne, pas un mot sur les administrations capitulaires. Le chapitre demanda et obtint des changements. L'empereur, qui voulut lire le projet d'adresse avant sa présentation officielle, modifia aussi certains passages. On a dit que l'adresse présentée le 6 janvier 1811, ne portait pas les modifications adoptées par le chapitre métropolitain, et que le cardinal Maury, chargé de la rédaction des changements, calcula si bien ses lenteurs que la nouvelle adresse ne put point passer par l'assemblée capitulaire et fut mise dans les mains de l'orateur du chapitre, M. Jalabert, aux Tuileries mêmes, au moment où, en présence de l'empereur, du grand aumônier, du ministre des cultes, il fallait prononcer le discours ; on a ajouté que M. Jalabert, sous le coup de cette nécessité soudaine et opprimé par cet appareil, n'avait pas pu faire autrement que de lire une profession de foi contraire à ses sentiments et à ceux du chapitre. Cette version, longtemps acceptée, ne peut plus se reproduire depuis la découverte de quelques notes de l'abbé Jalabert, écrites de sa main et trouvées dans ses papiers après sa mort [1].

---

[1] Nous tirons ces précieux renseignements des manuscrits de M. Picot, qui nous ont été obligeamment communiqués. Dans les additions laissées par ce véridique et pieux écrivain, et qui sont destinées à une nouvelle édition de ses *Mémoires ecclésiastiques*, nous avons lu ces mots : « On a cru, et nous avons dit nous-même ailleurs, que l'adresse « lue et présentée à l'empereur, le 6 janvier, n'était pas la même qui

Voici l'adresse telle qu'elle fut présentée aux Tuileries par le chapitre, avec les changements que le cardinal Maury avait acceptés, changements, très-légers d'ailleurs et sur lesquels il sera curieux de s'arrêter ; mais il faut d'abord citer le discours ; nous soulignerons les passages qui diffèrent du projet primitif :

« Sire,

« Au moment où le chapitre métropolitain de Paris
« a eu l'honneur de se réunir, avec tous les grands
« corps de l'État, devant le premier trône du monde,
« pour y déposer aux pieds de Votre Majesté impériale
« et royale l'hommage de son respect, de sa fidélité,
« de son dévouement, de son amour et des vœux qu'il
« ne cesse d'adresser au ciel pour tout ce qui peut in-
« téresser la conservation, le bonheur et la gloire de
« votre personne sacrée, nous avons été pénétrés de
« l'affliction la plus profonde en entendant les repro-
« ches adressés par votre bouche auguste, à l'un des
« membres de notre compagnie, *qui nous avait inspiré*
« *beaucoup d'intérêt.* Mais, en le plaignant du malheur
« qu'il a eu de perdre la confiance de son souverain,
« *nous ne nous sommes pas moins fait un devoir* de
« révoquer aussitôt les pouvoirs spirituels dont nous
« l'avions investi. Cet hommage immédiat de déférence

« avait été adoptée par le chapitre, et que le cardinal Maury l'avait
« changée dans l'intervalle; mais des notes de l'abbé Jalabert, écrites
« de sa main et trouvées dans ses papiers après sa mort, ne justifient
« pas ce soupçon. »

« nous était commandé, Sire, par le respect et la
« soumission que nous avons dû manifester à Votre
« Majesté, dès ces premiers moments de surprise et
« d'abattement.

« C'est pour nous soulager de ce poids de douleur
« dont nous sommes accablés que nous pensons de-
« voir aussi présenter une adresse *au restaurateur de*
« *notre culte et au protecteur tout-puissant de l'Église*
« *gallicane,* en lui exposant à la fois, de la manière la
« plus simple et la plus authentique, nos principes,
« nos sentiments et les motifs de notre conduite
« relativement à tous les objets qui ont éveillé,
« dans cette circonstance, la sollicitude de vos pensées
« souveraines.

« Nous déclarons donc unanimement et solennelle-
« ment à Votre Majesté que nous sommes tous réunis,
« par une adhésion pleine et entière, à la doctrine
« ainsi qu'à l'exercice des libertés de l'Église gallicane,
« dont l'Université de Paris, l'une des plus belles res-
« taurations de votre génie, a toujours été la plus
« zélée dépositaire, et dont l'immortel évêque de Meaux,
« notre oracle, sera toujours regardé comme le plus
« sage et le plus invincible défenseur ; qu'invariable-
« ment fidèles à notre éducation et à nos engagements,
« nous adoptons et nous soutiendrons jusqu'à la mort
« les quatre propositions du clergé de France, procla-
« mées dans l'assemblée à jamais mémorable de 1682,
« telles que le grand Bossuet, suffragant de cette mé-

16.

« tropole, les a rédigées, développées et justifiées,
« avec cette mesure qui est la véritable force de la
« raison, en prouvant que, depuis plusieurs siècles,
« elles avaient été librement enseignées dans l'Église
« catholique, sans qu'on ait jamais pu et sans qu'on
« puisse jamais les noter d'aucune censure.

« Nous sommes catholiques, Sire, et nous nous glo-
« rifions en même temps et plus que jamais, sous
« votre règne, d'être Français. Nous avons l'honneur
« de former le chapitre métropolitain d'une Église
« qui a toujours mérité de servir de modèle et de guide
« à toutes les autres Églises de France, et qui s'est si-
« gnalée, dans tous les temps, par le zèle le plus actif
« et le plus éclairé pour les principes et les droits de
« l'Église gallicane, dont elle est encore l'un des plus
« redoutables boulevards. Nous ne dégénérerons ja-
« mais, par la moindre infidélité, de cette ancienne
« constance dans l'un des sentiers de l'honneur na-
« tional, que nous voulons transmettre à nos succes-
« seurs. Nous ne nous séparerons dans aucun temps
« de ce noble enseignement héréditaire de l'Église de
« France, dont la doctrine canonique n'est autre chose,
« selon le langage de saint Louis dans la pragmatique
« sanction , langage consacré par le même Bossuet ,
« à l'ouverture des séances de 1682, que l'ancien droit
« commun sur la puissance des ordinaires , sui-
« vant les conciles généraux et les institutions des
« saints Pères.

« C'est, Sire, en conséquence de ce droit public inhé-
« rent à l'Église gallicane, que, conformant nos déli-
« bérations et notre conduite à nos principes, nous
« reconnaissons et nous déclarons authentiquement à
« Votre Majesté que, selon la discipline de toute l'Église
« catholique , sanctionnée par le saint concile de
« Trente , chap. XVI de la 24ᵉ session, exécutée sans
« aucune exception dans tous les diocèses de la catho-
« licité , la juridiction épiscopale ne meurt jamais,
« parce qu'elle est nécessaire tous les jours et dans
« tous les moments à l'Église ainsi qu'aux fidèles ;
« qu'à l'instant même de la mort des premiers pas-
« teurs, *elle passe tout entière* et de plein droit aux
« chapitres des métropoles ou des cathédrales durant
« les vacances des siéges ; que, selon les dispositions
« conciliaires déjà citées, si les chapitres négligeaient,
« pendant huit jours seulement, de la faire administrer,
« elle serait aussitôt dévolue, pour chaque métropole,
« au plus ancien des évêques suffragants, et pour
« chaque cathédrale, au métropolitain, ou, à son dé-
« faut, au plus ancien évêque de la province ecclésias-
« tique ; que ce dépôt sacré, confié aux chapitres par
« le droit public comme par la constitution de l'Église
« elle-même, est à l'abri de toute atteinte, de tout em-
« pêchement, de toute opposition, à moins qu'un cha-
« pitre n'en fût dépouillé, pour des causes légitimes,
« par un jugement légal et compétent ;

« *Que, d'après les principes du clergé de France, n'y*

« *ayant dans l'Église aucune puissance indépendante*
« *des canons, il n'en existe par conséquent aucune qui,*
« *par des voies contraires aux dispositions canoniques,*
« *ait le droit de mettre obstacle à cette prérogative, ou*
« *plutôt à ce devoir du chapitre;* que ces corps ecclé-
« siastiques ne peuvent pas exercer capitulairement la
« juridiction épiscopale, et qu'ils sont forcés de la dé-
« léguer, sous peine de la rendre nulle, dans les églises
« vacantes; qu'en la communiquant, soit à un admi-
« nistrateur principal, soit à des vicaires généraux,
« ils en rendent l'exercice *aussi légitime qu'il le serait*
« *par un titulaire institué canoniquement;* que, d'après
« cet accord de faits uniformes et de règles im-
« muables, l'usage constant de toutes les Églises de
« France est et a toujours été, depuis plusieurs siècles,
« que les chapitres défèrent aux évêques nommés
« par le souverain tous les pouvoirs capitulaires,
« c'est-à-dire, toute la juridiction épiscopale, dont
« l'attribution n'éprouve ainsi par eux aucun retard,
« et dont l'exercice ne rencontre aucun obstacle; qu'en
« conséquence de ce droit public, ecclésiastique qu'au-
« cun nuage ne saurait obscurcir et qu'aucun fait ne
« pourra jamais contredire, on voit que, dans le
« xviie siècle, qui sera toujours en tout genre d'une si
« imposante autorité, depuis l'année 1681 jusqu'à
« l'année 1693, intervalle durant lequel toutes les ins-
« titutions canoniques furent suspendues en France,
« ce fut par le sage conseil de Bossuet à Louis XIV que

« tous les archevêques et évêques nommés pendant
« ces douze années, allèrent gouverner paisiblement,
« en vertu des pouvoirs qui leur furent donnés par les
« chapitres, les églises métropolitaines ou les cathé-
« drales dont ils étaient destinés à remplir les siéges
« vacants, sans qu'on leur opposât ni le moindre em-
« pêchement ni la moindre réclamation. Ce moyen
« canonique conserva l'unité, l'ordre et la paix pen-
« dant ce long orage politique ; un exemple si vivant
« et si solennel décide absolument toutes les ques-
« tions relatives à l'administration des églises privées
« de leurs premiers pasteurs.

« Enfin nous déclarons à Votre Majesté que ce droit
« public étant resté clair, intact et incontestable jus-
« qu'à nos jours, nous avons rempli notre devoir, en
« y conformant toutes nos délibérations, avec autant
« d'empressement que de fidélité, depuis la mort du
« cardinal de Belloy.

« Telle est, Sire, la doctrine que nous professons
« hautement et que nous promettons de professer tou-
« jours, pour ne jamais trahir ni nos droits ni nos
« obligations. Nous l'avons reçue de nos prédéces-
« seurs, et nous voulons la transmettre à ceux qui
« viendront après nous, sans y rien ajouter et sans y
« rien retrancher. »

En lisant cette pièce, qui n'a ni mesure, ni vérité historique, ni exactitude catholique, on s'afflige que le
chapitre de Paris, composé d'ecclésiastiques recom-

mandables, l'ait accepté comme expression de ses sentiments. La promesse de *soutenir jusqu'à la mort* des
doctrines qui ne sont pas des articles de foi, mais qui
appartiennent au libre domaine des opinions , est
étrange dans une bouche ecclésiastique. L'abbé Emery,
présent à l'assemblée capitulaire où l'adresse fut dis-
cutée, éleva de serieuses objections sur le fond même
du discours, et plus d'une fois il voulut se retirer ;
mais toutes ses objections n'ayant pu triompher, il
refusa sa signature à l'adresse. La scène du 1ᵉʳ janvier,
aux Tuileries, avait terrifié le chapitre ; et, de plus, il
se trouvait comme paralysé par la crainte de compromettre les jours de l'abbé d'Astros, qu'on disait en
péril. « Quand on a connu le noble caractère de l'abbé
« d'Astros, ajouterons-nous avec son historien, on
« croit sans difficulté qu'il eût préféré n'être pas sauvé
« que de l'être à ce prix. »

Mais voyons quels changements furent faits au premier projet d'adresse. Les premières modifications
partirent des Tuileries. En parlant de l'abbé d'Astros,
foudroyé le 1ᵉʳ janvier, le projet disait : *Un membre qui
nous avait toujours inspiré beaucoup d'estime et d'intérêt.* L'empereur effaça les mots *toujours* et *estime* et fit
ajouter ces mots de la phrase suivante : *nous ne nous
en sommes pas moins fait un devoir* de révoquer, etc.
Pour ce qui est des changements demandés par le chapitre, les voici :

Maury, dans le projet d'adresse, appelait Napoléon

restaurateur et protecteur de notre sainte religion. On
lui objecta que ces beaux titres ne convenaient peut-
être pas beaucoup à celui qui avait fait enlever le pape
et disperser les cardinaux et les communautés religieuses ; Maury mit à la place : *restaurateur de notre
culte et protecteur tout-puissant de l'Église gallicane.*
Le projet portait que la juridiction épiscopale ne meurt
jamais et *passe tout entière aux chapitres* ; l'expression
tout entière fut jugée inexacte dans la discussion ; on
énuméra les points où les chapitres se trouvaient res-
treints pendant la vacance du siége ; l'observation parut juste au cardinal Maury, et pourtant les mots *tout
entière* sont restés dans l'adresse telle que la publièrent
les journaux. Le cardinal avait dit qu'*il n'y a dans
l'Église aucune puissance indépendante des canons et
qu'il n'en existe aucune qui ait le droit de mettre obstacle à la prérogative des chapitres.* L'enseignement et
la pratique des églises d'Italie donnaient un démenti
à cette proposition ; on demanda qu'elle fût réduite à
un sens moins général et moins absolu ; le chapitre
adopta la rédaction suivante : *que, d'après les principes du clergé de France, n'y ayant dans l'Église aucune puissance indépendante des canons, il n'en existe
par conséquent aucune qui, par des voies contraires aux
dispositions canoniques, ait le droit de mettre obstacle à
cette prérogative ou plutôt à ce devoir du chapitre.* Le
projet établissait que l'exercice de la juridiction épiscopale, communiquée à un administrateur principal ou

à des vicaires généraux, était *aussi complet* et aussi
légitime qu'il le serait pour un titulaire institué canoniquement; on obtint la suppression des mots *aussi
complet.*

Là se bornèrent les modifications demandées par le
chapitre métropolitain. Il laissa prêter à saint Louis
dans sa pragmatique sanction un langage qui n'avait
pas été le sien et qui ne pouvait pas s'appliquer aux
questions débattues ; il n'empêcha point le cardinal
Maury de faire dire au concile de Trente ce qu'il n'a
point dit, d'attribuer à Bossuet ce qui ne fut ni sa
pensée ni son œuvre. Quant au passage où il est déclaré qu'il n'y a dans l'Église aucune puissance indépendante des canons, le chapitre de Notre-Dame, sans
recourir à l'enseignement et aux exemples d'Italie,
n'avait qu'à citer la bulle *Ecclesia Christi* de Pie VII en
confirmation du concordat avec le gouvernement
français. Le silence sur tant de points importants dut
être un bien douloureux sacrifice pour des prêtres
éclairés et pieux.

Le gouvernement fit grand fracas avec cette adresse
qui justifiait en style solennel ses plus récentes entreprises : tous les journaux reçurent l'ordre de la publier. Le pouvoir se montra aussi joyeux de la profession de foi du chapitre de Notre-Dame qu'il l'eût été
d'une victoire sur le Danube ou le Rhin. Il demanda
des adhésions en France et en Italie. Eugène Beau-
harnais, vice-roi d'Italie, madame Élisa, gouvernante

générale de la Toscane, le prince Borghèse, les préfets
et les autres agents du gouvernement n'épargnèrent
aucun soin pour multiplier les adresses ; à Milan, l'abbé
Ferloni, théologien du vice-roi, tenait bureau d'adresse
ou d'adhésion, et chaque profession de foi, revêtue de
signatures obtenues par des moyens divers, retentissait
dans les feuilles officielles de Paris, de Milan et de Venise. Cette campagne au profit des libertés gallicanes
remplit le mois de février 1811 ; il y avait bien quelque
chose d'un peu étrange à préconiser à son de trompe
les libertés de 1682, pendant que l'Église de France
n'était pas précisément très-libre chez elle, et qu'on
gardait à vue le chef du monde catholique : mais la
sincérité et la logique tiennent-elles toujours une
grande place dans l'histoire des pouvoirs humains ?

Napoléon, pour affermir ses pas à travers les obscu-
rités d'un terrain périlleux, avait établi une commission ou un comité ecclésiastique, auquel il soumettait
les questions religieuses. Maury en faisait partie ; les
autres membres de ce comité étaient le cardinal Fesch,
l'archevêque de Tours (de Barral), les évêques de Nantes (Duvoisin), de Trèves (Mannay), d'Évreux (Bourlier)
et de Verceil (Canaveri), l'abbé Émery et le P. Fontana,
général des Barnabites : ce dernier n'assista qu'à deux
ou trois séances. On adjoignit plus tard à cette commission le cardinal Caselli et l'archevêque de Malines.
Ce comité avait été chargé, au mois de novembre 1809,
de répondre à diverses questions proposées par le

gouvernement; elles touchaient à l'Église en général,
au concordat, aux Églises d'Allemagne et d'Italie, à la
bulle d'excommunication du 10 juin 1809. Le comité
fit son rapport au mois de janvier 1810; une partie
seulement de ce rapport parut dans les journaux. L'abbé Émery n'avait pas voulu y mettre sa signature,
sous prétexte qu'il ne lui convenait pas de placer son
nom à côté de noms de cardinaux et d'évêques, mais
le motif véritable de ce refus se fondait sur les réponses
qu'il avait inutilement combattues. Sauf quelques opinions saines répandues çà et là dans le rapport, l'œuvre est un regrettable oubli des règles du droit ecclésiastique et une trop imparfaite justice rendue au pape
persécuté. Une de ces réponses déclarait *nulle et de
nul effet* la bulle d'excommunication du 10 juin 1809,
qui fut une sentence purement spirituelle, sans prétention de toucher aux droits temporels, dernière
arme restée entre les mains du vieux pontife spolié et
chassé de son palais. On ne lit pas sans affliction ce
rapport du 11 janvier 1810, monument de triste habileté et de complaisance craintive. Quelle fut la part
précise de Maury dans ces délibérations? Les témoignages nous manquent. Nous savons seulement que le
cardinal Maury craignit beaucoup plus de déplaire à
l'empereur qu'au pape, et qu'il soutint la nullité de
la bulle d'excommunication. Le cardinal, d'ailleurs,
même dans ses conversations les moins intimes, ne
faisait pas mystère de son opinion à cet égard.

La plus mémorable séance de ce comité eut lieu
dans les derniers jours de mars 1811 ; l'empereur le
convoqua inopinément comme dans une audience, et,
pour donner plus d'importance à la réunion, il y appela ses conseillers et les grands dignitaires de l'empire. Il pensait y faire prévaloir ses vues particulières,
qui n'étaient pas conformes à la discipline de l'Église.
Napoléon avait coutume de dire que les hommes qui
ont longtemps attendu sont plus *hébétés* : il eut donc
la précaution ce jour-là de se faire attendre deux
heures. Ce fut en grand appareil qu'il se montra au
milieu du comité : César semblait s'être armé de la
foudre pour venir dans une petite réunion d'évêques ;
il ouvrit la séance par un discours violent contre le
pape, où il fit de l'histoire à sa façon, où il parla théologie comme un grand capitaine, et prononça souvent
les noms de Rome et de Charlemagne, de Bossuet et
de l'Église de France. Sa parole fut précipitée, impérieuse, menaçante. Quand Napoléon eut fini de parler,
il arrêta ses regards sur chacun de ceux qui étaient là ;
il paraissait chercher une réponse, mais les cardinaux
et les évêques se taisaient ; Maury, qui, en d'autres
temps, avait fait voir au monde une intrépidité aussi
grande que sa parole, gardait le silence en face des
dangereuses prétentions et des faux principes de l'empereur en matière religieuse.

Napoléon se tournant alors vers un simple prêtre,
un prêtre chargé d'ans, l'abbé Émery, « Monsieur, lui

« dit-il, que pensez-vous de l'autorité du pape ? » M. Émery, directement interpellé, jeta les yeux avec déférence sur les évêques, comme pour demander la permission d'opiner le premier, et répondit ainsi : « Sire,
« je ne puis avoir d'autre sentiment sur ce point que
« celui qui est contenu dans le Catéchisme enseigné
« par vos ordres dans toutes les églises; à la de-
« mande : *Qu'est-ce que le pape ?* on répond qu'il est
« le chef de l'Église, le vicaire de Jésus-Christ, à qui
« tous les chrétiens doivent l'obéissance ; or, un corps
« peut-il se passer de son chef, de celui à qui de droit
« divin il doit l'obéissance ? » L'empereur entendit
cette réponse avec surprise, et comme il écoutait
encore et semblait convier M. Émery à parler, le prêtre continua. Il dit qu'en soutenant les quatre articles
de la déclaration du clergé, il fallait en recevoir la
doctrine dans son entier, que le préambule de cette
déclaration proclamait le pape chef de l'Église et son
autorité universelle et nécessaire ; il ajouta qu'un concile *disjoint du pape* n'aurait aucune valeur. « Eh bien,
« reprit Napoléon après avoir murmuré le mot *Caté-*
« *chisme,* je ne vous conteste pas la puissance spirituelle
« du pape puisqu'il l'a reçue de Jésus-Christ; mais Jé-
« sus-Christ ne lui a pas donné la puissance temporelle;
« c'est Charlemagne qui la lui a donnée, et moi, suc-
« cesseur de Charlemagne, je veux la lui ôter, parce
« qu'il ne sait pas en user et qu'elle l'empêche d'exer-
« cer ses fonctions spirituelles. Monsieur Émery, que

« pensez-vous de cela ? » — Sire, Votre Majesté ho-
« nore le grand Bossuet et se plaît à le citer souvent ;
« je ne puis avoir d'autre sentiment que celui de Bos-
« suet dans sa *défense de la déclaration du clergé*, qui
« soutient expressément que l'indépendance et la pleine
« liberté du chef de la religion sont nécessaires pour
« le libre exercice de la suprématie spirituelle, dans
« l'ordre qui se trouve établi de la multiplicité des
« royaumes et des empires. Je citerai textuellement le
« passage que j'ai très-présent à la mémoire ; Sire,
« Bossuet parla ainsi :

« *Nous savons bien que les pontifes romains et l'ordre
sacerdotal ont reçu de la concession des rois et possèdent
légitimement des biens, des droits, des principautés (im-
peria), comme en possèdent les autres hommes, à très-
bon droit. Nous savons que ces possessions, en tant que
dédiées à Dieu, doivent être sacrées, et qu'on ne peut, sans
commettre un sacrilége, les envahir, les ravir et les donner à des séculiers. On a concédé au siége apostolique la
souveraineté de la ville de Rome et d'autres possessions,
afin que le saint-siége, plus libre et plus assuré, exerçât
sa puissance dans tout l'univers. Nous en félicitons non-
seulement le siége apostolique, mais encore l'Église universelle, et nous prions de tous nos vœux que, de toutes
manières, ce principe sacré demeure sain et sauf*[1]. »

Napoléon, qui avait patiemment écouté, prit douce-

---

[1] Livre Ier, sect. X, chap. XVI.

ment la parole. « Je ne récuse pas, dit-il, l'autorité de
« Bossuet ; tout cela était vrai de son temps, où l'Eu-
« rope reconnaissant plusieurs maîtres, il n'était pas
« convenable que le pape fût assujetti à un souverain
« particulier ; mais quel inconvénient y a-t-il que le
« pape soit assujetti à moi, maintenant que l'Europe
« ne connaît d'autre maître que moi seul? » M. Émery,
ainsi placé en présence d'un orgueil qu'il importait de
ne pas blesser, éprouva d'abord quelque embarras. Il
admit qu'il était possible que les sérieux inconvénients
signalés par Bossuet ne se rencontrassent point sous
le règne de Napoléon, « Mais, Sire, ajouta-t-il, vous
« connaissez aussi bien que moi l'histoire des révolu-
« tions ; ce qui existe maintenant peut ne pas toujours
« exister ; à leur tour, les inconvénients prévus par
« Bossuet pourraient reparaître. Il ne faut donc pas
« changer un ordre si sagement établi. »

Les évêques du comité ecclésiastique étaient d'avis
que l'empereur envoyât un message au pape pour lui
demander, dans le cas où six mois s'écouleraient
sans qu'il donnât aux évêques nommés l'institution
canonique, d'autoriser le chapitre métropolitain à
la donner en son nom, Napoléon désira savoir de
M. Émery s'il croyait à cette concession du pape :
« Non, Sire, répondit M. Émery, le saint-père anéan-
« tirait son droit d'institution. » Et l'empereur, s'adressant aux évêques, leur dit : « Vous vouliez me faire
« faire un pas de clerc en m'engageant à demander

« au pape une chose qu'il ne doit pas m'accorder. »
Au moment de lever la séance, l'empereur demanda à
un évêque du comité si la définition du *Catéchisme*
était véritablement comme M. Émery l'avait rapportée :
« Oui, Sire, » lui répondit l'évêque, et Napoléon se
disposa à se retirer. On voulut lui dire que M. Émery
lui avait peut-être déplu et on implora de l'indulgence
pour son grand âge : « Vous vous trompez, répliqua
« l'empereur, je ne suis pas irrité contre l'abbé Émery ;
« il a parlé comme un homme qui sait et possède son
« sujet : c'est ainsi que j'aime qu'on me parle. M. Émery
« ne pense pas comme moi ; mais chacun doit avoir
« ici son opinion libre. » Lorsqu'il sortit, Napoléon,
en passant devant l'abbé Émery, le salua avec un sentiment mêlé d'estime et de respect [1]. Depuis cette
séance, il ne parlait que de ce digne prêtre lorsqu'il
était question de théologie, et un jour il lui arriva de
laisser échapper ces mots : « Un homme tel que
« M. Émery me ferait faire tout ce qu'il voudrait, et
« peut-être plus que je ne devrais. »

La ferme attitude de l'abbé Émery dans cette séance
du comité ecclésiastique est un des beaux souvenirs
de l'histoire des derniers temps. Il y avait là un silence complaisant qui eût mis trop à l'aise la toute-
puissance du maître, et la Providence voulut qu'un

---

[1] Les principaux traits de cette séance du mois de mars 1811 ont été
tirés d'une note trouvée dans les papiers du cardinal Consalvi.

prêtre se rencontrât pour sauver alors la gloire du
sacerdoce; ce vieillard de quatre-vingts ans, un pied
dans la tombe et la tête au ciel, apparut ce jour-là
comme le devoir, comme la doctrine, comme l'honneur. La manière dont Napoléon l'écouta (c'est justice
de le dire) prouve aussi que le dominateur ne repoussait pas toujours la vérité, et que de bons et courageux
conseillers lui auraient épargné au moins quelques-
unes de ses plus grandes fautes.

Un homme d'État de grandes manières, qui porte
bien la gloire de son nom, et dont l'esprit droit et
ferme demeure, malgré l'âge avancé, fortement atten-
tif aux destinées de notre pays, a rendu un solennel
hommage à M. Émery par des paroles que nous
n'avons point oubliées : « La congrégation de Saint-
« Sulpice existe encore, » disait l'arrière-petit-fils de
Matthieu Molé en recueillant l'héritage académique
d'un noble archevêque ; « elle mérite les mêmes res-
« pects, les mêmes hommages ; un abbé Émery ne la
« dirigera plus. Napoléon ne pouvait se lasser d'admi-
« rer dans ce saint prêtre je ne sais quel mélange de
« simplicité presque primitive et de sagacité péné-
« trante, de sérénité et de force, j'ai presque dit de
« grâce et d'austère ascendant. Il avait appelé l'abbé
« Émery lors des négociations du concordat. *Voilà,*
« me dit-il un jour, *la première fois que je rencontre un*
« *homme doué d'un véritable pouvoir* sur les hommes,
« et auquel je ne demande aucun compte de l'usage

« qu'il en fera. Loin de là, je voudrais qu'il me fût pos-
« sible de lui confier toute notre jeunesse; je mour-
« rais plus rassuré sur l'avenir [1]. » Nous avons dit
qu'en religion il y avait dans Napoléon deux hommes;
les derniers mots qu'on vient de lire sont de l'homme
d'un bon sens profond, qui savait tout ce que pouvait la vérité religieuse pour le bien des sociétés de ce
monde.

Tel est l'empire des choses religieuses, tel est le caractère de la lutte entre la force morale et la force
matérielle, que rien n'intéresse plus fortement que la
longue et terrible attitude de Napoléon en face du pape.
Toutes les fois que l'empereur se met en scène dans
ces graves matières, on écoute curieusement ses paroles; on se plaît à pénétrer dans ses idées, ses raisonnements, ses préjugés; on y retrouve tour à tour
la révolution et le bon sens, le xviiie siècle et un autre
temps qui commence, le faux et le vrai, des fantaisies,
des illusions, des bizarreries. La séance solennelle du
comité ecclésiastique, au mois de mars 1811, laissa
voir les pensées de Napoléon à cet égard, mais les
assistants n'écrivirent pas tout ce qui fut alors entendu et n'emportèrent que des souvenirs incomplets;
nous avons sous les yeux une pièce d'un grand prix

---

[1] M. le comte Molé. Discours de réception à l'Académie française,
à la place de M. de Quélen, le 30 décembre 1840. M. le comte Molé
est mort depuis la première édition de notre ouvrage.

pour l'histoire, c'est le discours de Napoléon à l'audience donnée au clergé de Malines, le 30 avril 1810, discours fidèlement recueilli au moment même, et qui nous montre quelles idées se remuaient dans cette vaste tête quand il s'agissait des pontifes de Rome et de ce qu'il appelait *ses droits*. Par respect pour le pape et aussi par respect pour le génie de Napoléon, nous ne reproduirons pas les crudités de langage qui se rencontrent dans ce discours ; nous ne prendrons que ce qui peint l'homme et ce qui appartient essentiellement à l'histoire.

On sait que l'abbé de Pradt, nommé à l'archevêché de Malines, n'avait pas obtenu ses bulles dans les formes et les termes que le gouvernement demandait ; le clergé de ce diocèse témoignait plus de sympathies au saint-siége qu'à Napoléon ; il ne priait plus pour l'empereur depuis la bulle d'excommunication. Le clergé de Malines et l'archevêque nommé parurent devant Napoléon. « Qui êtes-vous ? » leur dit l'empereur. « Ce « sont MM. les vicaires généraux, le doyen, les « curés et les vicaires, » répondit l'abbé de Pradt. L'empereur, prenant brusquement la parole, dit qu'il aurait tous les égards pour le pape, qu'il le reconnaîtrait comme successeur de saint Pierre, en ce qui concerne la foi et la doctrine, mais qu'il ne devait pas s'immiscer dans son temporel, et que les deux puissances étaient indépendantes. Jusque-là rien de mieux, et Pie VII n'avait pas à se reprocher de s'être

mêlé des affaires temporelles de Napoléon. Le maître
disait ensuite qu'il voulait la religion de saint Bernard ,
de Bossuet et de l'Église gallicane, qu'il la protégerait
de toutes ses forces, mais qu'il ne voulait pas la religion et les opinions de Grégoire VII, des Bonifaces,
des Jules : « Quoi qu'on en dise, ajoutait-il, je crois
« qu'ils brûlent aux enfers pour toutes les discordes
« qu'ils ont excitées par leurs prétentions extrava-
« gantes. » Le pape, pour son repos et pour le repos
de l'Eglise, n'aurait rien voulu de plus aussi que l'inviolable respect de la *religion de saint Bernard, de
Bossuet et de l'Église gallicane* , entendue comme
saint Bernard et Bossuet l'entendaient. Napoléon accusait le souverain pontife d'avoir causé le schisme de
l'Angleterre et de la moitié de l'Allemagne ; ceci
n'était plus de l'histoire. Il déclarait ne pas être de
*cette religion de Grégoire VII qui n'est pas de Jésus-
Christ,* et qu'il se *ferait plutôt protestant que de l'adop-
ter.* Il faisait remarquer que Jésus-Christ ne s'était pas
érigé un trône à Jérusalem *pour dominer sur toute la
terre,* mais qu'il *s'était humilié jusqu'à l'heure de la
rédemption,* et citait les paroles de l'Évangile : *Rendez
à César ce qui est à César et à Dieu ce qui est à Dieu.*
Après avoir parlé de son intention d'observer le concordat, de suivre l'avis de *ses évêques,* de convoquer,
s'il le fallait, un concile pour décider de ses droits, Napoléon poursuivait ainsi :

« Le pape est un bonhomme ; je l'ai connu évêque

« d'Imola ; un homme saint, un anachorète, doux
« comme un agneau [1] ; ce n'est pas lui qui agit, mais
« il suit de mauvais conseils. Je lui aurais laissé ses
« États s'il avait eu assez de politique pour les gou-
« verner, mais il n'a pas voulu fermer ses ports aux
« Anglais, qui pouvaient inquiéter mes soldats à Na-
« ples ; je lui ai ôté ses États, et voilà tout mon diffé-
« rend avec lui.

« On m'a dit que vous ne vouliez pas prier pour moi,
« qu'on m'avait excommunié. N'est-ce pas moi qui ai
« relevé vos autels, qui vous ai rendus à la religion,
« qui vous ai fait porter le costume que vous portez
« maintenant? Pourquoi êtes-vous ingrats? Je veux
« protéger les bons, mais je poursuivrai les mé-
« chants. »

Napoléon engageait l'archevêque nommé et les vicaires généraux à *bien surveiller leurs ecclésiastiques*, qui
ne peuvent pas *se plaindre de la persécution*, et qui, s'ils
s'obstinent, ne seront pas des martyrs ; si lui, Napoléon,
suit son bon droit et que le pape en suive un mauvais,
c'est le pape *qui en est responsable*; il prétend avoir

---

[1] Napoléon, en parlant de Pie VII, cette auguste et grande victime,
l'a souvent appelé un *agneau*. Dans une lettre au cardinal Fesch, à la
date du 16 mai 1806, l'empereur disait : « Voyez le pape, et dites-lui
« que la note du cardinal Consalvi m'a fortement indisposé, que cet
« homme, par bêtise ou trahison, veut perdre les États temporels du
« saint-siége, et qu'il y réussira. » Il est difficile de ne pas se rappeler
ici la fable *du loup et de l'agneau.*

pour lui l'histoire ecclésiastique et l'autorité des faits ;
s'il parlait des mystères de la Trinité ou de l'Eucha-
ristie, *il ne serait pas recevable ; il laisse tout cela aux
évêques et aux papes, successeurs des apôtres,* et n'a
aucune envie de s'en mêler. L'empereur a été à Vienne ;
il y a parlé avec les *plus grands théologiens ;* leurs principes sont conformes aux siens ; *il en est de même en
Espagne et en Portugal ;* on ne pense autrement *qu'à
Louvain.* L'empereur déclare que les bulles envoyées
à l'archevêque nommé de Malines *manquent quant à
la forme ;* il ne peut pas les admettre, et dit qu'il y a
donc *vacance de la place.* « Que le chapitre métropo-
« litain, ajoutait-il, régisse son Église par ses vicaires
« généraux ; je ne veux pas que les évêques adminis-
« trent sans leur institution du pape, mais le chapitre
« peut faire usage de leur ministère et rester dans
« l'ordre. » Il est curieux de voir ici Napoléon s'opposer à l'administration capitulaire des évêques nommés ; c'était le 30 avril 1810 qu'il parlait de la sorte ;
au mois d'octobre suivant, il devait soutenir l'avis contraire dans l'affaire du cardinal Maury. Voici les derniers mots de son discours :

« La religion n'est pas une franc-maçonnerie. Jésus-
« Christ a dit : Prêchez sur les toits. — Quiconque con-
« naît l'histoire ecclésiastique saura en quoi consistent
« mes différends avec le pape. Le pape n'est pas le
« grand lama ; le régime de l'Église n'est pas arbi-
« traire ; elle a ses règles et ses canons que l'Église

« doit suivre. Si le pape veut être le grand lama, je
« ne suis pas de sa religion [1]. »

Tous ceux qui sont accoutumés au langage de Napoléon l'ont reconnu à nos extraits. C'est un langage im-
pératif et tranchant, original et bref, familier et trivial.
L'empereur généralise à sa convenance, insiste sur ce
que nul ne conteste, donne des torts imaginaires et se
donne souverainement raison ; il est impitoyable pour
l'*agneau*, et la suite de ce récit le montrera plus fortement encore.

La résistance du pape n'aurait pas dû être pour
Napoléon un si grand sujet de surprise ; à défaut d'une
connaissance suffisante des devoirs d'un pontife, l'empereur n'aurait eu qu'à se rappeler les lettres par lesquelles son oncle, le cardinal Fesch, lui faisait pressentir la lutte ; l'archevêque de Lyon, à la date du
8 avril 1808, plus d'un an avant le décret spoliateur
parti du camp de Vienne, écrivait à son neveu : « Le
« pape se trouve, dans ce moment-ci, en attitude de
« défendre sa conscience contre tous ceux qui l'appro-
« chent, et, plus encore, de les réduire tous sous sa
« conscience ; il a pris une pose et une assurance bien

---

[1] Le discours de Napoléon au clergé de Malines est tiré de notes
manuscrites remises à Mgr de Beaulieu, évêque de Soissons, par
Mgr de Broglie, évêque de Gand, et laissées par Mgr de Beaulieu à
M. de Bully, grand vicaire de Soissons. Ces pièces se trouvent aujour-
d'hui entre les mains de M. l'abbé Lequeux, vicaire général de Paris,
qui a bien voulu nous les communiquer.

« différentes de celles qu'il avait. C'est lui à présent
« qui fait tout. Le cardinal Doria racontait que toutes
« ses fonctions se réduisaient à signer ce que le pape
« lui envoyait. C'est lui-même qui minute et rédige tout
« ce qu'il y a d'important. Il réforme inexorablement
« le travail des personnes les plus accréditées. On ne
« doute plus qu'il n'ait pris son parti et que sa con-
« duite ultérieure ne soit tracée. Il est décidé à tout,
« dût-il s'ensuivre la persécution générale de l'Église.
« Il est sûr qu'il trouve le temps présent préférable au
« temps passé. Il dit qu'une persécution ouverte vaut
« mieux qu'une persécution sourde; que celle-ci sé-
« duit et que celle-là fait démasquer; qu'il y a des cir-
« constances où les persécutions sont utiles à l'Église;
« qu'elles sont la pierre de touche et le creuset. Il en-
« visage froidement les conséquences qui pourraient
« résulter d'un coup d'éclat. Sire, vous couvrez la
« terre de vos armées et de votre puissance, mais vous
« ne sauriez commander aux consciences; permettez
« que je vous représente que, quelle que fût la conte-
« nance des évêques, quelle que fût la force des rai-
« sons par lesquelles on peut prouver au pape qu'il a
« outre-passé son autorité, il n'est pas moins vrai qu'il
« y aurait, non-seulement partage dans les opinions,
« mais un horrible déchirement dans l'État, qui dégé-
« nérerait en un schisme terrible qu'on n'éteindrait
« pas facilement, et que toute mesure de rigueur se-
« rait taxée de persécution. Je prie Dieu qu'il inspire à

« Votre Majesté les moyens d'aplanir tous les obsta-
« cles qui pourraient s'opposer à une réconciliation
« avec le pape, *qu'on doit considérer comme un homme*
« *désespéré qui croit agir par l'inspiration de Dieu,* la
« conscience seule devant lui servir de règle ; et dans
« l'assurance que l'esprit de Dieu ne peut abandonner
« le chef et le gardien de son Église, il demande si on
« peut avoir de meilleur conseiller et si on peut se fier
« à Dieu [1]. »

A part les mots que nous avons soulignés, nous
aimons cette lettre ; elle est courageuse et belle. Fesch,
surpris par la révolution aux premiers temps de sa
prêtrise, transformé tout à coup en garde-magasin
à l'armée des Alpes, nommé ensuite commissaire des
guerres en 1796, n'avait probablement pas conservé
dans ces deux emplois les vertus sacerdotales ; rede-
venu l'abbé Fesch après le 18 brumaire, archevêque de
Lyon depuis l'année 1801, cardinal depuis 1803, ambassadeur à Rome de 1803 à 1806, l'oncle de Napoléon était
parvenu à se débarrasser, en 1810, de sa nomination au
siége de Paris, un peu plus peut-être par des considérations d'intérêt que par dévouement à la discipline ;
il s'était aperçu, disait-il, « que d'un administrateur

[1] *Histoire des Négociations diplomatiques relatives aux traités de
Morfontaine, de Lunéville et d'Amiens, pour faire suite aux Mémoires
du roi Joseph, précédée de la correspondance inédite de l'empereur
Napoléon Ier avec le cardinal Fesch ;* publiée par M. A. Ducasse.
Tome I. Paris, 1855.

« on voulait faire un Père du désert. » Fesch passait
pour égaler Maury dans l'amour de l'argent ; avec sa
pension, son traitement d'ambassadeur, de cardinal,
de grand aumônier, de sénateur, de grand-aigle de la
Légion d'honneur, il avait joui d'un revenu annuel de
cinq cent mille francs et ne s'était pas regardé comme
suffisamment pourvu; mais la lettre du 8 avril 1808
honore le cardinal Fesch aux yeux de l'histoire. Deux
ans auparavant, le 3 mars 1806, il avait tenu aussi un
noble langage à Napoléon, à propos du violent désir
de l'empereur de faire expulser des États pontificaux
les Russes, les Anglais, les Suédois, les Sardes, et de
faire fermer les ports du pape aux navires de ces
nations ; il refuse son concours à une politique brutale. « Je frissonne, écrivait-il à son neveu, en réflé-
« chissant sur les événements ultérieurs ; sans m'ar-
« rêter aux censures et peines ecclésiastiques que je
« pourrais encourir, que deviendrais-je aux yeux des
« catholiques du monde chrétien, si j'avais le mal-
« heur de contribuer activement à un événement qui
« en amènerait d'autres qu'on ne peut pas prévoir ?
« il ne me resterait que le choix d'un cloître pour me
« cacher aux yeux du monde [1]. »

Le sentiment du devoir garde une beauté qui plaît
et console toujours dans le tableau des choses humaines.

[1] *Histoire des Négociations diplomatiques, etc.*, déjà citée. Tome I.

CHAPITRE XIX.

Dans l'assemblée d'évêques de France et d'Italie
qu'on a appelée le concile national de 1811, et dont les
séances se tinrent à Notre-Dame à Paris, le cardinal
Maury ne joua pas un rôle qui le mît particulièrement
en lumière ; il se montra parmi les évêques les plus
complaisants ; il s'associa toutefois à la catholique
inspiration de la prestation du serment prescrit par
la bulle du pape Pie IV, de ce bel acte par lequel, le
17 juin, s'ouvrit le concile : le cardinal Fesch, président
de l'assemblée, prononça, à genoux, et à haute voix,
cette profession de foi qui *jure et promet une véritable
obéissance au pontife romain* ; il reçut le même ser-

ment de tous les Pères du concile et des ecclésiastiques
du second ordre. Ce serment, à pareil moment, et dans
une situation si violente, a honoré le cardinal Fesch ;
Pie VII s'en est souvenu ; un tel acte honorait aussi les
quatre-vingt-quinze évêques d'un concile qui ne fut
qu'une tentative de vaste empiétement de la part du
pouvoir politique [1].

Il n'entre pas dans notre plan de raconter les délibérations de cette assemblée, qui ne siégea pas longtemps, et dont l'histoire n'a pu consigner tous les détails, parce que Napoléon fit saisir et ne laissa jamais
publier les pièces relatives au concile ; les documents
qui ont aidé à connaître l'ensemble des faits ne parurent qu'après 1814. La plus curieuse et la moins connue des pièces de cette époque, c'est le discours du

_____

[1] Dans notre livre sur le P. de Ravignan, ayant eu à raconter comment fut conquise parmi nous la liberté d'enseignement, nous avons
aimé à rendre hommage au puissant concours de M. Thiers ; autant il
nous était doux de reconnaître l'importance de ses services en 1849 et
1850, autant il nous a été pénible de retrouver, dans le 41e livre de son
Histoire du Consulat et de l'Empire, de persistantes préventions en
matière catholique ; son récit des affaires religieuses de 1811, sous le
titre de _Concile_, ne s'inspire pas des droits de l'Église, des droits de
la papauté ; il manque de justice à l'égard des pieuses résistances, et
ne condamne point assez les entreprises de la force contre la puissance
spirituelle désarmée. Pourquoi faut-il que ce rare esprit, si bien fait
pour la vérité, ne se rallie point pleinement à sa cause immortelle?
Il appartient surtout aux hommes qui savent ce que c'est que le gouvernement des empires, il leur appartient, dis-je, plus qu'à d'autres
de comprendre que le repos des sociétés européennes se lie essentiellement au triomphe définitif de la pensée catholique.

ministre des cultes, M. Bigot de Préameneu, le 20 juin
1811, lorsqu'il se présenta tout à coup au concile, à la
grande stupéfaction des évêques, de tous ceux au moins
qui n'étaient pas dans le secret, car il paraît que le cardinal Maury, le cardinal Fesch et deux ou trois autres
évêques en avaient reçu la confidence. Ce ne fut pas,
comme on l'a dit, un message de l'empereur, mais un
discours du ministre ; il est bien vrai, du reste, que ce
n'est pas le langage de M. Bigot de Préameneu qu'on
entend : on rencontre là toutes les formes et les idées
de Napoléon sur les affaires religieuses de ce temps ;
la pensée de ce document est indiquée dans plusieurs
livres, mais il faut en avoir sous les yeux le contenu
tout entier si on veut bien comprendre tous les motifs de la position prise par l'empereur à l'égard du
pape. Et quand on songe que c'est à une assemblée
d'évêques qu'il fait parler ainsi son ministre, on trouve
à ce grand homme je ne sais quel air de ressemblance
avec les potentats byzantins. Voici donc ce discours,
qui paraît ici en entier pour la première fois :

« Messieurs les archevêques et évêques,

« Sa Majesté Impériale et Royale nous a chargé de
vous faire connaître l'objet pour lequel elle vous a convoqués.

« Dès 1805, dix-sept évêchés étaient vacants dans le
royaume d'Italie. Sa Majesté nomma les prélats les plus
dignes de son royaume. Le pape refusa de leur donner
des bulles d'institution canonique. Il persista dans son

refus pendant tout le temps que durèrent la troisième et la quatrième coalition. L'obligation où se trouvait l'empereur de conduire ses troupes aux extrémités de l'Europe, faisait présumer au pape qu'il était dans l'intérêt de Sa Majesté de ne laisser en Italie aucune source de fermentation, et qu'elle pourrait acheter l'institution d'un si grand nombre d'évêchés par la donation de la Romagne. Mais, Sa Majesté, accoutumée à se confier dans l'amour que lui portent les peuples de l'Italie et dans leur fidélité, repoussa avec mépris de pareilles insinuations, et ce ne fut qu'après des refus réitérés pendant trois ans que les batailles d'Iéna et de Friedland purent enfin vaincre l'obstination du pape, qui, voyant la défaite des ennemis de la France et ses espérances trompées, donna, un mois après le traité de Tilsitt, l'institution canonique aux évêques qui avaient été nommés par Sa Majesté, et auxquels il l'avait si longtemps refusée.

« En 1808, l'archevêché de Malines étant venu à vaquer, Sa Majesté y nomma l'évêque de Poitiers (l'abbé de Pradt). Le pape envoya des bulles d'institution dans lesquelles il déclarait que cette nomination était de son propre mouvement. Ces bulles furent comme de raison rejetées au conseil d'État, et, depuis ce temps, l'évêque de Poitiers n'a point encore son institution canonique comme archevêque de Malines.

« Pour tous les évêchés qui sont venus à vaquer depuis, et qui sont au nombre de 27, le pape a refusé de donner les bulles d'institution, soit qu'il voulût soutenir l'étrange proposition de nommer de son propre mouvement et suivant la formule rédigée pour l'archevêque de Malines, soit qu'il eût espéré faire intervenir la concession des bulles dans les discussions qui ont eu lieu relativement aux forteresses, aux limites, et enfin à la souveraineté temporelle des papes.

« Sa Majesté, se ressouvenant de ce qui avait été fait du temps de Louis XIV dans une pareille circonstance, et voyant l'impossibilité de laisser plus longtemps vacants des diocèses comme Paris et Florence, y nomma aux termes du concordat. Les chapitres donnèrent des pouvoirs spirituels comme vicaires capitulaires. Mais des brefs émanés de Savone et adressés aux chapitres de Florence et d'Asti, leur défendirent positivement de donner des pouvoirs capitulaires à ceux que l'empereur avait nommés. Ainsi, tout ce que le pape a pu faire pour exciter les troubles et la désobéissance, a été fait. Mais les évêques et les chapitres de France et d'Italie se sont montrés indignés d'une telle conduite, si contraire aux canons, à la doctrine de l'Église, au respect que tous les pontifes doivent au souverain, et n'ont eu aucun égard à ces brefs.

« Depuis, le pape a investi de ses pouvoirs le cardinal di Pietro, homme passionné et qui nourrit une profonde haine contre la France. L'empereur avait été obligé de l'exiler à Semur, et ce fut dans cet exil qu'il reçut le bref secret qui lui donnait des pouvoirs pour les

affaires spirituelles de la France : attentat contre le trône
et l'Église. Ce cardinal avait déjà, dans les ténèbres,
noué des trames obscures avec les plus mauvais prêtres de la France, lorsque la justice le saisit avec ses
complices pour le punir selon les lois de l'État.

« Ainsi, dans l'espace de dix années, l'empereur a
été troublé sept ans, à deux différentes époques : une
fois pendant l'espace de trois ans, et une seconde depuis l'espace de quatre ans, dans les prérogatives que
lui accordait le concordat.

« Depuis dix ans, Sa Majesté a relevé les autels en
France et n'a été occupée que du bien de la religion, de
l'accréditer et l'établir dans son vaste empire, et même
de faire sentir les effets de sa puissance et de sa protection aux catholiques des pays étrangers. Mais il
nous a chargé expressément de vous le dire, afin que
le monde entier l'entende ; il n'a trouvé dans la cour
de Rome qu'indifférence pour les vrais intérêts de
la religion ; elle a été constamment occupée de deux
objets : 1° d'obtenir de l'empereur la donation des anciennes légations de Bologne, de Ferrare et de la Romagne ; 2° d'accréditer les principes que le pape est
l'évêque universel, qu'il peut renvoyer tous les évêques,
qu'il est au-dessus de tous les souverains, du concile
et de toutes les Églises.

« Lorsque le pape vint à Paris pour le couronnement, il s'en retourna mécontent parce qu'il s'était
flatté d'obtenir les légations. Mais le serment de l'em-

pereur comme roi d'Italie, et l'attachement qu'il porte
aux peuples de ces provinces et spécialement à sa
bonne ville de Bologne, rendirent impossible la réalisation de ces espérances, qui eût fait tomber ces beaux
pays dans la plus vicieuse des administrations. Depuis,
la cour de Rome a profité de toutes les circonstances
pour élever des difficultés, pour inquiéter les consciences et troubler la tranquillité de l'empire, toujours
dans l'espérance qu'il arriverait des circonstances où,
pour être certain d'avoir pour appui sincère l'influence
du pape, l'empereur lui accorderait, sinon les trois
légations, du moins la Romagne. C'est à cela qu'il
faut attribuer les réticences qui se trouvent dans
l'allocution du pape sur les lois organiques, le pape
n'ayant point d'autre but que de jeter des fer-
ments susceptibles d'être développés. Ce fut dans cet
esprit qu'il refusa d'abord l'institution en Italie et en
France.

« Sa Majesté ayant vu, par cette conduite du pape,
qu'il tenait constamment à la politique de ses prédécesseurs de faire concourir son influence spirituelle à
l'agrandissement de sa puissance temporelle, que,
toutes les fois qu'il aurait des embarras extérieurs, la
cour de Rome chercherait à lui susciter des embarras
intérieurs, il a pris le parti de faire reversion à l'empire du fief de Rome, qui en avait été détaché en faveur des papes, afin de leur ôter pour toujours les
moyens de faire servir les intérêts spirituels aux affaires

temporelles. La Providence voulut que précisément le lendemain des batailles d'Austerlitz et de Friedland Sa Majesté reçût des brefs du pape pleins d'aigreur et de menaces, parce que la veille de ces grandes crises politiques, l'opinion de tous les agents de la cour de Rome en pays étrangers était la défaite et la destruction de l'armée française.

« Les hommes sages et religieux ont, dans les différents siècles, considéré comme fâcheux et nuisible à la religion le mélange de la puissance temporelle bornée à un petit coin de l'Italie, et de la puissance spirituelle s'étendant sur tout l'univers, ce mélange d'affaires temporelles qui changent comme les choses de la terre, et surtout à certaines grandes époques comme celle où nous nous trouvons, et d'affaires spirituelles qui sont immuables comme Dieu et qui ne changent jamais.

« Le parti qu'a pris l'empereur est du ressort politique et des affaires de la terre. Sa Majesté ne trouve de meilleures garanties pour la tranquillité de ses peuples contre tous les abus de l'influence spirituelle commis par les papes et dont les pages de l'histoire sont remplies, que dans l'autorité et la mission des évêques qui, attachés au sol par tous les liens du sang, ont intérêt à repousser par les mêmes armes les attentats des Grégoire et des Boniface et de ceux qui ont voulu établir ces prétentions subversives dans la bulle *in cœna Domini,* prétentions qui ont excité l'indignation de tous les souverains, de tous les peuples et de tous les vrais évêques.

« Sa Majesté, lorsqu'elle voulut rétablir les autels en France, eut besoin d'avoir recours à la cour de Rome. Il n'y avait plus d'évêchés en France. Les évêques étaient en partie morts, en partie déportés et réfugiés chez l'étranger. Pour rétablir l'Église de France il n'y avait pas d'autre moyen que de demander aux évêques de donner leur démission, ou de leur ôter leurs pouvoirs par une bulle de la cour de Rome, afin de recomposer ensuite l'Église de France.

« Personne ne sait mieux que vous, messieurs, combien cet acte était nécessaire, combien la religion lui doit. Mais enfin cet acte était presque sans exemple dans l'histoire de l'Église, et la cour de Rome est partie de cette espèce d'acte extraordinaire qu'elle a fait, à la demande du souverain, pour se renforcer dans ses idées de domination arbitraire sur les évêques, et dans la croyance que les papes doivent disposer en maîtres des affaires spirituelles et même des affaires temporelles, parce que l'esprit est au-dessus de la chair.

« Depuis et avant saint Louis, les souverains de France et de tous les États de l'Europe ont eu des discussions avec la cour de Rome et ont été sans cesse occupés d'en repousser les prétentions. Ils ont toujours été guidés, éclairés et soutenus dans ce grand choix par les évêques. Aussi peut-on dire que la cour de Rome a eu constamment pour but de diminuer l'exis-

tence, la considération et les prérogatives des évêques,
en attribuant au siége de Rome ce qui, d'institution
primitive, appartenait à l'épiscopat.

« L'épiscopat est détruit en Allemagne. Il est rem-
placé par des vicaires apostoliques. Or, Sa Majesté
nous a ordonné de vous exprimer sa pensée et sa volonté : elle ne souffrira jamais aucun vicaire apostolique dans ses États. Elle ne saurait reconnaître la religion chrétienne partout où elle ne serait pas exercée
par la mission des évêques ; c'est la religion de Jésus-
Christ, celle qu'ont professée Charlemagne et saint
Louis, que Sa Majesté a rétablie en France, et non la
doctrine des Grégoire et des Boniface, qui est incompatible avec l'indépendance, la dignité et la souveraineté de tous les trônes.

« Sa Majesté reconnaît le pape comme le chef de
l'Église, comme le premier des évêques, comme le centre de l'unité ; mais elle ne le reconnaîtra jamais
comme évêque universel. Elle ne lui connaît pas le
droit de destituer, de chasser les évêques de leurs
églises, encore moins le pouvoir d'anéantir dans un
pays l'épiscopat, dont l'existence est aussi nécessaire
à la religion que la papauté même ; et pourtant vingt-
sept évêchés sont vacants, parmi lesquels sont les archevêchés de Paris, de Florence, de Malines, de Venise,
d'Aix, de Bourges, etc. ; beaucoup d'évêques sont vieux,
et les moyens d'y pourvoir par le concordat, s'il n'existe
plus ? Le concordat est un contrat synallagmatique. Le

pape l'a violé à deux reprises différentes pendant l'espace de sept ans sur dix ; il n'offre plus aucune garantie. Le concordat n'existant plus, nous nous trouvons
reportés au temps de Charlemagne, de saint Louis et
de Charles VII, et aux temps antérieurs au concordat
de François Ier et de Léon X. Quel que soit le mode
que le concile choisisse comme le plus conforme aux
canons et aux usages de l'Église, Sa Majesté le ratifiera,
pourvu que dans trois mois tous les évêchés soient
pourvus, et que jamais, sous quelque prétexte que ce
soit et dans quelque circonstance que l'on se trouve,
une église puisse rester plus de trois mois veuve de
son évêque.

« Certes, si l'empereur avait été si indifférent pour
les affaires religieuses, il eût continué à nommer des
évêques qui eussent reçu des chapitres les pouvoirs
spirituels, comme vicaires capitulaires. Au bout de
vingt ans l'épiscopat eût été éteint, et sans l'épiscopat
la religion chrétienne n'eût plus été l'établissement des
apôtres. Mais Sa Majesté, en relevant les autels, n'a
pas cherché si elle ferait quelque chose d'agréable ou
non à la cour de Rome; ce n'est pas pour elle que
l'empereur les a rétablis. La religion est le bien de tous
les peuples, elle tourne au profit de tous, elle ne peut
donc être le patrimoine ni la forme d'aucun pays, d'aucun centre en particulier. Lorsque François Ier fit son
concordat avec Léon X, les papes étaient puissants
comme puissance temporelle; ils se battaient à la tête

18.

de leurs armées et avaient des alliances avec Milan, Florence, Venise. François Ier conclut en partie le concordat pour se rendre favorable la puissance temporelle des papes. Lorsque l'empereur, au contraire, a traité avec le pape actuel, il n'était rien comme puissance temporelle, et n'était rien ni dans la balance de l'Europe ni dans celle de l'Italie. Ainsi l'empereur n'a suivi que le sentiment de sa propre conscience; il voulut rétablir la religion de nos pères pour le bonheur de son peuple et la stabilité de son trône.

« Sa Majesté, à l'exemple de Charlemagne, de saint Louis, de Charles VII et de tous ses prédécesseurs, dans des circonstances semblables, a donc chargé le concile réunissant les évêques de tout le tiers de la chrétienté, de prendre des mesures pour que, vu la déchéance où est tombé le concordat, il soit pourvu à la nomination et à l'institution des évêques, soit par le mode suivi sous saint Louis et Charles VII, ou d'après tout autre mode que le concile jugera le plus conforme aux canons et usages de l'Église, afin qu'il ne soit au pouvoir d'aucun homme de priver les diocèses de leurs évêques, ni de mettre un terme ou une interruption à cette suite de pasteurs qui, depuis les apôtres, doivent aller jusqu'à la fin des siècles [1]. »

Il est aisé de se représenter la pénible surprise de tant d'évêques au milieu desquels tombait une parole

---

[1] On croit que ce discours fut rédigé par l'ex-oratorien Daunou.

si peu mesurée, si peu exacte et si impérieuse. Cette
parole prêtait gratuitement au pape des intentions
qu'il n'avait jamais eues, et aux évêques, en général,
des sentiments que leur piété repoussait; elle trans-
formait en agresseur l'illustre victime de Savone, et
décorait du nom de justice une détestable spoliation.
Il faudrait placer une observation à côté de chaque
phrase, mais le lecteur éclairé aura porté de lui-même
son jugement. Quel ton tranchant et absolu pour affir-
mer ce qui est contraire à l'histoire ! C'est au nom des
hommes sages et religieux de tous les siècles que l'on
condamne ici le pouvoir temporel des pontifes de
Rome ! On les accuse de s'être servis de leur puissance spirituelle pour agrandir leurs États quand l'histoire est là pour déclarer que les États du saint-siége
sont toujours restés les mêmes au milieu des plus
grands jours de l'ascendant de la papauté au moyen
âge ; et c'est à l'occasion d'un pape dépouillé que cette
doctrine est professée !

Napoléon laissa voir, par le discours de son ministre, qu'il entendait faire marcher le concile à sa guise.
Les évêques, malgré leur bonne volonté de ne pas
déplaire, ne purent mener les choses comme le maître
le souhaitait. La réponse à l'étrange discours du ministre des cultes, rédigée par la plume docile de l'évêque de Nantes, ne sortit pas triomphante de la discussion ; M. Duvoisin l'avait faite à l'image des prétentions impériales, mais elle se trouva réduite à des pro-

portions qui l'empêchèrent d'être reçue par l'empereur.
Ce fut au milieu de ces débats du 26 juin qu'un pieux
prélat, l'évêque de Chambéry, frère du général Des-
solle, proposa tout à coup à l'assemblée de se rendre
à Saint-Cloud pour demander la liberté du pape ; cette
motion, qui allait droit au cœur des évêques, eût été
adoptée avec élan, mais le cardinal Fesch leva brusquement la séance. Le décret du 10 juillet vint dissoudre l'assemblée que l'empereur voulut ressusciter quelques jours après, pendant que trois évêques, ceux de
Gand, de Tournay et de Troyes, jugés trop récalci-
trants, étaient enfermés à Vincennes. Sur le conseil du
cardinal Maury, les membres de l'assemblée dissoute
furent appelés un à un chez le ministre des cultes, et
par cette manœuvre on réussit à racoler quatre-vingt-
cinq adhésions. Nous ne parlerons de la *congrégation
générale* du 5 août 1811 que pour rappeler que cette
délibération est sans valeur, parce qu'elle a été prise
sans liberté. Nous en dirons autant du bref de Pie VII,
qui approuvait cette délibération, bref rédigé par le
cardinal Roverella, personnage plus soumis aux vues
de l'empereur que fidèle à ses devoirs envers le pape,
et dont le cardinal Pacca disait : *Aliquid humani pas-
sus est* ; il y a quelque chose qui domine ce bref du
20 septembre, c'est la belle lettre de Pie VII au cardinal Caprara. Une note écrite de la main de l'un des
Pères du concile, évêque d'Italie, et qui a passé sous
nos yeux, affirme que dans la congrégation générale

du 5 août 1811, on ne put jamais voter au scrutin, mais toujours par assis et levé ; elle ajoute qu'on ne vota au scrutin qu'à l'ouverture du concile, pour la formation du bureau, et que ce fut sur la proposition du cardinal Maury, « che a quei momenti si mostrava con quello (le cardinal Fesch) assai riverente, » selon les expressions de la note de l'évêque d'Italie.

Les tristes succès obtenus à Savone encouragèrent apparemment le cardinal Maury dans une nouvelle tentative auprès de l'auguste captif ; nous avons une lettre du 12 octobre 1811, où il expose au pape comment, *appuyé sur le secours divin*, et *confiant à l'ancienne bienveillance* de sa sainteté, il a accepté le siége de Paris ; il supplie le souverain pontife de l'affranchir de liens qui l'unissent aux églises de Montefiascone et de Corneto ; l'information accoutumée ne pouvant pas se faire, vu qu'il n'y a en France ni légat, ni nonce, ni délégué apostolique, le cardinal dépose aux pieds du pape, de l'avis de beaucoup de prélats, l'information dressée par l'évêque de Versailles, le plus ancien évêque et le premier suffragant de la métropole, espérant que Sa Sainteté daignera s'en contenter, eu égard aux circonstances exrtaordinaires du temps : une pareille indulgence ne pourra jamais être invoquée comme un exemple. « Rien au monde, ajoute-t-il, « ne me sera plus cher et plus sacré que de montrer « et de professer jusqu'à la mort que je suis attaché « par le lien le plus étroit de l'obédience et de la com-

« munion à Votre Sainteté, le vicaire de Jésus-Christ
« sur la terre, le chef suprême de l'Église, et à la chaire
« de saint Pierre, qui est le centre de l'unité catho-
« lique ; ainsi le veulent et les bienfaits signalés dont
« j'ai été comblé par le siége apostolique, et la faveur
« nouvelle pour laquelle je me recommande mainte-
« nant ; ainsi le veulent la dignité de cardinal et le minis-
« tère épiscopal, comme les promesses solennelles qui
« me lient et que je remplirai avec fidélité. » Pie VII ne
répondit pas à cette lettre, ou du moins nous n'avons
trouvé nulle part la réponse. Sa Sainteté pouvait s'é-
tonner que le cardinal ne parlât point du bref du 5 novembre 1810, et qu'il le tînt comme non avenu. Cette
nouvelle démarche du 12 octobre 1811 atteste les inquiétudes du cardinal Maury et son désir de sortir
d'une situation irrégulière. Nous avons déjà vu que
Napoléon pressait Maury de *laisser de côté* le titre d'administrateur capitulaire et de prendre le titre d'archevêque de Paris ; Maury ne cédait pas à l'empereur sur
ce point si grave, et quoiqu'il eût beaucoup perdu de
sa considération par sa situation nouvelle, les enfants
de l'Église doivent tenir compte à Maury d'avoir main-
tenu jusqu'au bout les résistances sans lesquelles un
déchirement pouvait s'accomplir.

CHAPITRE XX.

Aux approches de la semaine sainte, en 1811, on
annonça que le cardinal Maury monterait en chaire à
Notre-Dame et prêcherait la Passion ; la curiosité publique fut vivement excitée ; tout le monde voulait entendre ce grand orateur de la constituante dont le nom
avait rempli l'Europe ; au jour marqué, la métropole
se trouva trop étroite pour la foule des auditeurs, et
une dame de haut rang, la princesse de Schwartzem-

berg, femme de l'ambassadeur d'Autriche, ayant vainement cherché à s'asseoir dans la vaste enceinte, se mit hardiment à la suite du cardinal, gravit les marches de la chaire, et se plaça assez près du prédicateur, qui ne s'en doutait pas, pour soulever les murmures. L'immense auditoire éprouva tout d'abord un désappointement quand il vit le cardinal déployer un cahier et se préparer à lire un sermon : sa mémoire, qui avait été un prodige, se trouvait fatiguée; il ne pouvait plus apprendre par cœur. Parmi les sermons de sa jeunesse, Maury en avait un sur la Passion qu'il prêcha autrefois à Versailles; ce n'est pas celui-là qu'il prononça à Notre-Dame le vendredi-saint de l'année 1811, mais un nouveau qu'il avait composé; cette Passion formait deux discours, dont l'un fut prononcé en 1811, et l'autre en 1812. Les auditeurs qui étaient arrivés là avec les grandes images de la constituante ne furent pas satisfaits; Maury, grand lutteur de tribune, puisant son énergie et ses soudaines inspirations dans les violentes résistances, les injures des partis et les ardeurs de la bataille, ne pouvait pas se retrouver dans Maury prédicateur, lisant un sermon au milieu du silence d'un auditoire recueilli. S'il n'eût pas lu sa Passion, on en aurait été certainement plus frappé; toutefois, nous pensons que ce n'est pas le même génie qui fait l'orateur de tribune et le prédicateur ; le véritable orateur politique s'inspire des mouvements, des passions, des contradictions qui l'environnent et quelquefois l'assiégent ; le prédicateur est forcé d'aller toujours sans qu'on lui réponde ; il instruit et tonne, mais c'est dans la solitude de sa pensée. Tel prédicateur qui ravit les âmes sous les voûtes muettes de nos basiliques, produirait peu d'effet dans une assemblée délibérante ; et tel orateur politique qui remue profondément une Chambre, ne retrouverait pas son génie au milieu du religieux silence d'un auditoire d'église. Nous faisons ici une observation générale, sans prétendre que les deux genres s'excluent essentiellement ; il est incontestable que Maury eut des succès de prédicateur avant ses immenses succès de tribune, mais notre remarque peut expliquer le sentiment de ses auditeurs de 1811 à Notre-Dame, pour qui le sermon de la Passion fut un mécompte. On ne fut pas content de son débit [1] ; il parlait bien mieux qu'il ne lisait. Cette Passion, prononcée en 1811 et 1812, n'a pas été imprimée ; des auditeurs de ce temps nous ont assuré qu'elle renferme des beautés. Un fragment nous en a été communiqué ; nous le donnons ici :

« D'un mot, Jésus ouvre le ciel à l'un des compa-
« gnons de son crucifiement ; d'un mot, il donne l'ob-
« jet chéri de ses prédilections pour fils à sa mère dé-
« solée, et qui met le comble à sa douleur, en assistant

---

[1] M. de Lacretelle, qui avait entendu l'abbé Maury, et qui a beaucoup loué son éloquence, parlait de sa *prononciation rapide, ferme et habilement accentuée. Histoire de France*, t. VII.

« à son supplice. O vous qui ne parûtes point sur le
« Thabor et qui vous trouvez aujourd'hui sur le Cal-
« vaire, Reine prédestinée du ciel, confidente auguste
« et intime des anges, vous apprenez à tous les siècles
« futurs, par votre seule attitude, si justement remar-
« quée dans l'Évangile, que vous êtes dans le secret
« céleste de cette mort. *Stabat.* Je vois Marie debout
« sur le mont sacré, comme tout sacrificateur doit
« l'être à l'autel ; je la vois debout, triomphant, par
« son courage et sa résignation, de toutes les puis-
« sances du monde et de l'enfer, soutenant un si hor-
« rible spectacle par l'unique souvenir qu'elle con-
« serve, de devoir à la rédemption, c'est-à-dire au
« péché et à tous les pécheurs, la prérogative et le
« fardeau de sa maternité divine. *Stabat.* Je la vois
« debout, au pied de la croix, où elle nous représente
« toute l'Église ; où, comprenant seule le mystère qui
« s'accomplit, elle renferme dans son âme toute la foi
« de l'ancienne et de la nouvelle alliance ; où, fidèle à
« ce dépôt sacré, elle affermissait sa foi par le specta-
« cle même qui obscurcissait, ébranlait, scandalisait la
« foi des apôtres eux-mêmes, en partageant, en quel-
« que sorte, le calice et le sacerdoce éternel de son Fils
« pour s'offrir elle-même en holocauste, quand, s'il
« est permis de le dire sans blasphème, quand la tor-
« ture de son âme, abîmée dans la plus cruelle déso-
« lation, la met en rivalité d'expiation avec son divin
« Fils, et nous présente le spectacle prolongé d'un dou-

« ble sacrifice, d'une double Passion, d'un double
« martyre sur le Calvaire. *Stabat.*

« Tout le collége apostolique a pris la fuite autour
« de Jésus. Marie seule et le disciple bien-aimé restent
« fidèles à son agonie. Ne la quittons pas, mes frères :
« qui sait si son divin Fils, touché de notre pieux cou-
« rage, comme il le fut à la vue de saint Jean, ne nous
« la donnera pas pour mère en disant à chacun de
« nous : *Ecce mater tua!* Son âme, percée de douleur,
« selon la prédiction trop bien justifiée de Siméon,
« lui fait partager avec son Fils tout le poids énorme
« de la justice divine ; dans sa prière publique, l'Église
« emprunte les paroles d'un prophète pour comparer
« ses angoisses devant la croix aux souffrances de
« l'enfantement, et son plus grand supplice est de sur-
« vivre à son Fils. *Stabat.* Quel prêtre ! et quel sacri-
« fice ! A quel prix le ciel lui fait-il payer sa prérogative
« d'être la première de toutes les créatures ! Une Mère !
« une Mère abandonnée devant l'échafaud de son Fils !
« Ah ! du moins, quand l'Éternel demanda le sacrifice
« d'Isaac à l'auteur de ses jours, il ne s'adressa qu'au
« seul Abraham ; il sembla ne pas oser soumettre le
« dévouement du cœur maternel à cette épreuve de
« la foi ; mais Dieu se réserve d'exercer aujourd'hui un
« pareil empire sur la tendresse d'une mère qui n'a pu
« mourir de douleur. *Stabat.* Je m'arrête, mes frères,
« nulle éloquence ne sera jamais au niveau d'une si-
« tuation si déchirante. La maternité de Marie inspire

« un si grand intérêt qu'un tel témoin ferait oublier la
« victime elle-même. Eh quoi ! tous ces juges de Jéru-
« salem, ces anciens de la synagogue, ces spectateurs,
« ces bourreaux n'ont-ils donc point une mère ? Mais
« où vais-je chercher un mouvement de compassion ?
« Cœurs maternels, faites-nous entendre vos lamenta-
« bles gémissements ; parlez à ma place. Vous pouvez
« seuls apprécier tout l'héroïsme d'une épreuve si di-
« gne des regards et de la couronne du ciel. O mon
« divin Sauveur ! puisque vous devez expirer devant
« Marie sur la croix, oh ! du moins, par pitié pour elle,
« daignez abréger vos tourments. *Stabat.* »

Ce morceau a de la grandeur. Les mystérieuses angoisses de la Mère du Messie sur le Golgotha y sont
retracées avec une force pénétrante et une croissante
émotion. Le sentiment y est profond, et l'âme, frappée
du tableau, trouve en elle-même la mesure de toutes
ces douleurs.

Il n'y avait pas à cette époque une seule portion de
l'Église de France, nous parlons de l'Église fidèle, sur
laquelle ne tombât le mécontentement de Napoléon ; la
congrégation de Saint-Sulpice, dont Fénelon a été la
gloire, et qui se recommande au respect des hommes
par les noms d'Olier, de Tronson, d'Émery et de tant
d'autres, eut, en 1811, sa part des rigueurs impériales,
et le cardinal Maury ne fit rien pour lui épargner ces
nouveaux coups ; son appui manqua à l'abbé Jalabert,
qui, avec un généreux courage, prit la direction du

séminaire, afin de garder la place des Sulpiciens en-
levés à leurs fonctions. Napoléon goûtait peu l'esprit
chrétien de messieurs de Saint-Sulpice, et nous avons
de lui un bien étrange jugement à leur égard ; le 11 novembre 1802, il écrivait à l'abbé Fesch, archevêque de
Lyon : « Méfiez-vous beaucoup des Sulpiciens ; je vous
« le répète, ces hommes ne sont attachés ni à l'État ni
« à la religion, ce sont des intrigants [1]. »

En 1812, lorsque, par un voyage qui fut une torture,
on eut conduit de Savone à Fontainebleau le pontife
prisonnier, les cardinaux *rouges*, restés à Paris, allèrent plus d'une fois lui porter leurs hommages et de
respectueux conseils, et Maury parut parmi eux ;
Pie VII, à chaque visite, lui fit sentir ses torts par le
froid de son accueil.

Le 21 novembre 1812, dans un discours sur le renouvellement des promesses de la cléricature, à la
chapelle du séminaire de Saint-Sulpice, non loin des
Carmes où le sang des martyrs avait coulé, Maury disait :

« Dans les régions où le clergé se déshonore par un
« lâche parjure, la révolution du culte est inévitable ;
« mais partout où il reste fidèle jusqu'à l'effusion du
« sang, la religion triomphe, et le peuple de Dieu est
« sauvé. Grâces immortelles vous en soient à jamais

---

[1] *Histoire des Négociations diplomatiques*, etc., etc. ; publiée par
M. A. Ducasse. Tome 1.

« rendues, ô mon Dieu! la palme du martyre a refleuri
« de nos jours sur cette même terre si longtemps des-
« séchée par le souffle dévorant de l'incrédulité. Nos
« saints pontifes et leurs dignes coopérateurs ont fait
« revivre au milieu de nous la gloire des anciennes et
« sanglantes épreuves de la foi. Nous comptons nos
« guides, nos instituteurs, nos collègues, nos condis-
« ciples, nos amis, nos frères parmi nos protecteurs
« dans le ciel. Nous sommes très-près ici du beau théâ-
« tre de leur héroïque dévouement. Le temple où ils
« furent massacrés est encore debout, conservé au
« culte, et se trouve en ce moment pour ainsi dire
« sous nos yeux. La divine Providence avait ses vues
« sur notre jeune clergé, en réglant, dans l'ensemble
« de ses décrets, qu'un pareil monument fût encore
« rapproché du voisinage de cette sainte maison, afin
« que l'école où la religion forme ses héros fût ainsi
« placée, pour l'instruction de la postérité, à côté de
« l'arène où le ciel les couronne [1]. »

Malgré le libre exercice du culte, la plus grande partie des prêtres dans le diocèse de Paris, sous l'empire,
n'avaient pas un costume qui fît reconnaître leur état;
ces restes d'habitude d'un temps de persécution déplaisaient à Maury : on sait que, dans les plus mauvais
jours de ses luttes contre la révolution, il n'avait point

---

[1] Cette page, ainsi que le morceau de la Passion, nous ont été communiqués par M. Louis-Sifrein Maury, neveu du cardinal.

cessé de porter l'habit ecclésiastique. Au commencement de 1813, au retour d'une longue visite pastorale dans le diocèse de Paris, le cardinal se montrait affligé d'avoir rencontré un nombre considérable de curés, *d'ailleurs exemplaires,* et la grande majorité des prêtres attachés au service des paroisses, avec un costume presque entièrement séculier; à la date du 12 janvier 1813, il adressa aux curés du diocèse une circulaire ayant pour but de mettre fin à un état de choses qui ne pouvait profiter ni à la considération ni à la régularité du clergé. Il signala « l'usage habituel des vê-
« tements de couleur, dont les formes sont absolument
« laïques, ainsi que des bas et des gilets assortis à ce
« nouveau costume, des cols blancs, des chapeaux
« ronds, des perruques, et des coiffures enfin qui n'ont
« jamais été d'usage parmi les bons ecclésiastiques.
« Cette manière de se vêtir, ajoutait-il, excusée d'abord
« par la nécessité, n'est plus tolérable dans l'ordre du
« clergé, lorsque le costume canonique du sacerdoce
« concilie le respect public aux ministres des autels,
« en les obligeant de se respecter eux-mêmes. » Le cardinal dit que, dans les premiers temps de l'heureuse restauration du culte catholique en France, la sagesse du gouvernement crut devoir prescrire d'abord au clergé l'usage de l'habit court français, hors de l'enceinte de nos temples, mais que les progrès de l'esprit religieux dans toutes les classes de la société le déterminèrent à autoriser bientôt les ministres de l'É-

glise à porter l'habit long, sous la protection des lois.
Les curés et desservants de Paris furent ainsi admis,
avec l'ancien costume de leur état, aux audiences publiques de l'empereur, qui leur en témoignait sa satisfaction. Depuis lors, le chapitre et le corps pastoral de
Paris paraissaient, chaque année, en soutane, aux
Tuileries. Le cardinal espère n'avoir pas besoin d'un
acte formel d'autorité de sa part pour rétablir sur ce
point l'ancienne discipline des canons; il se borne à
remettre en vigueur les lois du diocèse ainsi que les
statuts synodaux et les ordonnances des archevêques
de Paris, spécialement celles de M. de Harlay, de M. le
cardinal de Noailles, de M. de Beaumont.

. Maury n'apparaît point dans les manœuvres et les
négociations qui amenèrent le concordat du 25 janvier
1813, arraché à l'épuisement du vieux pontife et désa-
voué deux mois plus tard avec une intrépidité si apostolique. Mais le cardinal, que son malheur avait placé
sur la pente du servilisme politique, ne manqua pas de
s'associer à ce déplorable triomphe de Napoléon; il
trouvait, du reste, son compte dans l'article VI du concordat de Fontainebleau sur l'institution canonique.
Non content de faire chanter un *Te Deum*, conformément aux intentions du gouvernement, il célébra, à la
fin de son mandement pour le carême de l'année 1813,
à la date du 3 mars, ce qu'on appelait alors le *rétablissement de la paix* de l'Église, le retour d'une *parfaite
harmonie* entre le siége apostolique et l'empereur. Il

disait de ce traité que *sa prévoyante modération en ga-*
rantissait la durée, et qu'il *assurait la perpétuité de*
l'Église gallicane dans le sein de l'Église romaine.
« Cinq journées de conférences intimes et à jamais
« glorieuses pour les parties contractantes, ont ter-
« miné tous les différends, sans blesser en rien ni l'in-
« térêt de l'État, ni la majesté du prince, ni la disci-
« pline de l'Église, ni la délicatesse, ni la conscience,
« ni la dignité suprême du vicaire de Jésus-Christ. »
Vingt-deux jours après que Maury écrivait ces lignes,
le pape prouvait par son désaveu que le concordat de
Fontainebleau avait blessé *sa délicatesse, sa conscience,*
sa suprême dignité. Maury citait, à l'occasion de ce
nouveau traité entre l'Église et l'État, ces paroles du
sermon de Bossuet sur l'Unité de l'Église : « Un ponti-
« ficat si saint et si désintéressé doit surtout être mé-
« morable par la paix et par les fruits de la paix, qui
« seront, j'ose le prédire, l'humiliation des infidèles et
« le rétablissement de la discipline, Voilà l'objet de nos
« vœux ; et, s'il fallait sacrifier quelque chose à un si
« grand bien, craindrait-on d'en être blâmé ? » Cette
citation, par laquelle le cardinal rapproche des époques
et des situations si différentes, atteste dans sa propre
pensée l'étendue des *sacrifices* faits en vue de *la paix ;*
mais l'abandon des droits essentiels ne peut jamais
produire des fruits de paix durables, et les cardinaux
et les évêques, heureusement en petit nombre, qui se
félicitèrent du concordat de 1813, se préoccupaient

bien plus du bon plaisir de Napoléon que de la gloire
de la papauté.

Maury ne put pas se taire devant l'acte courageux
par lequel Pie VII désavoua ce concordat ; il consentit
à servir d'instrument au violent dépit qu'en éprouva
l'empereur, et alla porter à Fontainebleau des surprises
et des plaintes ; la vivacité de son langage s'accrut des
résistances qu'il rencontra, et, désespérant de réussir
dans sa mission, le cardinal perdit toute mesure ; la
douceur patiente du pontife n'y tint pas ; il se leva, non
sans effort, de son siége, prit Maury par la main et le
mit hors de chez lui [1] ! Quelle humiliation pour l'ancien
lutteur catholique de la constituante, pour le cardinal!
Et il en était venu là à force de dévouement servile à
l'homme dont la gloire avait subjugué son imagination, à l'homme qui était devenu le dominateur de sa
pensée !

Le cardinal Maury avait été frappé de l'ignorance
des enfants, de l'ignorance du peuple en matière de
religion. Il eut l'idée de rédiger lui-même un précis de
la doctrine chrétienne, par demandes et par réponses,
à l'usage de ceux qui ne savaient rien ; il renferma les
éléments de la foi catholique dans une douzaine de
pages qui prirent place dans les prières du prône, et
que le prêtre, chaque dimanche, devait lire après l'E-

[1] Cardinal Pacca. Relazione del Viaggio di Pio papa VII a Genova
nella primavera dell' anno 1815.

vangile à l'assemblée des fidèles. Ce court abrégé de
notre religion fut affiché dans toutes les églises et
les écoles du diocèse. L'ordonnance pour la publication
de ce précis de la doctrine chrétienne est du 10 avril
1813. Ces pages, où l'exposition des principes catholiques est irréprochable, ont de la concision et de la net-
teté. Nous avons remarqué ces mots sur le dogme de
l'Incarnation :

« Comme Fils de Dieu, la seconde personne de la
« Trinité a un père et n'a pas eu de mère dans le ciel ;
« et en qualité d'Homme-Dieu, Jésus-Christ a une mère
« et n'a point eu de père sur la terre. Saint Joseph n'a
« été que son père nourricier. »

Et ces mots sur l'Église :

« Nous devons croire que celui qui ne reconnaît pas
« l'Église pour mère n'éprouvera pas, dans l'éternité,
« l'avantage d'avoir un Dieu pour père.»

Un article de cet abrégé de notre foi a pour titre :
« Quels sont nos devoirs envers Sa Majesté l'Empereur ? »

On répond : « Notre sainte religion, qui a pour base
« les livres sacrés de l'Ancien et du Nouveau Testament
« et la tradition, nous ordonne, comme une obligation
« de conscience, d'être fidèles, soumis et pleinement
« dévoués à Sa Majesté l'Empereur et Roi, que Dieu
« nous a donné pour souverain, et elle consacre aussi
« les liens qui nous attachent pour toujours à son au-
« guste famille. » Un an après la publication de ce pré-

cis de la doctrine chrétienne, l'article que nous venons de reproduire devenait difficile à observer, car le sénat déclarait que le peuple français appelait librement au trône Louis-Stanislas-Xavier de France, et Napoléon, dans son traité avec les empereurs de Russie et d'Autriche et le roi de Prusse, *renonçait pour lui et pour ses héritiers à tout droit de souveraineté, tant sur l'empire français et le royaume d'Italie que sur tout autre pays.*

Le cardinal Maury aimait les belles traditions d'étude de l'Église de France, les souvenirs de la grande école de Paris dont Bossuet, *nourri de son lait,* vantait en chair les *illustres travaux connus de toute la terre* [1]; il proposa à Napoléon la fondation à la Sorbonne d'un séminaire national où seraient appelés des élèves choisis dans tous les diocèses de France, le rétablissement du *cours de licence.* « On appelait, en Sorbonne, *cours de licence,* dit-il dans son mémoire, un intervalle de deux années pendant lesquelles, à la suite de cinq ans, destinés à l'étude de la philosophie et de la théologie, tous les bacheliers étaient obligés de soutenir, durant douze heures consécutives, trois thèses politiques, d'y assister tous successivement trois heures, d'y argumenter à leur tour, et même hors de rang, à l'ordre du syndic de la faculté, en présence des docteurs qui présidaient à ces exercices. Cette arène théologique, dans laquelle

---

[1] Premier sermon sur la Conception de la sainte Vierge.

les étudiants comparaissaient presque tous les jours
de l'année, était la véritable source des lumières qui
ont assuré au clergé français une si noble prééminence
dans l'Église catholique, où l'on ne connaissait aucun
établissement pareil, et où l'on ne s'en formait même
aucune idée. » Maury indiquait aussi les voies et
moyens. Son mémoire est du 28 novembre 1813. Il fut
remis à l'empereur entre les désastres qui marquèrent
la fin de la campagne de Saxe et les formidables approches de l'invasion d'un million de baïonnettes étrangères ; Napoléon, menacé par cette Europe qu'il avait
tant de fois attaquée chez elle, était alors plus occupé
de trouver des soldats que de faire revivre les beaux
jours des thèses *sorboniques*.

Dans les derniers jours de 1813 et au commencement
de janvier 1814, Napoléon, obéissant à un intérêt politique, songeait à restituer à Pie VII ses États ; il craignait les mouvements en Italie du roi Murat, devenu
son ennemi, et s'accommodait mieux du pouvoir du
pape à Rome que de tout autre pouvoir ; des évêques
eurent mission de se rendre auprès du pontife et de lui
faire des ouvertures à cet égard ; le pape refusa toute
conférence et toute négociation, disant qu'il ne voulait
plus parler d'affaires, tant qu'il ne serait pas libre, et
que d'ailleurs la restitution de ses États, œuvre de pure
justice, ne pouvait devenir l'objet d'un traité. Le cardinal Maury, qui, sans doute, se promettait quelque
joie d'avoir à annoncer au chef de l'Église le terme de

ses plus rudes épreuves, se présenta au palais de Fontainebleau et ne fut pas reçu. On sait comment Napoléon renvoya Pie VII à Rome ; deux mois et demi plus tard, il signait son abdication dans ce même palais de Fontainebleau, dont il avait fait la prison du successeur de Pierre, et un Bourbon faisait rendre au pape l'anneau du pêcheur, la tiare et les archives romaines.

CHAPITRE XXI.

Les mandements du cardinal Maury ; appréciation et analyse de ces mandements, les uns religieux, les autres relatifs à des événements politiques : la naissance du roi de Rome, la campagne de Russie, la victoire de Lutzen, celle de Wurtchen, l'invasion de 1814.

Les mandements sont les témoignages durables du sentiment et du caractère des évêques. C'est la correspondance entre le pasteur et le troupeau, c'est la parole du gouvernement spririituel à certaines époques et au milieu des grandes émotions nationales. Nous avons cherché les mandements que publia le cardinal Maury pendant qu'il administrait le diocèse de Paris. Le recueil en est rare ; nous l'avons trouvé dans une bibliothèque particulière où les mandements de tous les archevêques de Paris ont été rassemblés avec un soin persévérant[1]. Nous en tirerons ce qui nous paraîtra de

[1] Nous devons la communication des mandements du cardinal Maury à l'obligeance de M. l'abbé Églée.

nature à exciter l'intérêt. Dans un récit où les événements n'abondent pas, il n'eût pas été bon de s'interrompre fréquemment à chaque mandement nouveau ;
nous avons mieux aimé réunir ces divers écrits et les
ranger en tableaux successifs par de rapides analyses.
Il faut d'abord que le lecteur fasse connaissance
avec la formule de ces mandements ; nous la transcrivons :

« Jean-Siffren Maury, par la grâce de Dieu et du
« saint-siége apostolique, cardinal prêtre de la sainte
« Église romaine, du titre de la très-sainte Trinité au
« mont Pincius, archevêque-évêque de Montefiascone
« et de Corneto, nommé archevêque de Paris, adminis-
« trateur capitulaire de cette métropole pendant la va-
« cance du siége, comte de l'empire, etc., etc. »

Pour ne pas entremêler les mandements purement
religieux et les mandements relatifs à des événements
politiques, nous parcourrons d'abord les uns avant de
nous occuper des autres.

Le premier mandement de carême est du 22 février
1811 et porte l'empreinte de toute la sévérité chrétienne.
Le cardinal parle de l'institution de la pénitence qua-
dragésimale qui doit *disposer les pécheurs pénitents à
célébrer avec fruit la plus grande fête du christianisme.*
« C'est par cette pieuse institution qu'elle (la religion)
« veut nous faire participer à la gloire de Jésus-Christ
« ressuscité, le plus beau triomphe du chrétien, comme
« le chrétien ressuscité devient à son tour le plus beau

« triomphe de Jésus-Christ. L'Église grecque elle-
« même, si déplorablement séparée de nous depuis
« près de dix siècles, fournit encore aujourd'hui un
« témoignage surabondant à cette discipline primitive,
« en observant à la rigueur quatre différents carêmes
« qui forment presque la moitié de l'année. » L'archevêque nommé dénonce le *relâchement scandaleux* que
subit maintenant l'abstinence de la sainte quarantaine ;
tout en adoucissant les observances qu'une *lâche tié-
deur* ne peut plus supporter, il regrette ces siècles fameux de la pénitence publique, où la piété des peuples
allait au delà même des injonctions légales ; mais en
cédant à l'empire de la nécessité, « nous n'effacerons
« pas du moins, dit-il, les faibles vestiges qui nous res-
« tent de la discipline apostolique. Nous ne briserons
« pas la table de la loi, comme autrefois Moïse, qui,
« dans une sainte colère, à la vue du veau d'or et des
« danses impies des Hébreux idolâtres, jeta par terre
« les tables du témoignage, écrites de la main de Dieu
« lui-même, et les mit en pièces au bas de la montagne
« du Sinaï. » Non, ce n'est pas la pénitence, dit le cardinal, c'est le péché qui abrége les jours de l'homme
sur la terre... Il demande, avec l'Esprit-Saint, qu'on
*cesse de chercher soi-même la mort avec tant d'ardeur
dans les égarements de la vie* [1]. Sa sollicitude recom-

[1] Nolite zelare mortem in errore vitæ vestræ. Sapient., cap. 1,
v. 12.

mande aux sacrifices de la charité les anciens membres du sacerdoce réduits au plus triste dénûment, ces apôtres en cheveux blancs courbés sous le fardeau des années ou vieillis avant l'âge, épuisés par les voyages, l'exil, la captivité.

« Si nos temples conservaient encore leur première « magnificence, nous n'importunerions pas les fidèles « pour subvenir aux besoins de ces vénérables vétérans « du sacerdoce. Nous nous hâterions de dépouiller nos « autels de leurs plus précieux ornements pour sustenter « les ministres du sanctuaire, qui sont eux-mêmes les « temples vivants de l'Esprit-Saint, car les plus grands « évêques nous ont appris depuis longtemps que les « *temples sont faits pour l'homme et non pas pour l'É-* « *ternel qui n'en a pas besoin.* Nous obéirions avec joie « à l'autorité des saints conciles qui nous ordonnent « de vendre les vases sacrés pour secourir la veuve et « l'orphelin, et sans doute aussi nos plus utiles collabo- « rateurs. Enfin nous imiterions avec la plus vive ému- « lation nos prédécesseurs les plus révérés, et surtout « saint Exupère de Toulouse, qui, après avoir pieuse- « ment dépouillé les autels pour nourrir les pauvres, « se vit réduit, selon le témoignage de saint Jérôme, *à* « *porter le corps du Sauveur dans une corbeille d'osier,* « *et son sang précieux dans une coupe de terre.* »

Le second devoir de charité recommandé par le cardinal s'appliquait aux jeunes lévites qu'il appelait la douce et précieuse espérance du sanctuaire. Il regar-

dait comme une de ses principales obligations de favoriser l'établissement d'écoles ecclésiastiques pour assurer à la religion la perpétuité de ses ministres. Il terminait noblement par un tribut d'amour et de vénération à la mémoire du cardinal de Belloy, mort sur le siége de Paris, à 99 ans et 8 mois, et auquel Napoléon fit élever un monument « pour attester la singu-
« lière considération qu'il avait pour ses vertus épis-
« copales. »

    « Le héros de l'histoire et de la postérité, auquel il
« sied si bien de mesurer et de dispenser la gloire, dit
« le cardinal Maury, l'a déjà élevé au-dessus de tous
« nos hommages en ordonnant qu'il lui fût érigé un
« monument funèbre dans le temple où sa cendre re-
« pose. Ce digne pontife, également selon le cœur de
« Dieu et des hommes, et dont le nom sera toujours
« en bénédiction, a terminé sa carrière apostolique, à
« l'époque où il allait entrer dans son année séculaire ;
« tous les vœux publics lui présageaient et lui souhai-
« taient encore une jouissance prolongée de jours
« sereins, au delà des bornes les plus reculées de la
« vie. Un si glorieux épiscopat sera, dans les fastes
« de cette grande Église, inséparable du rétablissement
« à jamais mémorable du culte public ; c'est l'anneau
« sacré par lequel le ciel a voulu rattacher tous ses suc-
« cesseurs légitimes à la série des évêques immortels
« qui ont occupé avec tant d'éclat le siége de saint De-
« nis, notre premier apôtre. Dans ce vieillard véné-

« rable, qu'on aurait pu appeler comme autrefois le
« fameux Osius de Cordoue, *le père des évêques,* la
« Providence semblait avoir signalé le caractère le plus
« heureusement en harmonie avec les circonstances
« difficiles à la restauration de nos autels, par son ex-
« cellent esprit, sa haute prudence, son attrayante
« douceur, son inépuisable charité, et la sagesse tou-
« jours éclairée de ses principes. La religion profita
« de la piété filiale qu'inspiraient ses vertus, son grand
« âge et la réunion de tous les dons extérieurs de la na-
« ture pour commander avec plus d'autorité le respect
« dû à son ministère ; et durant ses dernières années,
« il nous a retracé la vieillesse auguste et calme du dis-
« ciple bien - aimé qu'il paraissait avoir spécialement
« choisi pour modèle dans cette douce morale qui ré-
« duit à la seule obligation d'aimer le prochain, selon
« Dieu, l'essence et la plénitude de la loi [1]. »

Dans le mandement pour le carême de l'année 1812,
nous trouvons trois pages, les trois dernières, consacrées au souvenir d'un archevêque et d'un simple
prêtre, tous les deux illustres à des titres divers, Mgr. de
Juigné et M. l'abbé Émery, qui, en 1811, s'étaient suivis de près sur le chemin de la mort. On se rappelle comment, vingt ans auparavant, l'abbé Maury
avait défendu M. de Juigné à la tribune ; le 3 avril
1811, il présidait aux obsèques solennelles de l'ancien

---

[1] Filioli, diligite alterutrum... et si solum fiat, sufficit.

archevêque de Paris et entendait son oraison funèbre
prononcée par un vicaire général du diocèse[1] ; le 8
février 1812, le cardinal parlait des grands exemples
et des immenses bienfaits qui avaient marqué la carrière épiscopale de M. de Juigné. « L'opinion publique,
« disait-il, le proclamait hautement comme l'un des
« plus sages et des plus saints évêques de France,
« quand il fut appelé, par le seul crédit de sa renom-
« mée, du siége de Châlon au gouvernement spirituel
« de la capitale. Une belle âme naturellement portée à
« la vertu, des mœurs dignes des premiers siècles de
« l'Église, une piété angélique, une charité sans bornes,
« une inaltérable et attrayante douceur de caractère,
« signalaient en lui un prélat formé à l'école et pro-
« fondément pénétré de l'esprit de saint François de
« Sales, un évêque sans tache, dont le nom chéri de
« Dieu et des hommes devait être à jamais en bénédic-
« tion. Le ciel l'avait doué, au plus haut degré, de ce
« véritable esprit ecclésiastique, qui consiste surtout
« dans la parfaite alliance de l'amour du bien et de la
« science de son état, avec des principes sages et une
« constante modération ; et dans la réunion d'un zèle
« religieux, sans exagération comme sans relâchement,
« avec un attrait éclairé pour les bonnes œuvres, les
« savantes études, et les utiles projets que suggèrent
« les intérêts de la religion. Son humilité, qui avait

[1] M. l'abbé Jalabert.

« toujours été inaltérable dans la grandeur, lui persua-
« dait, durant les épreuves de son édifiante retraite,
« qu'il était inutile à l'Église dans les jours de repos
« qui ont couronné une si pure et si belle vie. Mais il se
« trompait, nos très-chers frères : la Providence l'avait
« destiné à terminer sa glorieuse carrière, en exerçant
« parmi nous un nouveau genre d'apostolat dont nous
« n'avions encore aucun exemple, l'apostolat du plus
« parfait désintéressement et de la plus touchante rési-
« gnation aux décrets du ciel, quand il vint dévouer la
« sérénité de ses dernières années à la solitude de la
« vieillesse, dans le sein de son honorable et vertueuse
« famille ! Sa seule présence était le plus instructif de
« tous les livres, pour les bons esprits qui savaient le
« démêler et en méditer les leçons. On se souviendra
« toujours, avec la plus respectueuse admiration, d'a-
« voir vu dans cette capitale un ancien archevêque de
« Paris, l'un des pairs les plus opulents de l'ancienne
« monarchie, trouver dans ses seules vertus le supplé-
« ment de la considération attachée aux dignités et
« prêcher ainsi à l'immense troupeau dont il avait été
« le pasteur et le père, le néant éternel de ce monde,
« où, selon l'expression sublime de l'éloquent évêque
« de Meaux, *tout n'est rien en effet.* »

Le cardinal Maury, qui, en louant M. de Juigné, ne
faisait que confondre son hommage dans l'hommage

---

[1] Lettres de Bossuet, CXXXVIe lettre.

universel, put aussi louer à son aise M. Émery ; il rencontrait dans ce public éloge le vif sentiment de tous
les partis, et peut-être se souvenait-il avec un secret
remords de cette belle attitude de prêtre qui ne fut pour
lui qu'une inutile leçon. Le cardinal parle très-bien
d'ailleurs du digne supérieur de Saint-Sulpice ; on sent
que la louange ne lui coûte ici aucun effort.

« Dans le mois qui suivit la mort d'un pontife si digne
« à jamais de nos hommages, l'Église de Paris, qui
« voit disparaître si rapidement et avec tant de regrets
« les précieux restes de son ancien clergé, perdit en-
« core le vertueux supérieur du séminaire diocésain
« que toute la France regardait, avec raison, comme
« l'un des ornements les plus révérés de notre second
« ordre. Cet infatigable instituteur de la tribu lévitique
« avait présidé, durant plus d'un demi-siècle, à l'édu-
« cation d'une très-grande partie du clergé français,
« dont il était le conseil et le modèle. Il faisait revivre
« dans sa personne les vénérables régénérateurs de
« l'Église gallicane, animés de l'excellent esprit de leurs
« deux premiers chefs, le cardinal de Berulle et saint
« Vincent de Paul. Voilà les véritables et immortels ré-
« formateurs qui, en apprenant à la France l'art de
« former dignement les ministres du sanctuaire, leur
« ont aussitôt assuré la plus incontestable prééminence
« dans toute l'Église catholique. M. Emery avait fait de
« la religion, qui était pour lui sa famille, le centre de
« toutes ses affections et l'objet continuel de ses pen-

« sées. Son zèle, toujours guidé par ses lumières, lui
« suggéra l'utile dessein de prouver la vérité de la re-
« ligion par les principes ainsi que par les ouvrages des
« quatre plus grands philosophes qui aient illustré les
« temps modernes, en France, en Allemagne, en An-
« gleterre, c'est-à-dire, Descartes, Leibnitz, Bacon et
« Newton. C'était venger bien noblement, sans doute,
« la religion chrétienne des sophistes qui ont eu le
« malheur de la combattre dans la vaine prétention de
« montrer un esprit supérieur, que de leur opposer,
« par une démonstration de fait, l'exemple et l'autorité
« de ces quatre grands génies, et d'enlever ainsi pour
« toujours aux incrédules le crédit de ses imposantes
« réputations. Ce noble vétéran du clergé de Paris pos-
« sédait spécialement la science ecclésiastique, les an-
« ciennes traditions, les plans des grandes études, les
« méthodes d'instruction et d'institution les plus pro-
« pres à perpétuer la connaissance, les principes et la
« gloire de l'Église gallicane. S'il est triste pour nous,
« mes très-chers frères, d'avoir à déplorer en même
« temps pour l'Église de Paris la mort d'un si digne
« archevêque, qui l'avait gouvernée avec tant d'édifi-
« cation, et la perte d'un de ses plus utiles collabora-
« teurs, il est juste, du moins, comme il est beau, de pou-
« voir décerner le même jour, dans tous les temples de
« ce diocèse, un hommage si bien mérité à deux émi-
« nents hommes de bien, dont les noms occuperont
« une place honorable dans les diptyques de cette mé-

« tropole, et qui, après avoir été tendrement unis pen-
« dant leur vie, ont terminé ensemble leur carrière sans
« que la mort même ait pu les séparer. *Saül et Jona-*
« *thas amabiles, et decori in vita sua, in morte quoque*
« *non sunt divisi*[1]. »

Il faut reconnaître que Maury, dans ses mandements,
n'affaiblit pas la langue catholique, ne fléchit point devant les fausses doctrines et les préjugés du temps,
mais qu'il défend toujours avec force les pratiques et
l'intérêt de la religion, les vérités chrétiennes. Dans le
mandement pour le carême de 1813, où il trouva dans
son dévouement au pouvoir le courage d'applaudir au
concordat de Fontainebleau, il n'épargnait pas l'*incrédulité*. « Une doctrine si commode (c'est Maury qui
« parle), plus immorale encore que les passions elles-
« mêmes, puisqu'elle en serait l'apologie, promet à la
« vie de l'homme le calme trompeur de l'oubli de Dieu;
« mais elle ne lui réserve réellement, à la mort, qu'une
« conscience éteinte, un aveuglement volontaire, une
« intrépidité d'ostentation, ou les secrètes et affreuses
« angoisses du désespoir. » Nous trouvons ici de belles pages que personne n'a lues depuis plus de quarante ans, et qui ne doivent pas rester dans l'oubli :

« C'est ainsi qu'aujourd'hui l'éternité n'est plus comp-
« tée pour rien par des esprits légers et rebelles, que
« toute loi religieuse révolte, parce qu'elle heurte et dès

---

[1] Regum, lib. II, cap. 1, v. 23.

« lors épouvante leur fausse sécurité. On ne veut plus
« s'imposer aucune privation dans une religion née sur
« le Calvaire ; on se soulève contre les observances
« mêmes dont on peut s'affranchir par un simple acte
« de soumission à l'Église, en réclamant son indul-
« gence maternelle. Les enfants des hommes, condam-
« nés à passer si rapidement sur cette terre de tribula-
« tion dont nous avons été formés, et qui doit tous nous
« engloutir, ne veulent plus permettre à la vérité de les
« réveiller un seul instant dans l'année par aucun de-
« voir, par aucun avertissement, par aucun souvenir
« religieux, dans la léthargie de leur indifférence pour
« l'avenir qu'ils séparent habituellement de leur des-
« tinée. Les insensés ! ils ne voient pas qu'en bannis-
« sant Dieu de l'univers, ils rendraient aussitôt le
« monde orphelin ! le seul nom de Dieu, ce doux nom
« d'amour et d'espérance pour les justes, les impor-
« tune et les chagrine, dans le besoin qu'ils éprouvent
« sans cesse de se fuir eux-mêmes, de peur de se voir
« réduits à prononcer leur propre sentence, s'ils ne se
« réfugiaient dans cette dissipation continuelle pour
« remplir le vide d'une inquiète et corruptive oisiveté.
« Tant il est vrai que, selon la belle pensée de saint
« Léon : *La foi est la vigueur des grandes âmes* [1], et
« qu'ainsi que l'avait dit auparavant saint Ambroise,

---

[1] Fides est magnarum vigor mentium. S. Leo papa, homil. primæ
dominicæ Quadragesimæ.

« avec autant de raison que d'éloquence, *le cœur ré-*
« *tréci de l'impie n'est plus assez vaste pour se mesurer*
« *avec la grandeur et la majesté de la religion* [1] !...

« ... Enfants dégénérés de ces tribus prédestinées
« et pénitentes, nous n'apportons plus à cette portion
« la plus sanctifiante de l'instant fugitif qu'on appelle
« une année, que des passions tyranniques qui nous
« subjuguent, des habitudes criminelles qui nous en-
« chaînent, des doutes vagues et fomentés par une
« ignorance volontaire qui ne daigne rien éclaircir,
« des paradoxes absurdes qui nous rassurent, des
« corps énervés par la mollesse qui nous abrutit, des
« scandales autorisés par de funestes exemples qui
« nous aveuglent, un orgueil toujours flatté, une non-
« chalance habituellement sourde à la crainte et aux
« remords, un oubli de l'avenir qui se confie à l'im-
« punité du présent, un dégoût invincible pour la pé-
« nitence, un attrait inexplicable pour des plaisirs
« aussi corrompus que trompeurs, un éloignement
« des sacrements, qui, sans en être la profanation,
« n'en devient pas moins, pour le terme où il aboutit,
« l'équivalent des sacriléges, une obstination sourde à
« toutes les leçons de l'expérience et rebelle à tous les
« avertissements du malheur, une indifférence léthar-
« gique pour la religion et ses menaces : que sais-je ?

[1] Non capiunt fidei magnitudinem augusta impiorum pectora.
S. Ambrosius, libro tertio de Spiritu sancto.

« peut-être même un désir secret de notre anéantisse-
« ment, qui, en nous faisant envier lâchement la des-
« tinée des animaux, nous conduit, par cette dégrada-
« tion illusoire, à la réprobation éternelle ; enfin, un
« divorce irréconciliable avec une conscience troublée,
« dont nous n'entendons plus le langage, ou dont nous
« ne savons plus interpréter le silence. Et au milieu de
« pareils systèmes, de pareilles contradictions, de pa-
« reilles mœurs, nous, ministres impuissants de la pa-
« role sainte, qu'il ne nous est plus donné de renfor-
« cer, comme autrefois Moïse, par les éclats redoublés
« du tonnerre de Sinaï ; nous, faibles organes de cette
« parole de vie qui, dans notre bouche, ne saurait res-
« susciter des cœurs morts à la grâce, et peut-être
« fermés aux lumières mêmes de la foi, nous venons
« prêcher vainement l'Évangile de la pénitence à des
« impies, disons mieux, à des insensés, qui, au lieu du
« tourbillon du monde, et dans l'ivresse de ses vains
« plaisirs, après avoir, selon l'image éloquente du pro-
« phète Daniel, *entièrement renversé leur sens, détour-*
« *nent leurs yeux pour ne pas voir le ciel, afin de ne*
« *plus se souvenir de ses jugements* [1]. »

Et plus bas :

« Venez et voyez autour de vous la lumière qui vous
« environne, dans le sein de la religion, pour éclairer

---

[1] Everterunt sensum suum, et declinaverunt oculos suos, ut non viderent cœlum, neque recordarentur judiciorum. Proph. Dan., cap. XIII, v. 9.

« votre foi entre Dieu et le monde. Voyez la grande et
« salutaire révolution morale que l'Évangile a opérée
« dans l'univers ; et bénissez la divine miséricorde d'en
« avoir fait rejaillir sur vous tous les bienfaits. Autre-
« fois, en effet, le paganisme, borné aux vues courtes
« du présent, qui n'est déjà plus quand on le nomme,
« le paganisme avait divinisé la vie, en bornant à ses
« plaisirs et à ses illusions toute la destinée de l'homme
« dans cette vallée de larmes : le christianisme, au
« contraire, qui est venu du ciel pour nous y conduire,
« a su bien autrement diviniser la mort, en faisant de
« notre dernier jour sur la terre le commencement de
« notre véritable et éternelle existence. Aussi, dans
« l'ancienne loi elle-même, Dieu promettait-il de longs
« jours pour récompense aux patriarches du genre
« humain ; au lieu que, sous le règne de l'Évangile,
« Jésus-Christ promet à la vertu une durée immortelle
« et une interminable félicité. »

En lisant ces morceaux, ne vous a-t-il pas semblé
lire des pages de Massillon ?

Lorsque, à la date du 23 février 1814, nous avons lu
le mandement de carême, qui a été le dernier acte de
l'archevêque nommé de Paris, nous nous sommes
étonné que cet homme, qui n'enfermait pas sa vie
dans la solitude de ses devoirs, mais qui portait sur les
événements de la politique l'ardeur de ses regards, ait
pu trouver assez de force et de présence d'esprit pour
écrire vingt et une grandes pages d'un style vigoureux

sur un sujet de pure religion, et toutes remplies de la
pensée des livres saints et des Pères de l'Église! Pas
une ligne, pas un mot ne trahit les sentiments et les
émotions de Maury en présence des batailles de Champ-
Aubert et de Montmirail, de Vaux-Champs et de Mon-
tereau, en présence de la fortune de Napoléon succombant sous le poids de l'Europe malgré les prodiges de
son génie militaire! Maury est tout entier aux observances du carême, que le pape saint Léon le Grand
appelait une *institution apostolique;* il disait aux fidèles, avec saint Augustin, que pour rendre leurs
jeûnes agréables à Dieu, ils devaient *faire de la prière
et de l'aumône comme deux ailes* capables d'en élever
l'hommage au trône de l'Éternel; il leur prescrivait
l'aumône comme un moyen d'envoyer leurs biens pé-
rissables devant eux dans l'éternité, pour les y retrouver au centuple après leur mort; il parlait des pauvres, ces *fidèles trésoriers du ciel,* comme « autorisés
« par le grand privilége de la charité, à ratifier, sous
« la garantie de notre Dieu, l'échange journalier des
« richesses passagères avec les trésors éternels; » la
bienfaisance purement humaine ne lui paraissait autre
chose qu'un *orgueilleux larcin du nom sacré de la charité;* il répétait qu'on ne se dérobe pas à l'éternelle
vengeance « en se flattant de se retrancher à jamais
« par la mort dans ces mêmes tombeaux, où la trom-
« pette du ciel viendra réveiller soudain toutes les gé-
« nérations des enfants d'Adam. Alors la terre obéis-

« santé rendra sa proie au Créateur, dont le souffle
« anima notre poussière. Tous ces asiles passagers du
« trépas ne sont donc plus, aux yeux de la foi, que de
« fidèles et temporaires dépôts de la justice divine,
« jusqu'au second avénement de Jésus-Christ, qui
« posera la borne du temps pour juger les vivants et
« les morts au dernier jour du monde... Soyez donc à
« jamais confondus dans vos fallacieuses illusions,
« vous tous qui vous réduisez à espérer, dans l'horri-
« ble ambition du néant, que tout finira pour vous à la
« fin de cette misérable vie ! C'est au contraire à l'heure
« même de la mort que commencent et se fixent nos
« destinées éternelles. »

Maury poursuivait l'irréligion avec verve et profondeur :

« Oh ! qui d'entre vous, mes très-chers frères, vou-
« drait abandonner au hasard son éternité sur la foi
« d'une fallacieuse et corruptrice irréligion, que vous
« avez tous si bien appris à juger par ses œuvres ? O
« mon Dieu ! quel appui pour le présent ! et quel ga-
« rant pour l'avenir ! Quels services croient donc ren-
« dre au genre humain les promoteurs ou les partisans
« de tous ces malheureux systèmes, en déchaînant
« toutes les passions des méchants, en promettant
« l'impunité à tous les vices, en brisant le frein de la
« religion, en dégradant la noblesse de l'homme :
« comme si l'on craignait qu'il pût avoir trop de rap-
« ports avec Dieu, trop de barrières devant ses fai-

« blesses, trop de dépendance de l'avenir ; comme s'il
« était dangereux pour nous d'avoir un frein de plus
« dans notre conscience, et le plus réprimant ainsi
« que le plus intime de tous les liens, pour nous arrê-
« ter dans le danger d'être faux, corrompus, injustes,
« impitoyables ; comme si l'on redoutait que nous eus-
« sions trop de moyens, trop de motifs de nous rendre
« justes, doux, bons, compatissants, charitables, ré-
« glés dans toutes nos actions, fidèles à tous nos de-
« voirs ; enfin, comme si nous avions naturellement
« assez de vertu pour nous passer impunément de
« l'intervention et de la crainte de Dieu, dans cette
« vallée de misère et de larmes ? »

Tout cela est fortement médité. Le mandement de
Maury pour le carême de 1814 est un vigoureux morceau d'éloquence chrétienne ; l'inspiration en est prise
dans les entrailles mêmes de la foi catholique, dans les
Écritures, dans les anciens et les plus vénérables in-
terprètes de la vérité religieuse. Le langage du cardinal semble être devenu plus profondément chrétien au
bruit des coups de tonnerre qui retentissent avec les
événements nouveaux.

Les mandements purement religieux que nous avons
voulu détacher d'abord, sont supérieurs aux mandements politiques ; la langue du servilisme est aisément
vide et déclamatoire ; l'épopée de la flatterie, quand elle
se prolonge et se répète trop souvent, devient difficile
à porter. Où le caractère descend le talent ne monte

pas. Ces mandements de circonstance où le prosterne-
ment devant Napoléon épuise les formes du langage,
ne se lisent pas avec entraînement ; ils font trop souvent songer à ce mot de Bossuet, qui ne fut jamais
vrai pour lui : *La louange languit auprès des grands
noms.* Parcourons rapidement les nombreux mandements qui touchent aux événements de l'empire depuis
1810 jusqu'à 1814.

Le 11 novembre 1810, Napoléon, traitant le cardinal
Maury de *cousin,* selon l'usage des rois de France avec
les cardinaux, lui annonçait ses espérances de postérité
avec une satisfaction infinie, et lui demandait des prières publiques pour l'impératrice. Maury, à la date du
22 novembre 1810, répondit avec surabondance aux
intentions de l'empereur ; c'était son premier mandement ; il parlait de son élévation au siége de Paris, et
des assurances religieuses qu'il avait reçues de l'empereur à cette occasion. « Après nous avoir déclaré
« qu'il n'avait besoin de personne pour assurer pen-
« dant sa vie une puissance devenue inébranlable
« entre ses mains, ce monarque législateur ajouta que
« la vie de l'homme n'étant qu'un passage sur la terre,
« il voulait donner à son trône la plus grande stabi-
« lité que puissent avoir les institutions humaines, en
« l'appuyant sur la base immuable de notre sainte re-
« ligion, à laquelle il ne souffrirait jamais qu'il fût fait
« aucun changement. Vous partagerez, mes très-chers
« frères, l'émotion vive et profonde que dut nous cau-

« ser une volonté si rassurante dans la bouche d'un
« souverain tout-puissant; notre zèle paternel était
« impatient de le faire connaître au troupeau que nous
« devons et que nous voulons toujours nourrir du lait
« le plus pur de l'ancienne et invariable doctrine de
« l'Église. »

Maury, se conformant aux désirs de l'empereur,
prescrivit, le 23 février 1811, les prières des quarante
heures pour la délivrance de Marie-Louise. Le 18 mai,
Napoléon lui annonçait, de Rambouillet, la naissance
du roi de Rome, et demandait des prières et des re-
mercîments envers l'*auteur de tout bien,* en fixant au
9 juin la cérémonie du baptême. Il était encore alors au
sommet de la domination et de la gloire ; il y eut de l'enthousiasme autour du berceau de son fils. Nul encens,
nul hommage, nulle promesse ne manqua à ce berceau. L'archevêque nommé de Paris publia un mandement, pour qu'il fût chanté un *Te Deum, en actions de
grâces de la naissance et du baptême de Sa Majesté le roi
de Rome.* Il y a quelque chose d'un peu étrange dans
ce titre de *roi de Rome* en tête d'un mandement signé
par un membre du Sacré-Collége, car c'était la spoliation du pape qui faisait les frais de cette souveraineté
nouvelle, et la couronne du nouveau-né avait été prise
sur le front du pontife. Le cardinal élève la voix au nom
de la *religion de Clovis, de Charlemagne et de saint
Louis.* Il retrace l'émotion du peuple aux coups de canon des Invalides : « Tant qu'il fut incertain de l'entier

« accomplissement de ses vœux, il (le peuple) comp-
« tait en silence les explosions qui ne lui garantis-
« saient pas encore la plénitude de son bonheur ; mais
« son allégresse n'eut plus de bornes, au moment où
« leur continuation redoublée l'assura que c'était vé-
« ritablement l'héritier du trône qui venait de naître. »
Maury peint la joie de l'empereur dans le calme de sa
haute puissance, environné de la plénitude de sa renommée, concentrant sur ce seul point de sa vie tout
l'ensemble de ses destins ; il disait à Marie-Louise
qu'en donnant à la France un enfant *prédestiné à tant
de puissance et de gloire*, elle était devenue Française
par le titre sacré de sa maternité ; il disait au roi de
Rome qu'un jour, à la lecture des écrits qui ont salué
son berceau, il ne *pourrait jamais s'exagérer la joie
extraordinaire dont sa naissance a comblé la nation.*
L'archevêque nommé n'oubliait pas que la religion
élève le *fils du plus puissant des souverains au-dessus
de tous ces titres fugitifs des grandeurs humaines,* en
faisant de lui, par la régénération baptismale, *l'enfant
de Dieu, le frère de Jésus-Christ, l'héritier du royaume
éternel.* Il se plaisait à montrer Napoléon remplissant
les devoirs paternels et accroissant sa gloire par l'é-
ducation de son fils :

« L'amour paternel achèvera de nous révéler tout
« ce que Dieu a mis de sensibilité et de bonté dans son
« âme. Nous le verrons descendre, en quelque sorte de
« sa hauteur, et se mettre à la portée d'un âge si ten-

« dre comme autrefois le prophète Élisée s'abaissa de-
« vant l'enfant qu'il rendit à la vie, pour l'animer de
« son esprit, le vivifier de son souffle, soutenir et gui-
« der ses premiers pas dans le sentier de la vertu et
« dans la route de la gloire. Avec quelle sollicitude,
« avec quel intérêt un œil si perçant ne saura-t-il pas
« épier et démêler les premiers rayons de sa raison
« naissante, les facultés de son intelligence, la sensi-
« bilité de son cœur, la trempe de son caractère, le
« ressort de son âme, pour découvrir de loin les
« destinées de cet empire qui est son ouvrage, de
« cette France qui lui est chère, et qui vient d'aug-
« menter si vivement sa félicité par les acclamations
« de la joie publique ! Mais son règne sera toujours
« la leçon la plus instructive qu'on puisse donner
« à ce jeune prince. Plus il étudiera les merveilles
« d'une vie si extraordinaire, plus il se convaincra
« que, hors des livres saints, qui ne sont pas les an-
« nales des hommes, mais les fastes de la Provi-
« dence, le nom de l'auteur de ses jours est le plus
« grand que le burin de la vérité puisse graver dans
« l'histoire. »

Maury finit par une prière à Dieu en faveur de cet
enfant sur la tête duquel il appelle les bénédictions et
les dons du ciel. Trois ans plus tard, l'enfant *destiné à
perpétuer la dynastie d'un grand homme*, et dont toutes les bouches proclamaient l'avenir magnifique, n'é-
tait plus que le duc de Reichstadt !

Napoléon écrivit de Mojaisk, le 10 septembre 1812, la lettre suivante au cardinal Maury :

« Mon cousin, le passage du Niémen, de la Dwina, « du Borysthène ; les combats de Mohilow, de la « Drissa, de Polotsk, d'Ostrwno, de Smolensk, enfin la « bataille de la Moskowa, sont autant de motifs pour « adresser des actions de grâces au Dieu des armées. « Notre intention est donc, qu'à la réception de la pré- « sente, vous vous concertiez avec qui de droit. Réu- « nissez mon peuple dans les églises pour chanter des « prières, conformément à l'usage et aux règles de « l'Église en pareille circonstance. Cette lettre n'étant « à autre fin, je prie Dieu qu'il vous ait, mon cousin, « en sa sainte garde. » La lettre était contre-signée par le comte Daru.

Maury, le 30 septembre 1812, publia un mandement pour justifier la campagne de Russie, célébrer les triomphes de nos armées et en prophétiser *de plus dé- cisifs.* Il ne faut pas y chercher les prévoyances in- quiètes qui accompagnaient une lointaine expédition contre un puissant ennemi armé de son climat et de son immensité ; il ne faut pas y chercher des plaintes contre une ambition à laquelle l'univers semblait trop étroit et qui se nourrissait des plus étranges rêves. Na- poléon, à ses heures d'épanchement, aurait permis la contradiction à des amis éprouvés, mais il n'aurait supporté ni des doutes ni des regrets publics. L'arche- vêque nommé n'aurait dû parler alors que pour or-

donner des oraisons ; la sobriété de son langage aurait laissé voir de légitimes alarmes. Maury citait ces
paroles fameuses de l'empereur : *La fatalité les entraîne, que les destins s'accomplissent!* Il regardait
l'empereur comme l'instrument choisi d'en haut pour
réaliser les desseins de la Providence sur le nord de
l'Europe. Mais ce n'étaient pas les Russes que la fatalité entraînait, et leurs destins n'allaient pas s'accomplir ; cette parole de Napoléon ne fut prophétique
que contre lui-même. Maury applaudissait au rétablissement du royaume de Pologne par *la soudaine apparition de nos phalanges ;* cette restauration du trône
des Jagellons et de Sobieski avait été jetée à la France
comme une bonne nouvelle ; mais Napoléon qui esti-
mait la Pologne comme une vaillante épée n'en voulait pas comme nation indépendante. Ce conquérant,
qui s'enfonçait dans les solitudes du nord et se mesu-
rait avec l'infini de l'espace, apparaissait à Maury
comme le vengeur de l'Europe entière, jadis ravagée
par d'effroyables débordements ; le cardinal voyait en
lui un envoyé du ciel qui allait triompher des souvenirs du *fléau de Dieu,* et *demander compte au Nord* de
ses vieilles et terribles entreprises contre le monde ci-
vilisé. Il reconnaissait et proclamait les *grands jours*
de la Providence dans les triomphantes journées dont
on apportait les bulletins. Hélas ! les *Te Deum* du 4 oc-
tobre 1812 ne furent séparés que par de courts interÂvalles de cette campagne de Russie, où des désastres

inouïs dans l'histoire anéantirent la plus belle armée du monde !

La journée de Lutzen, en Saxe, le 2 mai 1813, était fort digne assurément d'exciter l'enthousiasme de Maury ; Napoléon avait improvisé un plan de bataille, relevé nos armes, ressaisi son ascendant ; mais notre pays, épuisé et meurtri, soupirait après la paix ; la prose dithyrambique du cardinal Maury, dans son mandement du 17 mai 1813, était bien plus d'un admirateur ou plutôt d'un adulateur persistant que d'un esprit préoccupé des dangers et des besoins de la patrie. Marie-Louise, *impératrice-reine et régente*, pouvait bien demander à son *cousin* d'adresser *des actions de grâces au Dieu des armées*, mais elle n'eût pas exigé ces lyriques acclamations de l'archevêque nommé de Paris. Nous en dirons autant du mandement du 10 juin 1813, à l'occasion de la victoire de Wurtchen, en Lusace ; ce qu'on y entend, ce n'est pas la religion se plaçant plus haut que la terre, c'est la politique avec ses ardeurs et ses animosités. Napoléon, serrant la main à Duroc mourant, lui avait dit : *Mon ami, il est une autre vie !* Et Maury prend texte de ces mots comme de mots sacrés pour parler de l'immortalité de l'âme ; ce sont les seules couleurs religieuses de cet écrit pastoral. Maury ne voit pas ou feint de ne pas voir que les batailles gagnées à Bautzen, à Wurtchen et sous les murs de Dresde ne décident rien et n'avancent à rien ; que l'ennemi recule, mais reste toujours debout ; qu'il est battu, mais qu'il se recrute sans cesse. La coalition est là dans toute son énergie, et menace les frontières mêmes de la France.

Le 24 janvier 1814, Napoléon écrivait au cardinal Maury :

« Mon cousin, au moment où nous allons nous met-
« tre à la tête de nos armées pour repousser l'invasion
« des ennemis de la France et en délivrer notre terri-
« toire, notre première pensée est de recourir à la
« protection de Dieu, pour qu'il daigne bénir nos ar-
« mes et l'énergie de l'honneur français dans la dé-
« fense de la patrie. Nous désirons donc qu'à la ré-
« ception de la présente, vous réunissiez les fidèles
« dans les temples de votre diocèse pour adresser au
« ciel les prières consacrées par l'Église, *et que vous*
« *leur retraciez, avec les sentiments que la religion*
« *inspire, les devoirs qu'elle impose dans ces circons-*
« *tances à tout citoyen français.* »

Maury, répondant à cette invitation, s'excusa de faire entendre des paroles étrangères à son ministère. Son mandement fut un appel aux armes. Il est bien vrai que tout citoyen est soldat contre les violateurs du sol de la patrie, mais en lisant ce mandement du 29 jan-vier 1814, on aurait pu croire que Napoléon n'avait jamais eu que de pacifiques pensées, que l'injustice de l'Europe le poursuivait, et que l'empire était la der-nière ressource monarchique de notre nation.

Le cardinal avait interrompu la rédaction du mande-

ment du carême de 1814 pour en faire un contre l'invasion; il avait été mandé inopinément chez le ministre
des cultes, où plusieurs évêques étaient réunis, et ce
fut là qu'on lui demanda de réchauffer, au nom de la
religion, le patriotisme des Parisiens contre l'étranger.
Un témoin nous a dit que le cardinal rédigea lui-même
dans cette réunion la petite lettre de l'empereur à son
adresse, dont nous avons précédemment reproduit le
texte. Quand le ministre l'invita par écrit à se rendre
chez lui sans autre explication, Maury répondit que le
ministre savait où demeurait l'archevêque nommé de
Paris, et que, s'il avait besoin de lui, il pouvait venir à
l'archevêché; il envoya son frère à sa place, mais celui-ci revint bientôt pour l'instruire de l'importance du
rendez-vous; le cardinal, mécontent d'être arraché à
son travail, pressé, préoccupé, appelant inutilement
un valet de chambre pour substituer à son costume du
matin un autre costume, et ne pouvant mettre la main
ni sur sa soutane rouge ni sur sa soutane noire, monta
en voiture enveloppé dans un manteau qui cachait une
bien étrange toilette.

Maury, surtout dans ses dernières années, ne prenait nul souci de sa personne, ne se préoccupait plus
des usages du monde, et sa vie extérieure était celle
d'un homme qui n'habite plus qu'avec ses propres
pensées. Les règles de la bienséance existaient peu
pour lui. La foi religieuse lui donnait de la dignité à
l'autel; mais la dignité manquait à ses manières dans

le monde. On peut être parti de bas et avoir des airs de noblesse; les formes distinguées ne sont pas toujours un privilége de la naissance; mais Maury, malgré tout son esprit et malgré la longue fréquentation de la société la plus polie, gardait de fortes traces de son origine.

CHAPITRE XXII.

Attitude et sentiments du cardinal Maury au milieu des événements de 1814. — Distribution d'un écrit anonyme qui demande la révocation de ses pouvoirs ; la révocation est prononcée par le chapitre de Notre-Dame. — Mémoire justificatif du cardinal Maury ; réponse à ce mémoire par M. Tharin ; diverses publications sur les administrations capitulaires. — Le cardinal Maury se dirige vers l'Italie ; il est suspendu des fonctions épiscopales dans le diocèse de Montefiascone ; son retour à Rome. — Les Cent-Jours. — La junte d'État, chargée du gouvernement de Rome en l'absence de Pie VII, fait enfermer le cardinal Maury au château Saint-Ange. — Il est mis en liberté par l'intervention du cardinal Consalvi, et retrouve la bienveillance de Pie VII.

La confiance de Maury dans la destinée et le génie de Napoléon était sans bornes ; il ne croyait pas à son renversement, il n'y croyait pas, même en présence des menaces immenses de l'invasion ; il lui semblait toujours que des combinaisons imprévues et soudaines sortiraient de ce prodigieux génie, conjureraient les périls et forceraient la victoire, quoique lassée, à revenir à ce drapeau qu'elle avait si longtemps connu ; et lui-même, avec ce sang-froid qui ne la quitta jamais, il

continuait ses habitudes et ses travaux au milieu de
l'émotion universelle. Celui qui était alors son jeune
secrétaire[1] nous a raconté que le cardinal lui faisait
lire tranquillement et lisait tout haut lui-même, à son
tour, un *Traité des sacrements* pendant que la canon-
nade grondait à Belleville, à Saint-Chaumont et à Mont-
martre. Il y eut un moment où son valet de chambre,
Francesco, entra tout à coup dans son cabinet en
criant : *Monseigneur, bonnes nouvelles, bonnes nouvelles !* Il avait cru voir d'une fenêtre, sur la place, un
mouvement et entendre des paroles qui annonçaient
un triomphe de l'empereur. Le cardinal, le visage ra-
dieux, levant les mains au ciel, se mit à réciter le *Te
Deum;* il en continua les versets en allant et venant
d'un pas rapide ; mais bientôt la nouvelle fut démen-
tie, et le cardinal n'acheva point l'hymne de réjouis-
sance.

Lorsque la dernière heure de l'empire eut sonné,
Maury fut atterré ; il assistait à la chute d'un régime
qui l'avait ébloui et qui lui semblait éternel ; il voyait
tomber l'homme aux pieds de qui il avait oublié un illustre passé politique. Il demeura confondu par cette
succession rapide de terribles et grandes choses. Seul
avec son jeune secrétaire, il se laissait aller à de mé-
lancoliques pensées, à des réflexions sur la fragilité
des pouvoirs humains et le néant des plus colossales

---

[1] M. l'abbé Menjaud, aujourd'hui évêque de Nancy.

dominations ; il repassait les commencements, l'agrandissement rapide et les fabuleux succès du héros qui
n'avait pas su s'arrêter, et sa chute lui paraissait un
des coups les plus retentissants de la Providence. Il
répétait les mots de l'Ecclésiaste sur la vanité des
choses de la terre, et passant des grands spectacles à
sa propre personne, il ne regardait ses titres et ses dignités que comme de misérables ombres et de la vile
poussière. « Que ne suis-je resté, disait-il encore, dans
« l'humble chemin que mon père a suivi ! j'aurais été
« plus heureux. Et, puisque je devais être quelque
« chose en ce triste monde et m'élever au-dessus de la
« condition de mon père, que n'a-t-il au moins vécu
« plus longtemps, et que n'ai-je pu mettre ma calotte
« de cardinal dans son tablier ! » Maury faisait ici al-
lusion à la profession de son père.

Le mandement du cardinal Maury contre les alliés
rendait sa position peu facile après leur victoire ; le
30 mars au soir on lui fit dire avec insistance qu'il agi-
rait prudemment s'il quittait Paris ; « Je n'ai pas eu
« peur des lanternes et des poignards de la Révolu-
« tion, répondit-il, et je ne tremblerai pas devant les
« Cosaques. » Le lendemain matin, un homme de bien,
l'imprimeur de l'archevêché [1], se présenta chez le cardinal et lui dit : « Monseigneur, la capitulation a été
« signée cette nuit, les alliés vont entrer, vous n'êtes

[1] M. Adrien Le Clerc.

21.

« plus en sûreté, quittez Paris, vous n'avez qu'une de-
« mi-heure. — Où voulez-vous donc que j'aille ? — A
« Versailles. » On décida, non sans peine, le cardinal
à un déguisement laïque qu'il ne consentit pas à compléter ; il partit, et, trouvant la barrière fermée, revint
chez lui. Maury, indigné contre lui-même de s'être
prêté un moment à quelque chose qui ressemblait à
une fuite, quitta ses vêtements de hasard, mit sa soutane rouge, se couvrit de toutes ses décorations et s'en
alla au jardin de l'archevêché qu'il parcourut très-long-
temps dans une paisible promenade : des Cosaques,
pour qui la pourpre romaine était un spectacle nouveau, se plantaient le long des grilles du jardin, regardaient immobiles, sans se douter assurément des
sentiments de l'homme à robe rouge qui passait et
repassait devant eux.

Le 5 avril, le chapitre métropolitain de Paris adhérait à la déchéance de Napoléon et de sa famille, prononcée par le sénat, et le cardinal Maury y adhérait
aussi.

Dans les premiers jours d'avril (c'était pendant la
semaine sainte), chacun des membres du chapitre métropolitain de Paris reçut un écrit sans nom d'auteur
ni d'imprimeur, composé de trois grandes pages et intitulé : *Exposé des motifs qui doivent déterminer le chapitre de Paris à révoquer les pouvoirs qu'il a donnés à
M. le cardinal Maury.* Cet écrit, mystérieusement dé-
posé chez les chanoines de Notre-Dame, rédigé avec

les ardentes couleurs de 1814, énumérait les torts du cardinal Maury depuis 1810. On lui reprochait d'avoir gardé l'administration du diocèse de Paris contre la volonté du souverain-pontife, d'avoir trop loué Bonaparte, d'avoir mal administré, d'avoir *gouverné en despote le diocèse de Paris comme Bonaparte gouvernait l'État.* On disait au chapitre qu'en révoquant les pouvoirs du cardinal, il se laverait de la malheureuse adresse du 6 janvier 1811, et *ferait un acte de dévouement à la race des Bourbons;* on lui rappelait la *faiblesse de sa conduite* durant les démêlés affligeants de Bonaparte avec le pape : *un acte de courage* ferait sortir le chapitre de Paris de *cette humiliation* et paraître avec gloire dans le nouvel *ordre de choses.* Un *Te Deum* allait être chanté dans quelques jours pour célébrer l'arrivée d'un prince français ; il ne fallait pas que le cardinal Maury *vînt à bout de l'entonner et d'y présider.* « Je le vois avec frémissement aux pieds du « prince déplorer ses égarements et toucher sa bonté « par le ton d'une éloquence persuasive. La chose « n'est pas probable , dira-t-on , mais elle est possi- « ble, et cette possibilité seule jette l'alarme et froisse « le cœur. » On menaçait le chapitre d'une adresse des curés de Paris *pour le prier d'éloigner* le cardinal Maury.

Personne ne connut alors l'auteur de cet écrit. On sut plus tard qu'il était parti de la main de M. Tharin, qui remplissait à cette époque les fonctions de direc-

teur au séminaire de Saint-Sulpice, et qui occupa dans
la suite le siége de Strasbourg.

L'effet de cette invitation, où bouillonnaient les sentiments monarchiques de ce temps, fut prompt. Dès le
lendemain, 9 avril, le chapitre, extraordinairement
assemblé *per domos*, sous la présidence de M. Sinchole
d'Espinasse, chanoine titulaire et vicaire général capitulaire, *déterminé* (ce sont les expressions du considé-
rant) *par une multitude de considérations qu'il est plus
facile de sentir que convenable d'exprimer*, révoqua
tous les pouvoirs précédemment accordés au cardinal
Maury et nomma pour ses vicaires généraux MM. Sinchole d'Espinasse, Jalabert[1] et de La Myre. Il chargea
M. l'abbé Burnier-Fontanelle, proto-notaire apostolique, promoteur diocésain, doyen de la Faculté de
théologie de l'université de Paris, de notifier *sans
délai* cette décision au cardinal Maury et à son frère,
le vicaire général. L'acte révocatoire fut une grande
blessure au cœur du cardinal.

On dit, mais nous ne l'avons pas su avec certitude,
qu'il essaya inutilement de parvenir jusqu'à l'empereur Alexandre, dont le père, Paul Ier, lui avait fait
des offres généreuses dans de mauvais jours. On dit
aussi que l'empereur d'Autriche demanda des nouvelles du cardinal Maury, à une visite qu'il fit à Notre-

---

[1] L'abbé Jalabert eut le bon goût de ne pas assister à la séance du
chapitre où furent révoqués les pouvoirs du cardinal Maury.

Dame, que le cardinal en fut averti et ne se présenta pas. Ce qui est certain, c'est que Maury exprima le désir d'offrir ses hommages au comte d'Artois et n'obtint pas cette faveur. « Ils rentrent dans leur héritage, » avait dit le cardinal en apprenant le rétablissement des Bourbons.

Il publia, le 12 mai, un *Mémoire* pour justifier son adhésion au gouvernement de Bonaparte et son administration capitulaire. Par quelles inconcevables illusions le cardinal dit-il qu'il *n'a jamais soupçonné que l'acceptation de sa nomination pût déplaire à Sa Sainteté?* Mais le terrible éclat de la scène du 1ᵉʳ janvier aux Tuileries, mais l'emprisonnement de l'abbé d'Astros, mais tout ce fracas politique autour des brefs de Savone, ces recherches, ces fureurs, ces persécutions n'avaient donc pas eu de sens pour Maury? il ignorait donc tout seul ce que le monde entier savait? Pourquoi des ombres passaient-elles sur son front, et pourquoi gémissait-il chaque fois qu'il apercevait le donjon de Vincennes[1]?

M. Tharin[2] répondit au mémoire du cardinal Maury avec beaucoup de force. Celui-ci, qui avait trouvé toute

---

[1] Nous tenons ce détail de M. l'abbé Bardin, prêtre de la paroisse Saint-Vincent-de-Paul. Il fut le secrétaire particulier du cardinal Maury dans les années 1811 et 1812; M. l'abbé Menjaud lui succéda.

[2] Mémoire sur les administrations capitulaires des évêques nommés, en réponse au mémoire pour M. le cardinal Maury. Cet écrit parut sans nom d'auteur. Il était l'ouvrage de M. Tharin.

simple la révocation des pouvoirs de l'abbé d'Astros,
s'était efforcé d'établir que la sienne n'était pas valide :
contradiction profonde où l'on tombe pour le besoin
de la cause ! M. Tharin chercha à prouver le droit des
chapitres de révoquer leurs vicaires généraux, sans
privilége ni exception en faveur des évêques nommés.
Ses assertions à cet égard sont contestables ; la plupart des canonistes n'admettent pas la révocabilité des
pouvoirs. Du reste, le cas particulier offert par l'administration du cardinal Maury ne rendrait pas difficile
la justification d'un acte révocatoire. La réponse au
mémoire du cardinal résumait ainsi les griefs contre
l'archevêque nommé de Paris :

« Ce prélat faisait semblant de s'environner des lu-
« mières d'un conseil, et les écarts violents d'une ima-
« gination bouillante et impétueuse semblaient être sa
« seule règle d'administration. Il témoignait dans ses
« discours un inviolable attachement aux règles ecclé-
« siastiques ; et dans sa conduite, au lieu de regarder
« les autres grands vicaires capitulaires comme ses
« égaux dans l'administration, ainsi que le réclamaient
« les principes, il paraissait ne voir en eux que des
« mandataires et des subordonnés. Il prétendait les
« envoyer exercer les fonctions curiales dans les pa-
« roisses vacantes, comme il était venu lui-même de
« Montefiascone à Paris pour y exercer les fonctions
« de grand vicaire capitulaire. Tous les mandements
« étaient publiés en son nom, toutes les nominations

« aux cures vacantes étaient de lui seul; tous les actes
« publics étaient revêtus de son sceau. Un autre grand
« vicaire n'aurait pas pu signer sans inconvénient des
« pouvoirs qu'un prêtre de la campagne, pressé de
« retourner où son devoir l'appelait, eût sollicités avec
« instance. Une pareille administration n'était-elle pas,
« aux yeux de tout homme sensé, un intolérable dé-
« sordre en fait de discipline, un chaos véritable en
« matière d'administration, d'où le chapitre de Paris
« ne pouvait sortir honorablement sans prononcer,
« au premier moment de liberté, la destitution de
« M. le cardinal?

« Mais il est un autre grief de l'Église contre M. le
« cardinal bien plus grave que celui-là. Que dirons-
« nous de sa résistance au souverain-pontife? etc. »

L'auteur émettait le vœu que l'abolition des administrations capitulaires de prélats élus fût irrévocable-
ment prononcée dans le nouveau concordat qui devait
se conclure entre le roi et le saint-siége.

Un autre travail[1] sur la question, plus étendu et plus
savant que le mémoire de M. Tharin, parut en 1814;
il était le produit d'un esprit droit et ferme auquel nous
avons rendu hommage. M. l'abbé d'Astros, dont le
nom se mêle à l'origine même de ces débats, avait ap-

---

[1] De l'abus de cette maxime, que l'usage abroge la loi, où l'on
traite : 1º du pouvoir des évêques nommés; 2º des administrations
capitulaires des évêques nommés; 3º de la révocabilité des vicaires
capitulaires de Paris.

profondi la matière; son ouvrage, où la mesure et la paix sont inséparables de la science et de la logique, ne garde aucune trace des amertumes et des souffrances du prisonnier.

Une intéressante dissertation fut encore remarquée à cette époque; elle a pour titre : *De l'administration de l'élu*, ou *du nommé à un évêché*. Enfin on publia à Rome même, en 1815, des brochures sur cette question. L'écrit de M. Fea *Sur la nullité des administrations capitulaires* mérita les suffrages d'éminents théologiens. Des matières jusque-là peu étudiées occupaient vivement la pensée ecclésiastique; on mettait en lumière les règles et la doctrine; on rendait aux conciles et aux canons leur vérité.

Mais parmi les écrits que fit naître, en 1814 et en 1815, la question de discipline soulevée entre Pie VII et Napoléon, il y en eut un qui frappa particulièrement l'attention; il se composait de trois volumes, imprimés à Liége, et avait pour titre : *Tradition de l'Église sur l'institution des évêques*, par l'auteur des *Réflexions sur l'état de l'Église*. Le nom caché sous cette désignation était le nom de l'abbé de Lamennais, âgé alors de trente-deux ans, pas encore prêtre, et vivant au petit séminaire de Saint-Malo que son pieux frère dirigeait. Cet ouvrage, qui précédait de trois ans l'apparition du premier volume de l'*Essai sur l'indifférence*, avait pour but de prouver que l'institution des évêques tenait aux droits essentiels de la papauté. Après une introduction

où les grands aperçus abondent au sujet du gouvernement de l'Église et de la primauté du saint-siége dont
l'auteur retrace l'origine, les preuves et les effets,
nous entrons dans le livre par une histoire abrégée
de l'établissement des patriarcats en Orient ; nous
voyons d'abord que ces patriarcats ont tous été institués par l'autorité de saint Pierre, et que leurs privi-
léges, au nombre desquels il faut compter le pouvoir de
confirmer les évêques, n'étaient qu'une émanation de
la primauté du siége apostolique ; nous voyons ensuite,
dans toute l'Église d'Orient, jusqu'à l'époque du
schisme, les patriarches et les évêques institués par les
pontifes romains. Passant à l'Église d'Occident sur laquelle les papes ont toujours exercé une autorité plus
immédiate, l'auteur établit que les métropolitains n'a-
vaient d'autres droits que ceux qu'ils tenaient du saint-
siége, et que, dans les six premiers siècles, c'était par
leur intermédiaire que le pape confirmait les évêques ;
il montre les causes et les effets des changements opé-
rés dans la discipline depuis le xe siècle, résout
les objections et les difficultés, s'arrête savamment
au concordat de Léon X et au concile de Trente, et
met en lumière tout ce qui touche à l'institution des
évêques en Europe depuis le xvie siècle jusqu'à nos
jours. C'est un beau spectacle que cette chaîne de
la tradition s'étendant d'âge en âge depuis saint Pierre
jusqu'à Pie VII. Le livre de l'abbé de Lamennais, en
1814, annonçait une grande science et un grand talent

au service de l'Église : hélas ! il devait tomber un jour au plus profond des erreurs humaines !...

Pendant tout le mois d'avril 1814 et jusqu'au 17 mai, jour de son départ pour l'Italie, Maury eut des jours difficiles et troublés. Mais sa trempe vigoureuse se retrouvait toujours en face des grandes épreuves. « Les « coups d'épingles me mettent aux champs, disait-il, « les coups de barre ne me font rien. » La veille de son départ de Paris, le cardinal écrivit à son neveu : « Obligé de retourner dans mon diocèse, je pars sans « faute demain matin ; et, si aucun obstacle ne m'ar- « rête en route, je compte arriver sur ma montagne « dans l'octave de la Fête-Dieu. Je mène avec moi mon « frère de lait, M. d'Alissac, de Valréas. C'est un homme « d'esprit, d'un caractère doux et aimable. *Il me faut* « *absolument un Français pour causer et pour écrire...* « Je vais me séparer, à mon très-grand regret, de mon « frère [1] ; ce sacrifice est celui qui me coûte le plus « sans aucune comparaison. Je finis cet article pour « ne pas trop m'affaiblir en m'attendrissant. »

Maury, en quittant Paris, ne savait pas d'abord s'il irait à Rome ; il s'y achemina pourtant ; ce fut à pe- tites journées, parce qu'il souffrait. Oh ! le triste voyage ! Qu'il était différent de ce premier voyage qui n'avait été pour le brillant défenseur de l'Église et de la monarchie qu'une longue fête et un perpétuel triom-

---

[1] Ce frère du cardinal Maury mourut le 8 décembre 1821.

phe ! Alors d'illustres princes et les filles des rois l'accablaient de marques d'estime, et maintenant il fuyait devant les rois ! Alors Pie VII l'appelait et le comblait d'honneurs, et maintenant un bref de Pie VII, daté de Césène, le 3 mai 1814, le jour même de l'entrée de Louis XVIII à Paris, suspendait Maury de toute fonction dans le diocèse de Montefiascone et de Corneto, et de l'administration de la mense épiscopale ! Le cardinal en sut la nouvelle à Radicofani, sur les frontières des États-Romains. C'est là que, près de dix ans auparavant, il avait complimenté Pie VII se rendant à Paris pour y sacrer Napoléon. Ce coup, parti de la main du pape, lui fit éprouver une peine profonde. L'évêque de Cervia, Mgr Gazzola, nommé à sa place dans l'évêché de Montefiascone, reçut des instructions signées de l'archevêque d'Edesse, aumônier du pape, monsignor Bertazzoli. Celui-ci était le même qui avait pris une part si tristement active au déplorable concordat de Fontainebleau, et, pour cela, avait reçu de Napoléon, ainsi que les cardinaux Joseph Doria et Fabrice Ruffo, une boîte d'or avec le portrait de l'empereur enrichi de gros brillants : il semble que de tels souvenirs auraient dû gêner le signataire des instructions envoyées au remplaçant de Maury. Le cardinal, informé de la décision du pape, évita de se rendre à Montefiascone, et se déroba ainsi à un pénible affront. Il ne reçut qu'à Viterbe les deux lettres de Césène. Arrivé à Rome le 19 juin, Maury sollicita l'honneur de s'expliquer et ne

l'obtint pas. Un ordre du cardinal Pacca lui interdit
l'entrée de *Monte Cavolla* et de la chapelle papale.
Maury se résigna au silence et vécut à Rome obscurément et sans bruit.

Cependant de fervents défenseurs de la discipline
ecclésiastique se remuaient autour du souverain-pontife ; ils demandaient qu'on fît un *grand exemple*, et
qu'on *montrât au monde catholique quelle punition
avaient méritée les évêques et les prêtres des pays
étrangers, et surtout de France, qui avaient méconnu la
légitime juridiction du pape* [1] ; ils demandaient que le
cardinal Maury fût frappé. Pie VII accueillit ces vœux
répétés qui se recommandaient par l'adhésion du cardinal Pacca, ordonna l'instruction de l'affaire du cardinal Maury, et désigna monsignor Caprano, depuis
cardinal, et monsignor Invernizzi pour l'examen des
pièces. Les choses en étaient là quand le bruit du dé-
barquement de Napoléon en France éclata comme la
foudre ; la révolution du 20 mars, cette triste merveille
d'où devaient sortir tant de calamités pour notre patrie, menaçait le saint-siége de nouvelles épreuves ; le
roi Murat allait devenir roi d'aventure et déployer fatalement pour lui-même le drapeau de l'indépendance
italienne ; les Napolitains entraient, malgré le pape, dans
les États-Pontificaux. Le cardinal Pacca et d'autres

---

[1] Cardinal Pacca. Relazione del viaggio di Pio papa VII a Genova
nella primavera dell' anno 1815.

cardinaux conseillèrent à Pie VII de quitter Rome pour
ne pas s'exposer à tomber entre les mains du beau-
frère de Napoléon comme un otage d'un trop grand
prix ; le pontife, après d'inquiètes hésitations, partit
secrètement et se dirigea vers Gênes ; c'était le soir du
22 mars et du mercredi-saint ; le pape avait assisté aux
cérémonies de ce jour, sans que personne, excepté le
cardinal Pacca, qui devait l'accompagner, et quelques
autres cardinaux, se doutât de son départ si prochain.
En l'absence du pontife, le gouvernement de Rome fut
confié à une *junte d'État*, composée du cardinal La
Somaglia, et des prélats Riganti, San-Severino, Falsa-
capa, Ercolani, Giustiniani et Rivarola.

Pendant le séjour de Pie VII à Gênes, où l'avait suivi
la plus grande partie du Sacré-Collége, le cardinal
Pacca reçut de la junte d'État une dépêche qui annonçait que le cardinal Maury depuis l'événement du 20
mars relevait la tête, parlait beaucoup et songeait
à retourner en France ; la junte était d'avis d'enfermer le cardinal Maury au château Saint-Ange *pour
plus de sûreté (per maggior sicurezza)*; le cardinal Pacca, ayant pris les ordres du pape, répondit que, s'il y
avait quelque danger à laisser le cardinal Maury en liberté, on pouvait s'assurer de sa personne, mais qu'il
fallait faire tout cela sans éclat, et surtout, par respect
pour sa dignité, ne pas enfermer Maury dans une for-
teresse. Cette résolution parut trop douce à la junte
d'État qui, s'en tenant à son premier dessein, fit tout à

coup arrêter le cardinal Maury pour l'écrouer au château Saint-Ange. Le cardinal Pacca[1] convient que cette
mesure excita de la surprise en Europe ; il l'explique,
mais ne la justifie pas, et se borne à dire qu'il doit supposer que la junte eut de bonnes raisons pour suivre
son premier projet[2]. L'histoire ne peut guère apprécier
d'une façon très-exacte tous ces motifs ; seulement,
pour ce qui touche à l'intention du cardinal Maury de
revenir en France au milieu du nouveau triomphe de
Napoléon, cette intention nous paraît douteuse ; ce fut
le 12 mai que le cardinal fut arrêté ; or, s'il avait voulu
s'associer au retour de fortune qui ébranlait alors l'Europe, il nous semble que cet ardent esprit n'aurait pas
attendu aussi longtemps et aurait imité l'empressement
du cardinal Fesch. On fouilla dans les papiers du cardinal Maury, non pas en sa présence, mais après son
arrestation ; la belle croix qu'il tenait des bontés de
Pie VI tomba entre les mains d'agents subalternes
chargés de cette besogne, et Maury ne la revit plus.
Par un raffinement injurieux, on lui donna au château
Saint-Ange la chambre qu'avait occupée Cagliostro, si
célèbre par son charlatanisme, ses aventures et ses es-
croqueries. Sa dure captivité, qu'il s'efforça d'adoucir
par le travail, se prolongea trois mois et quatorze jours.

<hr>

[1] Relazione del viaggio di Pio papa VII a Genova.
[2] La giunta però per motivi che io debbo supporre giustissimi, crede
di seguire la sua prima risoluzione.

Que d'amertumes il dévora dans les souterrains du môle d'Adrien, à quelques pas du Vatican ! Le cardinal Consalvi fut son libérateur ; il n'avait jamais oublié les anciens et illustres services de Maury, ses grands talents, sa conduite au conclave de Venise. Revenu du congrès de Vienne, Consalvi obtint sur-le-champ l'élargissement de Maury et l'abandon du procès pour lequel déjà se réunissait, à des jours marqués, une congrégation de cardinaux, ayant pour secrétaire un habile canoniste, Mgr Belli, archevêque de Naziance. Pie VII inclinait lui-même vers l'élargissement de Maury, depuis que le cardinal Fesch, après la seconde chute de Napoléon en 1815, avait retrouvé à Rome une tranquille et libre hospitalité ; une portion de la société romaine demandait pourquoi on avait arrêté le cardinal Maury, qui était resté chez lui aux Cent-Jours, et pourquoi les portes du château Saint-Ange ne s'ouvraient pas pour le cardinal Fesch, qui, à la nouvelle de la réapparition victorieuse de Napoléon, s'était hâté de reprendre le chemin de Paris.

Il fut permis à Maury de s'établir au couvent de Saint-Sylvestre, situé sur le monte Cavallo ; le cardinal devait y trouver de l'espace, de la salubrité et des soins ; il donna sa démission d'évêque de Montefiascone, et le pape lui assigna quatre mille écus de revenus sur le trésor. Comme Pie VII avait consenti à revoir Maury et à lui rendre de vive voix sa bienveillance, le cardinal se présenta chez le pontife, accom-

pagné du cardinal Consalvi ; il y eut dans cette audience de touchants entretiens et de tristes épanche-
ments. Pie VII exprima au cardinal Maury le regret
qu'il ne l'eût pas suivi à Gênes et lui répéta plusieurs
fois qu'il était libre, qu'il pouvait quitter Saint-Sylvestre, et retourner à sa demeure. Maury répondit que
la solitude d'une maison religieuse plaisait mieux, pour
quelque temps encore, à ses goûts studieux. Mais, dès
ce jour, il retrouva comme cardinal sa place dans toutes les cérémonies, dans toutes les assemblées[1].
Nommé membre d'une congrégation d'évêques, Maury
se rendait très-exactement aux séances ; chaque fois
qu'il prenait la parole dans les délibérations sur les
matières ecclésiastiques, on admirait son lumineux
talent de discussion, sa forte habitude d'approfondir
les sujets et d'en considérer tous les aspects.

---

[1] Alle sagre fonzioni, a concistori, et ad ogni altra rappresentanza
cardinalizia. Cardinal Pacca. Relazione.

CHAPITRE XXIII ET DERNIER.

Lettre de félicitation du cardinal Maury à Louis XVIII. — Solitude et abandon du cardinal Maury; son ouvrage inédit sur les administrations capitulaires et les libertés de l'Église de France. — Le cardinal Maury avait brûlé la plupart des sermons de sa jeunesse et en avait composé de nouveaux. — Discours à la constituante dictés de mémoire; indication de tous les travaux de Maury à la constituante. — Conversation et habitudes du cardinal Maury. — Sa santé déclinait depuis sa captivité au fort Saint-Ange. — Ses dernières promenades à Rome. — Sa mort. — On refuse de l'enterrer à l'église française de la Sainte-Trinité-du-Mont, son église titulaire; il est enterré à l'église appelée *Chiesa Nuova*. — Conclusion.

Le cardinal Maury, qui s'était associé au chapitre de Notre-Dame dans son adhésion à la déchéance de Napoléon, et que la révolution du 20 mars n'avait pas décidé à quitter Rome, ne fit aucune difficulté d'écrire à Louis XVIII pour le féliciter sur sa rentrée à Paris dans les Cent-Jours. Dans une lettre du 7 décembre 1815, écrite au roi à l'occasion du prochain renouvellement de l'année, selon l'usage des membres du Sacré-Collége, Maury parlait, en se flattant peut-être un peu lui-même, du bon accueil qu'avaient reçu ses félicitations après la seconde chute de Bonaparte : « Je « fus très-profondément ému en apprenant avec quelle « adorable bonté le roi avait daigné accueillir mes « félicitations les plus intimes sur son heureux retour « dans sa capitale, qui a été le dénoûment de la révo- « lution. » « Un beau règne, » ajoutait Maury, en s'adressant à Louis XVIII, dans sa lettre du 7 décembre 1815, « nous fera oublier à tous cette affreuse tempête « à côté de laquelle la perturbation de la monarchie, « sous Charles V et sous Charles VII, ne paraîtra plus « qu'un jeu d'enfants dans notre histoire. Aussi est-ce « un génie d'un tout autre ordre qui a été appelé à « rappeler le passé comme à dominer l'avenir, par une « charte tutélaire, non moins précieuse au peuple « qu'au monarque, dont elle rend à jamais les droits « et les intérêts inséparables. Un si grand monument « de sagesse aurait empêché tous nos désastres s'il les « eût précédés. Le fléau national est désormais impos- « sible. Il n'y aura certainement bientôt plus en France « que de bons Français, paisibles et heureux à l'ombre « du trône, qui en est la clef de voûte sociale. Nous y « verrons renaître dans tous les cœurs cet amour sa- « cré pour le roi qui fut en tout temps le véritable es- « prit public et le noble patriotisme de notre nation. « Je jouirai dans ma solitude de ce magnifique spec- « tacle; c'est surtout, Sire, quand on a le malheur

« d'être éloigné de son pays qu'on sent plus vive-
« ment par ses regrets combien l'on aime sa patrie. »

Mais ces témoignages, où se rencontre un goût assez vif pour la monarchie constitutionnelle, ne pouvaient plus toucher personne, et ce royalisme de l'ar-
rière-saison laissait voir toutes les ombres d'un cœur
attristé. Nous avons une preuve que le gouvernement
du roi ne tint pas grand compte des nouvelles démonstrations du cardinal Maury. A la suite de l'ordonnance royale du 21 mars 1816, qui rendait à chacune
des classes de l'Institut son nom primitif, le nom de
Maury ne figurait pas sur la liste des membres de l'A-
cadémie française; il n'y manquait point par oubli,
mais par élimination; le cardinal partageait cette dis-
grâce avec des confrères bien étonnés d'éprouver en
cette occurrence le même sort que lui, avec des régicides! En 1796, ce fut la révolution qui ne voulut plus
du cardinal Maury à l'Académie; en 1803, ce fut le
premier consul, irrité de son opposition royaliste à
Rome, opposition qui tirait à sa fin; en 1816, c'était le
royalisme lui-même. Cet homme, qui aimait tant les lettres et qui attachait tant de prix au fauteuil des Quarante,
souffrit de ce coup, et, parmi les blessures de ses dernières années, celle-ci ne fut pas la moins sensible.
Après avoir été deux fois reçu à l'Académie, il ne devait pas y avoir de successeur, et personne ne devait
y prononcer son éloge.

Quoique sa réconciliation avec le pape fût connue,

les visiteurs et les amis se montraient en bien petit
nombre autour de Maury ; comme homme de grande
célébrité, on eût volontiers recherché son commerce,
mais on eût craint de se faire mal noter en politique
par de simples relations avec le cardinal. Ce qui rendait surtout ses jours solitaires, c'était la défaveur attachée à son nom dans les régions officielles de l'ambassade de Louis XVIII, et l'on sait quelle grande
place a toujours occupée à Rome l'ambassade de nos
rois. Maury souffrait de son isolement, se plaignait
qu'on fût impitoyable à son égard et qu'on eût oublié
d'anciens services ; il parlait de son abandon avec
amertume et douleur. Un jeune ecclésiastique français [1], bravant l'impopularité qui environnait le cardinal et ne songeant qu'à ses grands talents, au vif intérêt de sa conversation, allait frapper à sa porte le plus
souvent qu'il pouvait : « Venez voir un malheureux, »
lui dit un jour Maury avec un accent de profonde
souffrance intérieure, « venez voir un malheureux
« qu'on laisse mourir de la maladie pédiculaire [2]. » Les
fréquentes visites de ce jeune homme finirent par lui
inspirer de généreuses inquiétudes à son sujet ; ces
visites, qui lui plaisaient, pouvaient nuire à l'ecclésiastique dont la carrière commençait à peine et dont l'a-

[1] M. l'abbé Martin de Noirlieu, aujourd'hui curé de Saint-Louis-
d'Antin.
[2] C'est de cette maladie que moururent Phérécyde et Sylla.

venir n'était pas fait ; le cardinal lui déclara qu'il devait
cesser de venir le voir et s'imposa une privation qui
ne pouvait que coûter à son délaissement.

Une fidélité lui était restée, celle de l'administrateur
du temporel de son diocèse, nommé Marenghi, et originaire même de Montefiascone ; quelques fragments
de correspondance entre le cardinal et son *cher ministre* nous ont montré avec quelle émotion reconnais-
sante Maury recevait les témoignages d'un dévouement
persistant : on fuit devant le malheur comme devant la
contagion, et quand l'infortune que tout abandonne
retrouve les accents de l'amitié, elle en jouit comme
d'un bien auquel elle ose à peine croire.

Maury se consolait du muet désert de sa vie par le
travail. Depuis son retour à Rome, il s'était ardemment occupé de ce qu'il appelait un grand ouvrage ;
on ne sait rien de cet ouvrage resté manuscrit entre
les mains de l'héritier du cardinal, et qu'on suppose
être une étude approfondie des administrations capitulaires et des libertés de l'Église de France :
« Bossuet avait effleuré le sujet, » disait-il dans
l'audacieuse familiarité de son langage ; « moi, je
« l'ai éventré. » La pensée de Maury s'était sérieusement arrêtée sur les travaux de sa jeunesse ; il les repassait avec sévérité. Déjà, à Montefiascone, le cardinal avait occupé ses loisirs d'évêque par un rigoureux
examen de ses productions anciennes. Un jour (c'était
à son retour de Venise), en 1800, il commande à son

neveu [1] d'aller dans telle pièce, de prendre dans telle
cassette de nombreux cahiers de sermons et de les lui
apporter; le neveu obéit, arrive avec les cahiers sous
le bras et attend les ordres du cardinal. « Allume un
« grand feu, » lui dit Maury. — « Mais, mon oncle.....
« comment... vous voudriez?... — « Allume un grand
« feu, te dis-je. » — Et le neveu tout ému fait ce qu'on
lui ordonne, et le cardinal livre ses sermons aux flam-
mes, et tandis que le neveu, ne pouvant en prendre son
parti, disputait au feu quelques-uns des cahiers qui allaient devenir de la cendre, « Ne vois-tu pas, lui dit
« Maury, que je travaille pour ma gloire?... Et d'ail-
« leurs, s'il y a quelque chose de bon dans ces.ser-
« mons que le feu dévore, ignores-tu que ce quelque
« chose de bon est là ? » ajouta-t-il en se frappant le
front. C'est ainsi que Maury détruisit tous les sermons,
moins deux ou trois, qu'il avait composés et prêchés
dans sa jeunesse, et qui portaient cette empreinte sé-
cularisée dont il a fait lui-même justice dans son *Essai
sur l'éloquence de la chaire*. Le cardinal disait aussi que
les sermons de sa jeunesse tonnaient beaucoup contre
les grands et les riches, que cela était bon au xviiie siècle, mais que, dans nos temps nouveaux, le peuple à
son tour avait besoin de leçons. Un vénérable curé de
Paris [2] répétait d'énergiques paroles prononcées de-

[1] Louis-Sifrein Maury, mort en 1858.
[2] M. l'abbé de Pierre, curé de Saint-Sulpice.

vant lui par Maury contre ce que le cardinal appelait
la *cabale philosophique* qui, non contente de régner
dans les salons et les académies, avait pénétré jusque
dans le sanctuaire et avait imposé à la langue de la
chaire d'indignes réserves et de coupables timidités.
« Malheureux que nous étions, s'écriait Maury, nous
« en étions venus au point de ne plus oser prononcer
« le nom de Notre-Seigneur Jésus-Christ! » Il écrivit
dans les dernières années de sa vie plusieurs sermons,
non plus avec les couleurs et les pusillanimes concessions de la plupart des prédicateurs du xviiie siècle,
mais avec le sentiment et le courage catholiques du
siècle de Bossuet et de Bourdaloue. Ces sermons sont
restés inédits ainsi que les *Opinions* ou discours non
imprimés au temps de la constituante, et que Maury
tira plus tard des profondeurs de sa mémoire [1]. Il dicta

---

[1] Voici les titres de ces discours de tribune et de ces sermons inédits, tels que le neveu du cardinal Maury a bien voulu nous les transmettre :

Opinion sur la vérification des pouvoirs et la réunion des ordres,
20 juin 1789.

Opinion sur la sanction royale, 18 septembre 1789.

Réplique à M. Duport, sur la propriété des biens ecclésiastiques,
29 octobre 1789.

Opinion sur les assignats, 15 avril 1790.

Opinion sur la conservation de la maréchaussée et des juridictions
prévôtales, 20 mai 1790.

Opinion sur les formules intermédiaires des jugements criminels,
15 janvier 1791.

ces discours à Montefiascone, comme s'il les eût improvisés à la tribune. L'*Opinion* sur la souveraineté du peuple, que nous avons fait connaître, nous autorise à penser que bien des trésors d'esprit, de savoir et d'éloquence demeurent ensevelis dans les cartons de l'héritier du cardinal. Quel dommage que le temps ait manqué à l'ancien rival de Mirabeau et de Barnave pour retrouver et remettre par écrit tant de discours si forts et si pleins dont les titres seuls nous sont parvenus! Ces discours auraient gardé à travers les temps leur valeur littéraire et historique, et, si Maury les avait

Opinion sur les dépositions des témoins en matière criminelle, 17 janvier 1791.

Opinion sur le ministère public, 20 février 1791.

Opinion sur l'institution des jurés, 12 avril 1791.

Opinion sur le droit de faire grâce, 1ᵉʳ juin 1791.

Réplique à M. Duport sur le droit de faire grâce, 4 juin 1791.

Opinion sur la souveraineté du peuple. (Ce discours a été imprimé en 1852.)

Trois Mémoires à Louis XVI.

Sermon sur la Cène.

Sermon sur la Passion, prêché à Versailles. (Ce sont les deux seuls sermons de sa jeunesse que Maury ait conservés.)

Autre Passion, formant deux discours.

Sermon sur l'aumône.

Sermon sur l'indifférence.

Sermon sur le délai de la conversion.

Homélie sur l'enfant prodigue.

Sermon de charité.

Sermon sur l'emploi du temps.

Omiglia per la consegrazione degli ogli santi.

rassemblés, nous aurions une série d'études très-ins-
tructives, très-curieuses et souvent éloquentes. Maury,
dans une note de son *Opinion* sur le droit de paix et de
guerre, exprimait l'intention de mettre au jour tous ces
travaux, et lui-même en donnait l'énumération ; nous
reproduisons ici cette indication détaillée comme un
curieux document :

« Sur toutes les affaires de la religion et du clergé,
« sur le droit de *veto,* sur l'intérêt de l'argent rembour-
« sable à terme fixe, sur la vérification des pouvoirs,
« sur l'union des ordres, sur la libre exportation des
« grains, sur la durée de la législature, sur la juridic-
« tion prévotale, sur la suppression et le remplacement
« de la gabelle, sur l'organisation des municipalités,
« sur la préséance des officiers municipaux, sur la
« nouvelle municipalité de Marseille, sur les condi-
« tions de l'éligibilité, sur la formation et la dénomi-
« nation des départements, sur la législation de nos
« colonies, sur l'établissement d'un comité colonial,
« sur l'offre du don des Génevois, sur l'emprisonne-
« ment des officiers de la marine de Toulon, sur les
« prisons et les prisonniers d'État, sur la caisse d'es-
« compte, sur l'agiotage, sur les causes de la rareté et
« de l'extraction du numéraire, sur les finances, sur le
« pouvoir exécutif, sur la constitution de l'armée, sur
« les insurrections des provinces, sur l'état des juifs,
« sur l'ordre judiciaire, sur la réforme des lois crimi-
« nelles et du Code pénal, sur les plans partiels du

« premier ministre des finances, sur le système et le
« mode des impositions, sur la réduction des pensions,
« sur l'organisation de la municipalité de Paris, sur le
« privilége exclusif de la Compagnie des Indes, sur le
« papier-monnaie, sur les créanciers hypothécaires du
« clergé et sur les droits féodaux ; la réplique dans la
« cause de M. de Bournissac,.prévôt général de la ma-
« réchaussée de Provence. »

Il y a dans une telle énumération une sorte de tableau en raccourci de cette puissance d'intelligence qui
ne voulut demeurer étrangère à rien, qui embrassa
avec le même intérêt et la même verve les sujets les
'plus divers, et, à force d'investigation, de promptitu-
tude et de facilité lumineuse, se fit remarquer dans
toutes les questions : on y voit le grand travailleur
doué d'une riche nature.

En jugeant les diverses œuvres de Maury, nous avons
quelquefois relevé des erreurs qui tiennent soit à l'in-
advertance, soit à une connaissance imparfaite du sujet ; nous avons indiqué des plans d'améliorations ou .
de complément littéraire pour l'*Essai sur l'éloquence
de la chaire*, plans restés sans exécution. Nous regret-
tons que dans ses laborieuses années d'Italie, et surtout à cette dernière époque de sa vie où il s'appliquait
à refaire et à corriger, Maury n'ait pas porté sur l'*Essai* un suprême effort d'attention critique. Assurément,
loin de la France, bien des ressources eussent manqué
à ses recherches, et les éléments d'une rectification ne

se seraient pas rencontrés sous sa main ; mais des
inexactitudes d'une réparation facile auraient disparu
de son œuvre. Nous ne dirons rien de quelques dates
assignées par erreur à tel sermon, à telle station de
Bossuet, du sermon pour la vêture de mademoiselle
de Bouillon, nièce de Turenne, prononcé le 8 septembre 1660, et qu'une évidente faute d'inattention place
au 8 septembre 1668, à peu de distance de l'abjuration
du grand capitaine ; mais on est fâché de voir Maury
donner à Bossuet pour maître d'anatomie, dans les
derniers temps de l'éducation du Dauphin, le célèbre
Danois Stenon, qui avait déjà quitté Paris en 1666, et
de nous montrer le grand docteur convertissant le célèbre anatomiste dix ou douze ans après l'abjuration
de Stenon à Florence. Il est indubitable que Bossuet
prépara la conversion du fameux Danois ; seulement la
date de ses entretiens avec Stenon ne peut appartenir
qu'à l'année 1665 ; et quant à ses études anatomiques,
nous savons que le précepteur du dauphin eut Duver-
ney pour maître. Nous aurions voulu aussi que l'auteur eût pu corriger les lignes où il nous montre Bossuet au lit de mort de la reine d'Angleterre, et Madame
écoutant avec attendrissement les paroles qui conso-
laient la dernière heure de sa mère ; une pilule d'o-
pium [1] fit tout à coup passer du sommeil à la mort la

---

[1] « On lui fit prendre des pilules pour la faire dormir ; elle le fit si
« bien qu'elle n'en revint point. » *Mémoires de Mademoiselle,* 4ᵉ par-

reine Henriette, et ni Bossuet, ni la duchesse d'Orléans
ne se trouvèrent là. C'est presque toujours dans ses
notes que Maury prête le flanc à la critique ; la fantaisie semble n'être pas assez sévèrement exclue des faits
plus ou moins curieux qu'il recueille ; l'anecdote a des
écueils contre lesquels son imagination se défend fai-
blement. C'est beau d'avoir beaucoup d'esprit, d'avoir
du style et du talent ; mais l'irréprochable exactitude
des faits a aussi sa beauté, et celle-ci doit précéder
toutes les autres. On est d'abord exact, et puis on a du
génie si on peut.

Lorsque Maury avait médité un sujet et jeté sur un
petit carré de papier la base d'une œuvre oratoire, la
parole débordait de ses lèvres. Son corps avait pris
l'habitude de triompher des veilles, et, même dans
un âge avancé, il demandait peu au repos des nuits.
Le jeune secrétaire qui écrivit sous sa dictée les deux
mandements de 1814, nous racontait que le cardinal,
alors âgé de soixante-huit ans, allait frapper à la porte
de sa petite chambre à deux heures après minuit, au
milieu de l'hiver : « Allons, enfant, lui disait-il, levez-
« vous ; il nous faut travailler. » Et le jeune secrétaire,
en entendant cette rude et forte voix, se levait précipitamment, et la besogne commençait bien vite. Maury,
oiffé d'un serre-tête, vêtu d'une épaisse houppelande

lie (1670). Voir notre *Collection des Mémoires relatifs à l'Histoire
de France*, 3ᵉ série, t. IV, p. 423.

et d'un gros gilet de molleton, se promenait en long et
en large dans son cabinet, parlant comme s'il eût été
à la tribune, et sa dictée était si rapide que la plume du
secrétaire ne pouvait jamais le suivre ; quatre taba-
tières étaient posées sur la cheminée : l'une de ces ta-
batières restait ouverte et contenait du tabac d'Espagne ; le cardinal y plongeait ses doigts, et de larges
prises de la poudre excitante emplissaient ses narines.

Maury, dans sa retraite de Saint-Sylvestre, et ensuite
dans son ancien logement où il rentra plus tard, pensait tout haut avec le petit nombre de visiteurs qu'il
recevait ; il ne se contraignait pas plus dans ses discours que dans ses manières. Sa conversation sur les
matières de religion était toujours celle d'un croyant ;
mais, en dehors des vérités de la foi, qui le trouvaient
toujours respectueux et soumis, sa parole courait avec
une ardente liberté. Rien en lui ne le convia jamais à
voiler ses talents ni à douter de son mérite ; il était tout
naturellement le contraire d'un homme modeste. « Il y
« a bien des tiroirs dans cette tête, » disait-il un jour
en frappant son large front. Parfois il lisait à un visiteur des morceaux de ses sermons. Dans le feu de la
lecture, il saisissait de sa forte main le bras de celui
qui l'écoutait, et ne le lâchait pas avant que le morceau
fût achevé. Un jeune ami qui admirait les sermons de
Maury, mais qui redoutait ses vigoureuses étreintes,
nous disait que, pour ne pas se trouver à l'état de pa-
tient, il avait pris le parti de se placer toujours à dis-

tance dès que le cardinal commençait les apprêts de la lecture : comme le jeune ami n'avait pas un bras d'Hercule, il lui aurait fallu, sans cette précaution, renoncer à jouir des confidences oratoires auxquelles il attachait un grand prix.

A Rome, comme à Montefiascone, comme à Paris, Maury avait le culte de l'esprit ; le bon sens tout seul ne suffisait pas pour lui plaire ; il fallait que le bon sens fût spirituel et s'exprimât bien. Cette intolérance pour ce qui n'était pas l'esprit l'avait privé plus d'une fois de conseils utiles pendant qu'il administrait le diocèse de Paris ; il ne put jamais se résigner à écouter un homme qui parlait mal ; et cependant la rectitude du jugement et l'ingénieuse facilité de la parole ne vont pas toujours ensemble : vouloir tout donner à l'éclat, ce serait s'exposer à beaucoup donner à l'erreur. La trop rare apparition de l'esprit autour de Maury dans ses derniers temps de Rome ne fut pas le moindre de ses supplices ; il y avait des heures de lassitude où il remplaçait la causerie absente et revenait à la première moitié de sa vie par la lecture passagère de tel ou tel livre de littérature dont il avait aimé l'auteur ; on le trouva un jour avec un volume de Chamfort, son ancien confrère à l'Académie : « Vous me voyez là, dit-il à « son visiteur, en compagnie de Chamfort, esprit char- « mant et fin que j'ai beaucoup connu ; je retrouve « ainsi les années de ma jeunesse, et je me rafraîchis « à leur souvenir. »

En peignant cette époque de sa vie, nous exciterons peut-être bien des surprises si nous montrons Maury assidu aux règles et aux devoirs, en apparence les moins importants de son état. Très-exact à réciter le bréviaire, il le récitait tout haut pour éviter des distractions. Il se plaignait des fautes de rubrique qu'il avait faites par son inexpérience du bréviaire romain, et dont il lui *avait fallu se confesser,* ajoutant qu'il allait reprendre le bréviaire de Paris pour être plus sûr de le bien dire. Les entraînements du monde avaient pu atteindre Maury, mais il était resté chrétien ; et à ces suprêmes années précédées de révolutions si diverses, sa foi avait pris plus de profondeur. L'ecclésiastique [1] qui fut à Paris son secrétaire particulier pendant deux ans, nous racontait que le cardinal ne manquait jamais de dire chaque soir le rosaire, et ne se couchait jamais sans avoir fait une lecture spirituelle.

Avec sa vigoureuse constitution et la rudesse accoutumée de ses habitudes, Maury aurait pu pousser la vie à des bornes reculées ; mais à soixante-neuf ans on ne passe pas trois mois et demi dans une humide cellule du fort Saint-Ange sans que la santé en reçoive des atteintes ; durant sa captivité le cardinal avait été frappé d'une sorte de lèpre ; il n'en travaillait pas moins assidûment et ne s'épargnait pas les longues veilles.

[1] M. l'abbé Bardin, dont nous avons déjà prononcé le nom.

Malgré la diminution de ses forces, il continuait à sortir ; ses promenades avec un ou deux amis étaient de continuels entretiens sur Dieu qui ne passe pas, sur la courte durée des empires et les destinées de l'homme ; les débris et la poussière de Rome ont une éloquence que l'âme écoute toujours, et si on arrive là avec la perspective d'une tombe prochaine et les pensées du soir, il s'établit tout naturellement entre les ruines et le cœur de l'homme un commerce de mystérieuse mélancolie. Dans une de ses dernières promenades du côté du Colysée avec le maître du sacré palais et le provincial des Cordeliers, Maury disait : « Voyez combien il faut de temps pour former un homme ! Notre « vie n'est presque qu'une enfance prolongée, et dès « que notre éducation se termine, quand nous pourrions être quelque chose, la mort arrive tout à coup. »

Que de tristesses dans ces pensées de Maury, et combien d'hommes en ont senti l'amertume ! Il faut de longs efforts pour l'étude d'un art, d'une science, d'un sujet, pour se donner quelque expérience des affaires et du gouvernement des sociétés, et lorsqu'un peu de lumière nous arrive, nous partons ! La journée de la vie se passe à apprendre ; ce n'est que bien tard que nous savons un peu, et le temps nous manque pour mettre à profit ce que nous avons conquis sur l'ignorance. Dans cette laborieuse et courte part qui nous est faite, le matin et le soir se touchent. Notre vie est comme un passage dans la nuit ; elle finit quand les clartés commencent. N'est-ce point la preuve qu'on doit mourir pour mieux savoir, que notre horizon d'ici-bas n'est que blanchi par une aube mêlée de bien des vapeurs, et que c'est ailleurs que le jour se lève?

Dans les premiers jours de mai 1817, le cardinal Maury était pris par un mal qui présentait tous les symptômes du scorbut; autour de lui on ne s'attendait pas à une fin prochaine, mais le malade ne se faisait pas d'illusion sur le petit nombre de jours qui lui restaient; il demandait pieusement à la religion la force qu'elle seule peut donner en présence de la tombe et de l'éternité. Le 11 mai, à l'*Ave Maria*, son état devint tout à coup alarmant [1]; les Pères de l'Oratoire qui demeuraient dans le voisinage et sympathisaient avec le cardinal disgrâcié, se hâtèrent d'avertir un membre du Sacré-Collége que Maury avait connu en France et avec lequel il avait conservé d'étroites relations : c'était le cardinal Duguani. Celui-ci, accompagné de quelques oratoriens, se rendit à pied et presque à la dérobée dans la maison de Maury; il le trouva dans la lutte suprême et lui administra les sacrements des mourants. A peine les prières de l'agonie étaient-elles achevées que Maury expira. Son corps fut embaumé et reçut les honneurs funèbres à *Santa-Maria in Vallicella*, appelée aussi *Chiesa Nuova*.

---

[1] C'est par erreur que, dans une précédente édition, nous avons dit que le cardinal Maury fut trouvé mort dans son lit le matin du 11 mai 1817.

Il est d'usage que tout cardinal soit enterré dans son titre, c'est-à-dire dans l'église dont il porte le nom ; Maury, comme on l'a vu, portait le titre de la Sainte-Trinité-du-Mont ; son neveu, M. Louis-Sifrein Maury, demanda pour le cardinal la sépulture dans ce sanctuaire [1]. L'église de la Sainte-Trinité-du-Mont, l'ancienne église des Minimes français, dont on remarque le bel escalier et l'obélisque tiré du cirque des jardins de Salluste, fut fondée par le roi Charles VIII, à la prière de saint François-de-Paul [2], et consacrée par Sixte-Quint ; en 1798, les Français en firent une caserne, sans respect pour la sainteté du lieu, sans respect pour le tombeau de Claude Lorrain et pour la descente de croix de Daniel de Volterre, une des trois belles compositions de peinture qui soient au monde, selon Poussin. M. de Blacas, ambassadeur de Louis XVIII, avec une générosité magnifique, digne du duc de Créqui et du cardinal de Bernis, avait, depuis un an, relevé de ses ruines et splendidement restauré l'église de la Sainte-Trinité, lorsque le cercueil du car-

---

[1] M. Louis-Sifrein Maury a publié, en 1828, une notice étendue sur le cardinal Maury, suivie de pièces dont il possède les originaux. C'est une œuvre exclusive de justification dont la pensée s'explique de la part d'un neveu, mais que l'histoire ne saurait accepter sur tous les points.

[2] Les Pères mineurs de Saint-François-de-Paul, qui desservaient alors l'église de la Sainte-Trinité, sont appelés communément à Rome *Paolotti*. Cette église fut donnée ensuite, par le pape Léon XII, aux Dames du Sacré-Cœur.

dinal Maury alla frapper en quelque sorte à la porte
de ce temple ; l'ambassadeur de France jugea que cette
église était trop royale pour recevoir les dépouilles de
l'homme qui avait abandonné la cause du roi, et rejeta la demande qu'on lui adressa. A des instances
nouvelles, M. de Blacas répondit qu'il en écrirait à son
gouvernement ; mais Louis XVIII fut apparemment du
même avis que son ambassadeur. Les restes du cardinal
Maury, après avoir attendu, dans une pièce voisine de
la sacristie de la *Chiesa Nuova*, la sépulture durant
trente-huit jours, furent enfin déposés, par les ordres
du pape, auprès du maître-autel de *Chiesa Nuova*,
à côté des restes du célèbre cardinal Baronius, justement appelé *le père des annales ecclésiastiques*, et du
cardinal Tarugi. Un même caveau renferme les dépouilles des trois cardinaux. L'épitaphe de Maury,
composée par Morcelli, dit que deux grands hommes
l'ont pour compagnon de tombeau[1]. Ce fut encore
l'amitié fidèle du cardinal Consalvi qui lui valut cette
place honorable dans l'asile de la mort.

Ainsi s'acheva la destinée de cet homme qui avait
reçu du ciel des dons brillants, un goût très-vif pour
les œuvres de l'esprit, le double talent de parler et
d'écrire, la tranquille intrépidité de l'âme et toutes les
qualités d'un grand lutteur, mais que l'oubli complaisant de son passé précipita des hauteurs de la gloire.

---

[1] Magni viri Baronius et Tarugius tumuli socium habent.

Ennemi de la révolution, ennemi des doctrines philosophiques et des théories sociales du xviii° siècle, il fut parmi nous, avec Mirabeau, le créateur de l'éloquence parlementaire. A cinquante-huit ans, quand sa vie était faite et sa renommée éclatante, il tomba aux pieds d'un maître d'un autre drapeau que le sien, ne connut plus d'autre règle de conduite que sa souveraine volonté, et se donna à lui sans mesure, jusqu'à résister aux ordres du chef de l'Église; il prépara pour sa vieillesse des humiliations, des remords et la solitude. En suivant le cardinal Maury dans la diversité de ses œuvres et la diversité des temps, nous l'avons jugé avec l'équité qui est une habitude de notre pensée, avec la sérénité des méditations historiques. La postérité garde le souvenir des services et aussi le souvenir des défaillances et des torts. Les affaires humaines donneraient un plus noble spectacle à l'univers, si enfin on parvenait à comprendre que la vraie grandeur n'est que dans le devoir.

FIN.

TABLE.

CHAPITRE PREMIER.

CHAPITRE II.

CHAPITRE XIV.

CHAPITRE XV.

CHAPITRE XVI.

CHAPITRE XVII.

CHAPITRE XVIII.

CHAPITRE XIX.

CHAPITRE XX.

CHAPITRE XXI.

CHAPITRE XXII.

CHAPITRE XXIII ET DERNIER.

Paris. — Imprimerie W. REMQUET et cie, rue Garancière, 5.